KiWi 213

Über das Buch

Seit ihren spektakulären Wahlerfolgen im letzten Jahr sind die Republikaner zum Medienereignis geworden.

Wie aber sieht es hinter den Kulissen dieser Partei aus, die versucht, sich in der Öffentlichkeit als demokratische, staatstragende Kraft darzustellen?

Der Kölner Journalist Michael Schomers ist mit verändertem Namen sieben Monate lang »dabeigewesen« – als Parteimitglied, als Parteitagsdelegierter, als Wahlkämpfer, Ratsausschußvertreter und als DDR-Kontaktmann.

Sein Bericht ist verblüffend und erschreckend zugleich: Einesteils werden Menschen sichtbar, die mehr sind als politische Klischees, anderenteils liest sich das Buch wie ein Bericht aus einer anderen Welt. Eine Welt der grotesken Schlammschlachten, der Gewalt und des politischen Dilettantismus. Heidnische Germanenkulte, Antisemitismus, Mißtrauen aller gegen alle bestimmen das Bild.

Die Chronik der laufenden Ereignisse, hier am Beispiel des Kölner Kreisverbandes, ist eine Schmierenkomödie und ein politisches Lehrstück zugleich.

Der Autor

Michael Schomers, geboren 1949, arbeitet als Fernsehjournalist. Er ist Autor und Regisseur des Films »Giftig, ätzend, explosiv. Gefahrguttransporte auf unseren Straßen«, für den er 1988 den Eduard-Rhein-Preis erhielt, und Autor des gleichnamigen Buches (1987). Zahlreiche Veröffentlichungen, Hörfunk- und Fernsehproduktionen.

Michael Schomers

Deutschland ganz rechts

Sieben Monate als Republikaner
in BRD & DDR

Mit einem Vorwort von
Günter Wallraff

Kiepenheuer & Witsch

Umschlag Manfred Schulz, Köln
Fotos: Hans Braam und Maria Malika
Printed in Germany
ISBN 3 462 02026 9

Inhalt

MITGLIEDS-AUSWEIS

SCHOMERS THEODOR
5000 Köln 1

Persönliche Unterschrift

ist Mitglied der Partei · Nr. 22955

DIE REPUBLIKANER

Bundesgeschäftsstelle

Günter Wallraff
Vorwort

Michael Schomers hat sich einem der schwierigsten Selbstversuche unterzogen, der in der Rollen-Reportagetechnik denkbar ist. Er hat sich eine Rolle ausgesucht, in der man nicht mehr »ich« sagen kann. Länger als ein halbes Jahr schlüpfte er in die Identität des Sympathisanten, späteren Mitglieds und Funktionärs der »Republikaner« *Theo* Schomers. Freiwillig unterwarf er sich einer Gehirnwäsche – fast bis zur Spaltung der Persönlichkeit. Daß Theo sich dann in ihn einnistete und ein Stück davon in ihm weiterlebt und daß irgendwann auch nicht mehr alles gespielt war, gesteht er am Ende seines ehrlichen Buches ein.
Das Beängstigende an seiner Fallstudie ist, daß die »Republikaner« die Klischees, die in der Öffentlichkeit über sie bestehen, bei weitem übertreffen. Der alte braune Sumpf, das Potential an alten und neuen Nazis, die ihre organisatorischen Fähigkeiten einbringen, ist der Bodensatz der Republikaner. Nach außen hin geben sie sich legalistisch, aber intern hängen sie ihren alten politischen Träumen nach, die auf Ausgrenzung bis hin zur Ausmerzung, auf die letztlich physische Vernichtung alles Andersartigen, Fremden, auf die Liquidierung des politischen Gegners ausgerichtet sind. Solchen Ausmerzungsphantasien geben sie sich auf ihren internen Treffen hin, die nach Stammtischmanier nicht ohne Bier, Alkohol, sexistische und rassistische Zoten ablaufen, wo viele ihren Profilierungswahn ausleben und sich künftige Massaker ausmalen. Für diejenigen, die schon im 3. Reich

ermordet wurden, denken sie sich alle möglichen Todesarten aus. Wo es keine Juden mehr gibt, werden Juden gemacht – bis hin zur angeblich jüdischen Gesichtsphysiognomie eines Fernsehmoderators. Ausländer sind Ersatzjuden, und sexuelle Minderheiten möchte man als erste wieder in Lager stecken.

Auch diese Untersuchung zeigt, daß die »Republikaner« nur offen aussprechen, was in bestimmten Kreisen der CDU/CSU ausgebrütet und programmatisch vorbereitet wurde. Deshalb beanspruchen ja auch führende reaktionäre Vertreter der CDU/CSU das Copyright für sich. Nach dem Erfolg der »Republikaner« in Berlin tönte der bayerische CSU-Ministerpräsident Max Streibl, *Schönhuber vertrete weithin CSU-Positionen, gerade im Bereich der Ausländerpolitik.* Nach weiteren Gewinnen der »Republikaner«, gerade auch in Bayern, überboten CDU/CSU-Politiker ihre rechte Konkurrenz an Ausländerfeindlichkeit. Sie reklamierten, die »Republikaner« hätten ihr Programm bei ihnen abgeschrieben. Das zeigt, wie gesellschaftsfähig sie im Grunde schon sind. Sie sind die eigentliche Avantgarde des reaktionären Lagers. Und sie treten bereits als solche auf, als Saalordner bei Kohls DDR-Auftritten beispielsweise.* Der Präsident des Deutschen Bauernverbands und CDU-Abgeordnete von Heeremann ließ es sich nach der Europawahl 1989 nicht nehmen, den neu gewählten Abgeordneten der »Republikaner« zum Einzug ins Europaparlament zu gratulieren.

Die engen Verbindungen zu CDU/CSU-Größen werden immer wieder deutlich. Schönhuber über seinen politischen Gesinnungsgenossen Zimmermann: *Wir kennen uns gut und sind übrigens per Du.*

* s. Kölner Stadt-Anzeiger v. 3.3.90

In seiner moderaten Art ist Schönhuber ein Kind der Mediengesellschaft, ein typischer Westwendehals seit langem. Eine Zeitlang SPD, dann CSU, im engeren Strauß-Kreis, Ziehkind von Strauß, ausgezeichnet mit dem bayerischen Verdienstkreuz, Vollender der Straußschen Politik, deren Motto ist: Schwamm drüber – eine Gesellschaft, die diese wirtschaftlichen Leistungen vollbracht habe, hat es nicht nötig, sich an Auschwitz erinnern lassen zu müssen. Schönhuber wurde erst dann vom CSU-eigenen Bayerischen Rundfunk geschaßt, als seine Bekenntnisschrift *Ich war dabei* erschien, worin er seine Zugehörigkeit zur Waffen-SS und zur Leibwache Hitlers glorifiziert, und daraufhin zu sehr ins Gerede kam.
Ständig liest und hört man von Verbindungen und politischen Freundschaften mit hochrangigen Politikern der CDU/CSU. Noch geschehen die Kontakte insgeheim, aber irgendwann wird man Flagge zeigen: sobald der Einzug der »Republikaner« in die anderen Parlamente stattgefunden hat. Der rheinland-pfälzische Ministerpräsident Wagner signalisierte, daß er sie für »*verfassungsmäßiger*« halte als die Grün-Alternativen. Der zu den Beratern Kohls zählende Pater Basilius Streithofen erklärte sie gar schon für koalitionsfähig; und der frühere Innensenator und Berlin-Abgeordnete in Bonn, Heinrich Lummer, betrachtet die »Republikaner« als »mindestens genauso koalitionsfähig« wie die Alternative Liste. Unionspolitiker nahmen die »Republikaner« vor dem Faschismusvorwurf in Schutz, und sie verhindern, daß sie vom Verfassungsschutz die gleiche aufmerksame Zuwendung erfahren wie linke Gruppen. In den Reihen der CDU/CSU, dem Sammelbecken alter und neuer Nazis, die sich zwischen ein paar versprengten Christen tummeln, haben Strammrechte schon traditionell ihre politische Heimat gehabt.
An die Stelle von christlich-sozialer Verantwortung tritt auch innerhalb der CDU/CSU immer mehr Deutschtümelei. To-

tenhöfers Buch »Ich denke Deutsch« ist von Republikaner-Propaganda kaum zu unterscheiden.

Die nationalen Bedürfnisse und Hochgefühle werden zur Zeit von den anderen Parteien nicht zu knapp bedient und befriedigt. Das läßt vermuten, daß die »Republikaner« in den nächsten Wahlen eher schlecht abschneiden. Aber eine Zeitzünderbombe ist gelegt. Bei sich verschärfenden Widersprüchen, in wirtschaftlichen Krisensituationen, bei Massenarbeitslosigkeit und sich verschlimmernder Wohnungsnot ist ihre Stunde gekommen.

Schomers weist am Beispiel Köln nach, wie Kontakte zwischen den »Republikanern« und CDU-Ratsmitgliedern konkret funktionieren. Nach außen hin grenzt man sich voneinander ab, tatsächlich finden heimliche Abstimmungs-Koalitionen statt.

Es ist ein Verdienst von Michael Schomers, solche Kontakte früh genug an die Öffentlichkeit zu bringen. In der CDU hält man sich alle Möglichkeiten offen: Duldung, Absprachen oder gar Koalition. Auch dem augenblicklichen Grenz-Eiertanz von Kohl liegt dieses Kalkül zugrunde: keine Eindeutigkeit zur Westgrenze Polens, sondern sich nicht festlegen – aus Rücksichtnahme auf den ganz starken braunen Block innerhalb des konservativen Lagers. Und man soll nicht so tun, als ob nach einer »Wiedervereinigung« nicht weiter aufgeräumt würde. Die Republikaner bringen bereits Deutschlandkarten in Umlauf, die auch vor der Westgrenze nicht haltmachen. Man hat schon ganz andere Grenzen im Auge. Man sieht ein Großdeutschland, das sich noch wesentlich stärker ausdehnt. Die Losung ist nicht das neue Europa, vielmehr: *Wo deutsche Sprache, da deutsches Land.*

Es kommt soweit, daß man sich noch einmal positiv an einen sonst schlimmen Demagogen wie Heiner Geißler erinnern wird, der immerhin gegnüber den Republikanern einen Unvereinbarkeitsbeschluß hergestellt hatte und daraufhin prompt in die Wüste geschickt wurde.

Ein brisanter Teil der Untersuchung sind die Exkurse in den *anderen Teil Deutschlands.* Die Einschätzung der »Republikaner«, daß langfristig gesehen dort ein enormer Nachholbedarf an Rechtsradikalismus besteht, erscheint mir durchaus realistisch. Dieses Potential ist überhaupt erst dadurch entstanden, daß über Jahrzehnte Antifaschismus in der Erziehung, in der gesamten Gesellschaft viel zu sehr als Pflichtübung betrieben wurde, während faktisch Blockwart- und Spießermentalität wucherten. Auch wenn die »Republikaner« noch nicht als Partei zugelassen sind, haben sie in der DDR bereits jetzt ein riesiges Stimmenreservoir. Sie können an einschlägige Traditionen anknüpfen, etwa an den Fahnenkult, an Obszönität kaum zu überbieten: Ein Paragraph wie »Flaggenschändung« im Strafgesetzbuch der DDR zeigt, welchen Stellenwert einem Fetzen Stoff zugemessen wird – während wirkliche Werte und Rechte verleugnet werden. Wo die eigene Situation nicht mehr erkannt wird, müssen Fahnen her. Genauso die »Republikaner«: Wo Emotionen und Stimmungen Argumente ersetzen, da wird Flagge gezeigt, da wird mit diesem Kult die eigene Unmündigkeit und Sprachlosigkeit überspielt.
Michael Schomers weist nach, welche gesellschaftlichen Gruppen und Schichten bei den »Republikanern« überrepräsentiert sind. Symptomatisch, daß die Polizeigewerkschaft es sich nicht mehr leisten kann, einen Unvereinbarkeitsbeschluß für »Republikaner«-Mitglieder durchzusetzen, wie das andere Gewerkschaften gemacht haben, weil sie dann einen Großteil ihrer Mitglieder verlieren würden. Zu befürchten ist auch eine erhebliche Durchsetzung der Berufssoldaten mit »Republikanern«. Auch das hat seine Tradition. Es gab zur Blütezeit der NPD Garnisonsstädte, in denen die Partei 20–30% der Stimmen erhielt. Ebenfalls ist bezeichnend, daß ein zuständiger Beamter im Verfassungsschutz für Ausländerüberwachung (»Linksextremismus bei

Ausländern«) ein Parteigänger und Aktivist der »Republikaner« ist.
Ein Klischee wird durch Michael Schomers' Studie widerlegt. Man vermutete, daß es sich bei den »Republikanern« um eine knallharte, zumindest straff organisierte, stramme Law-and-Order-Partei mit allen deutschen Ordnungs- und Gründlichkeitsritualen handeln würde. Dem ist nicht so. Es ist doch ein ziemlich desolater »Sauhaufen«, um es mit ihren eigenen Worten auszudrücken, wo die rechte Hand nicht weiß, was sich die linke gerade in die eigene Tasche steckt, und wo statt Parteiorganisation Vetternwirtschaft, Intrigantentum, Putschismus und all die Negativtugenden politischer Sekten herrschen. Neben den alten Kameraden finden sich in der Partei erschreckend viele ganz, ganz Junge, und sie entsprechen im Äußeren selten dem Klischee des Rechtsextremisten, des Neo-Nazis. Viel wichtiger sind die Motive für den Eintritt in diese Partei, die die Ellenbogen und das Unter-sich-Treten, die Pseudo-Elite-Bildung offen propagiert und gleichzeitig den Benachteiligten, Zu-kurz-Gekommenen, einredet, sie seien die eigentliche, die unentdeckte Elite.
Wo an Universitäten ein Studium auf Fachidiotentum durchgezogen wird, wo nur Leistung und nur der jeweils möglichst schnell erlangte Schein und die Profilierung gegenüber anderen zählen, da rekrutieren die »Republikaner« gerade aus den Karrierestudiengängen wie Betriebswirtschaft und Jura überdurchschnittlich viele Anhänger.
Es ist gut, daß sich Michael Schomers Köln ausgesucht hat. Warum in die Ferne schweifen, liegt das Schlimme oft so nah. Das wäre noch sozialwissenschaftlich zu untersuchen: Wieso ist aus einer Stadt, die traditionell als liberal gilt, eine Hochburg der »Republikaner« geworden? Gerade auch aus den Reihen der Studenten. Neben Bayern und Berlin ist Köln, meine Heimatstadt, ein Zentrum der »Republikaner« geworden. Auch in meinem Wohnbezirk Ehrenfeld haben bis zu

12 % die »Republikaner« gewählt. Hier ist die Arbeitslosigkeit sicherlich überdurchschnittlich, es gibt einen hohen Ausländeranteil, eine große Wohnungsnot. Von daher braucht man für die Hackordnung jemanden, den man unter sich treten, weghacken kann, Ersatzschuldige. In Köln müssen besonders die Sinti und Roma, die in unserer Gesellschaft nie rehabilitiert wurden, diese Rolle übernehmen.
Michael Schomers führt den Beweis, daß es sich bei den »Republikanern« um eine grundgesetz- bzw. verfassungswidrige, menschenrechtsfeindliche Vereinigung handelt, deren Mörder- und Henkervokabular eine Gesinnung verrät, die z. T. familiengeschichtliche und gesellschaftliche Wurzeln hat: in den Stammtischen, den eigentlichen Hilfsschulen der Nation, in der geheuchelten »Vergangenheitsbewältigung«, im letztlich nicht überwundenen autoritären und autoritätshörigen Zwangscharakter. Daher soll man nie sagen, die Nazi-Zeit liege endgültig hinter uns und sei bewältigt. Wie ein besonders resistentes Virus lauert sie in unserer Gesellschaft und kann unter entsprechenden Bedingungen, etwa durch weltwirtschaftliche und ökologische Katastrophen, jederzeit neu ausbrechen.

Warum dieses Buch

Ich kann mich genau an die Situation erinnern. Es ist ungefähr fünfzehn Jahre her. Mit meiner damaligen Frau, die ich während des Studiums in einer linken Studentengruppe kennengelernt hatte, waren wir an einem Wochenende zu Besuch bei meiner Mutter. Mein fünfzehnjähriger Bruder hatte einen Freund mitgebracht. Der Freund hatte nur einen Makel, er war Mitglied bei der NPD-Jugendorganisation »Junge Nationaldemokraten«. Das wußten wir. Deshalb gingen wir ihm aus dem Weg. Nur einmal haben wir ihn mit meinem Bruder an diesem Wochenende getroffen, beim gemeinsamen Mittagessen. Niemand sagte ein Wort. Meine Mutter versuchte, die Spannung durch gewollt munteres Reden über Alltägliches zu überspielen. Ich glaube, ich habe diesen Menschen kein einziges Mal angesehen. Es war »der Feind«, der »Faschist«, der »Nazi«, mit dem ich nichts zu tun haben wollte. Er hatte wahrscheinlich genausoviel Angst vor uns wie wir vor ihm. So gab es keine Möglichkeit, miteinander ins Gespräch zu kommen.

Im August 1989, als die Arbeit an diesem Buch begann, waren die Republikaner in Berlin und bei den Europawahlen mit spektakulären Stimmenzahlen als fünfte Partei in die Parlamente eingezogen. Der seit Ende der sechziger Jahre verschwundene Rechtsradikalismus hatte sich zurückgemeldet.

Die Republikaner, an der Spitze ihr Bundesvorsitzender Franz Schönhuber, taten und tun dabei alles, um das Etikett

des Rechtsradikalismus und Neonazismus von sich zu weisen und sich als »normale«, deutschnationale, konservative Kraft darzustellen.
Um die Frage nach den tatsächlichen, versteckten und unausgesprochenen Zielen dieser Organisation zu beantworten und die Menschen in dieser Partei kennenzulernen, habe ich mich entschlossen, über eine längere Zeit den Alltag dieser Partei als Mitglied zu erleben.
Die hierzu notwendige Übernahme eines veränderten Namens, einer erfundenen Biografie und die Veränderung meines Aussehens waren daher nicht zu umgehen, um Mißtrauen und Abwehr zu unterlaufen.
Allerdings ist mir im Laufe der sieben Monate bei den Republikanern auch deutlich geworden, wie problematisch und belastend eine solche Form der Recherche ist, da über die Monate persönliche Kontakte entstanden sind, die meine Unaufrichtigkeit nicht verdient hätten.
Anders aber hätte ich mit Sicherheit nicht Mitglied, Wahlkämpfer, Delegierter des Landes- und Bundesparteitags, DDR-Kontaktmann und Ratsausschußvertreter der Republikaner werden können. Nur so ist es mir gelungen, ein gutes Stück ins Innere dieser Organisation und der nationalistischen Kreise in Köln einzudringen.
Daß ich für meine Recherchen Köln als Ausgangspunkt gewählt habe, lag an der Spezifik dieses Kreisverbandes: Der Einzug in den Stadtrat stand kurz bevor, der Kommunalwahlkampf verlangte viele Helfer, und die Kölner Republikaner stellten sich in den Medien als eine Art »intellektuelle Vorhut« der Partei und als »Schönhubers Truppe« in der Partei dar. Ein größerer Teil Ratskandidaten waren Studenten, so daß ich die Erwartung hatte, auch Klarheit über ideologische Konzepte zu bekommen.
Das Wahlergebnis von 7,4 Prozent bestätigte meinen Entschluß, in Köln erreichten sie (neben Gelsenkirchen) den

höchsten Stimmanteil in Nordrhein-Westfalen, so daß die Beobachtung einer siebenköpfigen Republikaner-Ratsfraktion und ihrer Arbeit möglich wurde.
Im Laufe der Arbeit an diesem Buch und durch Besuche und Kontakte mit anderen Kreis- und Landesverbänden zeigte sich dann, daß die hier geschilderten Ereignisse, die Krisen, z. T. der Verfall der Partei (nicht der Bewegung) exemplarisch für Vorgänge überall in der Partei waren. Wenn diese auch nicht immer die Dramatik und Krassheit der Kölner Ereignisse hatten. Auch die organisatorischen und ideologischen Berührungen im Hintergrund zwischen Republikanern und CDU/CSU-Mitgliedern, die in Köln erkennbar wurden, sind möglicherweise kein Einzelfall.
Zum Schluß ein Wort zu den Personen, mit denen ich zusammengetroffen bin und die ich hier vorgestellt habe: Je länger meine Arbeit dauerte, desto mehr sind diese Personen für mich zu Mitmenschen, zu Bekannten geworden, mit denen ich gerne offen diskutiert hätte und von denen mir einzelne auch sympathisch geworden sind.
Ich hoffe, solche Gespräche werden trotz dieses Buches möglich sein, und man wird dort akzeptieren, daß es mir um eine politische Recherche und nicht um persönliche Denunziation geht. Alle Personen, die öffentlich hervorgetreten sind, sind mit ihren richtigen Namen genannt, alle anderen Namen und Vornamen sind geändert.
Noch etwas zum Zeitabschnitt: Es war ein Glücksfall, daß meine Mitgliedschaft bei den Republikanern ziemlich genau mit den dramatischen deutsch-deutschen Ereignissen seit Ende 1989 zusammenfiel. So konnte ich genau die Auswirkungen dieser Entwicklungen auf die Diskussionen innerhalb der Partei beobachten.
Nicht zuletzt diese Ereignisse haben zu dem desolaten Zustand geführt, in den die Partei bald nach ihren Wahlsiegen 1989 geraten ist und der hier beschrieben wird.

Vorbereitungen

Mitte August 1989

Der Kommunalwahlkampf in Nordrhein-Westfalen hat begonnen. Am Anfang der Fußgängerzone stehen nebeneinander die Informationsstände der verschiedenen Parteien. CDU, SPD, am Rand die Grünen. Ich suche den Stand der Republikaner, die sollen auch fast jeden Tag hier sein. Offensichtlich bin ich zu spät gekommen. Auf dem Boden Hunderte von Republikaner-Flugblättern und Programmbroschüren, zerrissen, zertreten, offensichtlich haben viele Menschen die Papiere weggeworfen. Der zentrale Wahlslogan des politischen Programms für die Kölner Wahlen lautet: »Domet uns Kölle kölsch bliev!«

Dann folgen die Schwerpunkte:

– gegen Ausländer & Asylanten,

– gegen Zigeuner (»Das Zigeunerlager ist für jeden deutschen Anwohner eine Zumutung. Wir fordern die sofortige Abschiebung straffällig gewordener Zigeuner!«)

– gegen »Berliner Verhältnisse« in Köln (sogenannte »rechtsfreie« Räume, die auch noch von der Stadt Köln unterstützt werden, gegen Schwulen- und Lesbenzentren, gegen Subkultur)

– Kriminalität stoppen (z. B. durch mehr Polizeistreifen) und

– gegen eine Müllverbrennungsanlage in Köln.

Auf dem Flugblatt ist eine Kontakttelefonnummer angegeben. Ich rufe an:

»Die Republikaner, Köln.«
»Guten Tag, mein Name ist Schomers, Theodor Schomers, ich habe hier die Nummer auf dem Flugblatt, das Sie in der Schildergasse verteilt haben. Ich möchte gerne mehr Informationen haben. Können Sie mir die zuschicken?«
»Ja, natürlich.«
»Ich bin auch an Veranstaltungen interessiert, haben Sie da welche in der nächsten Zeit?«
»Ja, wir machen eine Großveranstaltung am 20. September.«
»Kann man denn da auch mal näher reden, bei so einer Großveranstaltung?«
»Also, wir haben jeden Dienstag um 18.00 Uhr Interessententreffen, da können Sie hinkommen. Oder vielleicht ist es besser, Sie kommen Montag abend um 20.00 Uhr in die Roonstraße, da wird politisch diskutiert. Fragen Sie nach mir, mein Name ist Rainer Vogel.«
Ich gebe noch meine Adresse an, dann ist der erst Kontaktanruf beendet. Ein mulmiges Gefühl, aber der junge Mann am Telefon wirkte ganz nett. In der Stadtrevue lese ich von Aufrufen demokratischer antifaschistischer Verbände, die Republikaner-Großveranstaltung am 20. 9. zu verhindern. Ich habe doch Angst davor, dann auf der Gegenseite zu stehen. Hoffentlich erkennt mich niemand.
Nächste Woche werde ich verschiedene Tests veranstalten, um zu sehen, ob ich erkannt werde bzw. um sicherer zu werden.

Montag, 4. September
Heute gehe ich zum Friseur. Der Bart muß weg. Ich bin sehr nervös und fühle mich wie das Lamm auf der Schlachtbank. Neunzehn Jahre habe ich den Bart getragen. Außer meiner Familie gibt es niemanden mehr, der mich ohne Bart kennt. »Linke Identität.« Nach und nach erkennt man immer mehr

vom Gesicht. Die Haare sind schön kurz, der Scheitel sehr ordentlich gezogen. Nach und nach erscheint der Neue, Theodor. Zum Schluß ziehe ich meinen Anzug an, und die Verwandlung ist perfekt.
Ich stelle mich neben das Spiegel-Titelbild mit Schönhuber und nehme die gleiche Pose ein.
Eigentlich ein paradoxer Vorgang: Ich verstecke mich, indem ich mein Gesicht öffne und mich zeige.
An meiner neuen Wohnung draußen an der Hauswand ein Graffiti: »Nazis raus.«
Ich laufe durch die Stadt und versuche, Franz Schönhubers »Ich war dabei« zu kaufen. Es ist nirgendwo zu bekommen. In der Bahnhofsbuchhandlung reagiert die Verkäuferin mit einem lauten »Pfui« und blickt mich böse an.
In den letzten Tagen habe ich die letzten Vorbereitungen getroffen. Zum Glück habe ich kurzfristig eine Wohnung für ein halbes Jahr gefunden, meine »Legende«: eine Mischung aus Wirklichkeit und Erfindung.
Die Reaktionen auf mein neues Aussehen machen mich sicherer. Sogar sehr gute Freunde erkennen mich nicht.

Der Autor vorher…

und danach

Die ersten Versammlungen

Montag, 12. September 1989, 19.30 Uhr

Jetzt ist es soweit. In den letzten Stunden bin ich immer nervöser geworden: Habe ich an alles gedacht? Ich habe nichts mehr bei mir, auch nicht im Wagen, das meine wahre Identität verraten könnte. Ich bin ab jetzt Theodor Schomers.

Ein schöner Spätsommertag. Ich fahre durch die Stadt zur Roonstraße. Die erste Pleite: Unter der angegebenen Adresse findet sich kein Klingelschild mit dem Namen Vogel. Ich gehe auf und ab, überlege, ob ich die falsche Hausnummer aufgeschrieben habe? Dann merke ich, daß es noch einen Nebeneingang gibt, eine Hofeinfahrt mit einer Gittertür. Ich schelle – keine Reaktion. Ich drücke die Klinke von innen und gelange in eine Hofeinfahrt, einige abgestellte Fahrräder, links vom Hof ein flacher Anbau mit neuen Holztüren, eine Tür ist halb geöffnet, innen ist Licht. Eine Treppe führt in den Keller. Von unten höre ich eine Männerstimme. Mein »Hallo, hallo« verhallt ungehört. Ich gehe hinunter in die »Höhle des Löwen«. Um einen großen Tisch – später bemerke ich, daß es eine Tischtennisplatte ist – sitzen ca. 15 Männer und eine Frau, jeder hat eine Bierflasche vor sich. In der Ecke des Raumes sehe ich eine Theke mit Spüle und einer Art Bar. Der Raum erinnert an einen Partykeller. Schon jetzt ist der Raum völlig verraucht. Am Kopfende ein schmaler blonder Mann in meinem Alter, der offensichtlich den Vorsitz führt. Das muß Rainer Vogel, der Kreisgeschäftsführer, sein. Er spricht mich an: »Guten Abend, wir haben miteinander telefoniert, nicht

wahr, setzen Sie sich doch!« Am Ende des Tisches finde ich zwischen einigen jungen Männern einen Platz. Meine Aufmachung, Jacke, weite Hose und Krawatte, fällt zwar nicht auf, aber die meisten tragen Freizeitkleidung, die jungen Männer T-Shirt und Jeans. Gerade ist man bei der Vorstellungsrunde: »35 Jahre, ledig, keine Kinder, tätig als Hilfsarbeiter, will aber eine Umschulung als Schreiner machen. Politisch tätig seit drei Jahren, ein Jahr bei den Republikanern.« Der nächste: »41 Jahre, verheiratet, ein Kind, kaufmännischer Angestellter, politisch tätig seit zwei Jahren bei den Republikanern.« Als ich an die Reihe komme, erläutert mir Geschäftsführer Vogel: »Wir sind eine kleine Partei, aber jetzt haben wir so viele neue Interessenten und Mitglieder und die Partei wächst so schnell, daß man die Gesichter gar nicht alle kennt, deshalb machen wir die Vorstellungsrunde.« Alle sehen mich an. »Ich heiße Theodor Schomers, habe ein paar Jahre in Koblenz gewohnt, und jetzt bin ich wieder in Köln. Ich bin Diplompädagoge und mache an einer Computerschule Kurse für arbeitslose Akademiker, Einführung in Computer, Bewerbungstraining usw. Bin schon länger politisch interessiert, habe aber bisher noch keine Partei gefunden, in der ich mich organisieren würde.« Die Vorstellung geht weiter. Neben mir Fred, »noch Bundeswehrsoldat, bald Student«. Der erste, der so aussieht, wie ich mir einen jungen Rechten vorstelle: ganz kurzgeschorene Haare, schwarze Stiefel, latent gewalttätig. Neben ihm noch ein Jurastudent, der bis vor einem halben Jahr in der Jungen Union war.
Zwei der Anwesenden kenne ich – von Fotos. Es sind Birgit Golombek und Manfred Rouhs, beide Ratskandidaten. Ich habe mir vorher die Fotos von einer Pressekonferenz der Republikaner angesehen, auf der die wichtigsten Leute aus Köln anwesend waren. Unter den 15 Männern nur eine Frau, Birgit Golombek, die sich als Studentin vorstellt. Ne-

ben ihr Manfred Rouhs, Jurastudent, »ledig, keine Kinder – jedenfalls keine, von denen ich weiß«. Alles lacht.
Als sich Rainer Vogel selbst vorstellt, zählt er alle seine früheren Funktionen in der NPD auf, Bundesvorstand, Landesvorsitzender der JN (Junge Nationaldemokraten), Mitglied verschiedener Kommissionen. Neben ihm ein alter Mann, der mit englischem Akzent spricht und sich mit den Worten vorstellt: »Ich bin hier bei den Republikanern, weil das meine letzte Hoffnung ist, daß Deutschland noch zu retten ist, daß Deutschland die ihm gebührende Rolle in Europa spielt.«
An der Wand hängen Karten von Köln, in denen die Wahlbezirke mit gelben, roten und blauen Fähnchen markiert sind. Daneben Fotokopien aus dem Stadtplan, auf denen die Wahlbezirke gekennzeichnet sind.
Heute am Montag tagt hier der »Arbeitskreis für deutsche Interessen«. Wie man mir stolz erklärt, findet dieses Treffen seit 1969 an jedem Montag statt, außer Ostern, Pfingsten und Weihnachten. Rainer Vogel eröffnet die Diskussion und fragt, wer Berichte über politische Fragen vorbereitet hat.
Zunächst gibt jemand einen Bericht über den Landesparteitag der Republikaner Niedersachsen am letzten Wochenende. Es geht um die Querelen zwischen den alten NPD-Leuten und der »neuen Rechten«. Parteivorsitzender Franz Schönhuber versuchte, den amtierenden Landesvorsitzenden Norbert Markgraf zu stürzen und durch einen ihm genehmen Mann zu ersetzen. Der »Kampf zweier Linien« wird deutlich. Die allgemeine Meinung: »Der wird nicht lange Sieger bleiben!« (Gemeint ist der NPD-Mann, der sich – Schönhuber zum Trotz – durchgesetzt hat.) Der »Kampf zweier Linien« beschäftigt die ganze Partei. Den Anwesenden geht es darum, sich in der Öffentlichkeit von der NPD-Vergangenheit reinzuwaschen, das Bild einer neuen Partei zu zeigen. Während der Diskussion über die zwei Linien in

der Partei steht Rainer Vogel plötzlich auf und schreibt einen Vierzeiler an die Tafel:

»Mit neuen Booten
segelt neue Zeit
zu neuen Ufern
mit dem alten Wind«

Der Jurastudent Heiner Roosen, der später Landtags-Kandidat wird, berichtet vom Infostand am letzten Wochenende, wo es »viel Interesse und viele heiße Diskussionen gab«. »Ja«, wirft ein anderer ein, »das deutsche Volk ist gesund!« »Links von uns stand die SPD, rechts die CDU, wir haben uns die Mitte ausgesucht.« Alle lachen bestätigend. »Ein Mann, nachher kam dann raus, daß er Jude war, hat uns als Faschisten beschimpft. Dem habe ich gesagt: Wenn die Deutschen alle Faschisten sind, weil sie Juden umgebracht haben, dann sind auch alle Juden Faschisten, weil sie auf Palästinenser schießen.« Ein junger Mann rechts von mir wirft ein: »Ich habe keinen Juden getötet!« – »Noch nicht«, sagt ein anderer, er grinst. Rainer Vogel ruft wieder zur Ordnung. »Das Thema Juden ist wichtig, da müssen wir mal eine Generaldebatte führen, aber das machen wir ein anderes Mal.«

Die weiteren vorgesehenen »Berichte« sind noch nicht an der Reihe, als die Tür aufgeht und der Kreisvorsitzende und Spitzenkandidat Markus Beisicht auftaucht. In seiner Begleitung Sabiene Münch, Kandidatin für die Bezirksvertretung Innenstadt und stellvertretende Kreisvorsitzende, und Rainer Reusch, Ratskandidat, die ich auch von Fotos kenne. Jetzt ist also die gesamte Kölner Führungstruppe da.

Nun geht es nur noch um den Wahlkampf. Markus Beisicht ergreift das Wort: »Der Express behauptet, da hätte man eine alte Frau genötigt, die Kandidatenliste für die Republikaner zu unterschreiben. Wir haben nochmal alle Listen überprüft: Kein Republikaner hat so etwas gemacht!«

Wie kann man das aus der Überprüfung der Listen herausfinden? Beisicht kündigt Strafanzeigen und Dienstaufsichtsbeschwerden gegen die Verantwortlichen an, die seiner Meinung nach den Datenschutz verletzt haben.

Dann geht es um den »absoluten Höhepunkt unseres Wahlkampfes«, die Großveranstaltung am nächsten Mittwoch. Dort sollen Harald Neubauer, der ehemalige NPD-Funktionär und jetzige stellvertretende Republikaner-Vorsitzende und Pressesprecher, der Europaabgeordnete Ian Blot und der stellvertretende belgische Parlamentspräsident Filip Dewinter (vom rechtsradikalen »Vlaams Block«) sprechen. Ungefähr 800 Zuhörer werden erwartet, »und ich will keinen einzigen Linken in der Veranstaltung haben«. »Dazu brauche ich mindestens 50 Ordner, außerdem bekommen wir 50 Bundesgrenzschutzsoldaten, die müssen auch bezahlt werden.« Das kann doch wohl nicht wahr sein! (Im Nachhinein stellt sich heraus, daß es weder 800 Teilnehmer noch BGS-Ordner gibt.)

Dann wird das Plakatkleben organisiert: Daniel, ein neunzehnjähriger Schüler, will unbedingt mitmachen: »Ich möchte nicht, daß der Eindruck entsteht, daß ich nur Diskussionsmitglied bin!« Als sich da und dort Zweiergespräche ergeben, versucht Rainer Vogel, Ruhe zu schaffen und läutet mit einer Messingglocke, die auf dem Tisch steht. In so einer doch relativ kleinen Runde wirkt das ziemlich lächerlich. Die Klingel gefällt ihm wohl ziemlich gut, denn er benutzt sie mehrere Male. Ich merke, daß Vogel mich beobachtet und bemühe mich, an den entsprechenden Stellen bestätigend zu nicken, mache auch mal eine zustimmende Zwischenbemerkung. Neben mir beginnen die beiden Studenten, über Fußball zu reden, wieder klingelt er und ruft sie zur Ordnung. Willi Cronenberg, ein schlanker großer Mann, der wohl

auch mit der Organisation des Wahlkampfes beschäftigt ist, berichtet, daß im Moment den ganzen Tag wegen der Großveranstaltung Leute anrufen. Nach seiner Darstellung seien aber viele Linke dabei, die nur herauskriegen wollen, wo die Veranstaltung stattfinden soll. Max, auch ein Jurastudent, mischt sich in die Diskussion: Wichtigtuerisch kommt er nochmal auf die Affäre mit den angeblich gefälschten oder durch Nötigung zustande gekommenen Unterschriften zu sprechen: Er habe ein Flugblatt entworfen, einen Strafanzeigenvordruck, mit dem die Bürger selber Anzeige wegen Verstoßes gegen das Datenschutzgesetz erstatten könnten. Mit einem markig-altmodischen: »Ich gebe diese Anregung zur Diskussion frei« setzt er sich wieder. Ein komischer Typ, wie ich später erfahre, ist er hier in der Kölner Parteizentrale verantwortlich für die Wahlkampfmaterialien. Als er einmal aufsteht, sehe ich, daß er offensichtlich körperbehindert ist und Beinprothesen trägt. Im Gegensatz dazu wirkt sein Äußeres militärisch: Er trägt einen olivfarbenen Pullover, Reithose und hohe, schwarze Lederstiefel.
Noch einmal ruft der Kreisvorsitzende Markus Beisicht alle Mitglieder zum aktiven Wahlkampf auf und entwickelt seine Vision einer neuen rechten Partei: »Wir müssen Flagge zeigen! Wir wollen Gesicht zeigen. Wir müssen den Leuten zeigen, welche schönen jungen Männer und Frauen zu den Republikanern gehören, daß wir keine Altherrenpartei sind.«
Der Kreisvorsitzende und seine Truppe verlassen den Raum, sie haben noch Wichtiges zu tun, wie sie ausdrücklich mitteilen. Die Diskussion wird breitschweifig, Stammtischatmosphäre kommt auf. Jeder will seine Meinung an den Mann bringen. Willi Cronenberg berichtet über eine Diskussion an einer Schule, bei der Markus Beisicht und er gegen die Lehrer hätten kämpfen müssen, die die Schüler indoktrinierten. »Beim Thema Frauenpolitik sagte doch tatsächlich eine Frau

irgendwas über »Mein Bauch gehört mir«, das hab ich gar nicht verstanden.«
Rainer Vogels Zwischenruf »Unsere Frauen gehören uns!« wird mit großem Gelächter quittiert. Dann habe man über die sogenannte »multikulturelle Gesellschaft« gesprochen. »Da habe ich denen gesagt: Guckt euch doch mal den Libanon an, da führt das hin. Da bekämpfen sich die Kulturen.«
Kurz vor zehn geht die Tür auf, zwei junge Männer kommen herein, sie sind leger gekleidet in Jeans und Windjacken. Einer der beiden trägt einen Anstecker der Grünen. »Ratet mal, wo wir waren!« rufen sie und halten einen dicken Stoß Aufkleber »Nie wieder Faschismus« und Flugblätter der Linken hoch. Rainer Vogel begrüßt die beiden »besonders herzlich«. Sie kommen gerade aus einem der besetzten Häuser in Köln, in der Weißhausstraße, wo sie an einem Aktionstreffen linker Gruppen teilgenommen und das Material erbeutet haben.
Gegen kurz nach zehn schließt Rainer Vogel offiziell die Veranstaltung. Man steht zusammen, die beiden »U-Boote« reden wichtigtuerisch über die viele Arbeit, die der Wahlkampf macht. »Aber wenn wir nach der Wahl im Rathaus sind, dann soll die Fraktion ein paar ABM-Stellen besorgen, dann haben wir Arbeitskräfte für so etwas!«
Dann wird wieder getuschelt. Offensichtlich will man einiges vor mir verbergen. Natürlich, denn keiner kennt mich. Rainer Vogel spricht mich an, ich erzähle ein wenig von mir. Außerdem sei ich auch bereit, aktiv mitzumachen, z.B. Plakate kleben, Flugblätter verteilen und so weiter. Mittwoch abend findet ein Treffen statt, auf dem die Veranstaltung am 20. vorbereitet werden soll.
Ich gehe mit nach oben. Die frische Luft tut gut. Als ich in meinem Wagen sitze und durch die Stadt nach Hause fahre, atme ich auf. Was sind das für Menschen, wie denken sie, und vor allem: Wie sind sie dazu gekommen?

Mir fällt auf, daß zwar über Politik geredet wurde, nicht jedoch über das Thema, das z. Zt. die Medien beherrscht: die Flucht der über 10000 DDR-Übersiedler aus Ungarn.
Markus Beisicht und Rainer Reusch scheinen die »neue salonfähige Linie« der Partei zu repräsentieren, von Rainer Vogel habe ich den Eindruck, daß er sich dem gut angepaßt hat, obwohl er als alter NPD-Funktionär bekannt ist.

Montag, 18.9.
Im Spiegel ein vierseitiger Bericht über die Situation im Berliner Landesverband. »Immer zwischen Gut und Böse. Skandale, Spitzel und Prozesse – wie sich Berlins Republikaner blamieren.« Ich bin gespannt, ob darüber heute abend geredet wird.
Die Versammlung hat schon angefangen. Es ist noch voller als am letzten Montag. Der Kreisvorsitzende Markus Beisicht berichtet über die großen Schwierigkeiten, einen Versammlungsort in Köln für die Großveranstaltung am Mittwoch zu finden. »Alle Hallen sind fest in Hand der Stadt oder gehören zu Hotels, da haben wir keine Chance.« Der Mietvertrag mit dem Pächter der Stadthalle Mülheim ist geplatzt. Der Pächter wollte den Republikanern zwar den Raum geben, ist aber nach Beisichts Worten von der Stadt unter Druck gesetzt worden und fürchtet, seinen Pachtvertrag zu verlieren, wenn er den Mietvertrag nicht kündigt, auch die »Flora« hat abgesagt. Markus Beisicht gibt die Parole aus: »Es muß unter allen Umständen gesichert werden, daß die Veranstaltung stattfindet.« Neue Ideen schwirren durch den Raum. Einige werden sofort losgeschickt, um eventuelle Versammlungsorte zu klären. So sind verschiedene Gaststätten, die neue Geschäftsstelle in der Brüsseler Straße und ein Bierzelt in Worringen im Gespräch. »Wenn wir erstmal Ratsfraktion sind, ist das alles anders, dann haben wir genügend Geld, dann können die uns auch die Räume nicht mehr verweigern.«

»Dann können wir solche Treffen auch in anderen städtischen Versammlungsorten machen!«
Euphorische Stimmung kommt auf. Der Traum, bald eine Ratsfraktion zu stellen, ausgestattet mit städtischen Geldern für Räume und Personal, beflügelt die Gedanken. Aber noch ist es nicht soweit. Und noch ein anderes Problem gibt es: Woher wußten die Linken, daß die Versammlung in der Flora stattfinden sollte? Der Ort war nur dem engeren Führungskreis bekannt. »Und allen, die am letzten Mittwoch hier waren!« erinnert jemand. Ich merke, wie manche überlegen, wer am Mittwoch dabei war und wer vielleicht der Verräter ist.
Mein Gefühl, nicht zu neugierig zu wirken und am letzten Mittwoch nicht zum Treffen zu kommen, war richtig. So bin ich nicht verdächtigt, bin auch weiterhin betont desinteressiert am Veranstaltungsort.
Max, der Jurastudent, steht auf, er wisse von der Polizei, daß es dort neue Methoden des Abhörens gäbe, da könne man 500 Anrufe gleichzeitig abhören und auf bestimmte Worte programmieren. Deshalb sei es kein Wunder, daß die Linken Versammlungsorte erfahren. Ein Mann, etwas älter als ich, mit einem grauen, kurzgestutzten Vollbart, Pfeifenraucher, meldet sich zu Wort: Er kenne das aus seiner langen politischen Praxis: Jeder solle vorsichtig sein, auch der beste Freund könne ein Spitzel sein. Es gibt Leute, die tauchen für ein oder zwei Jahre ein und sind doch Verräter. Mir wird etwas mulmig.
Rainer Vogel verkauft Eintrittskarten für die Veranstaltung am Mittwoch. Als Veranstalter steht da: »Freie Vereinigung für Demokratie und Kultur e. V. – anerkannte gemeinnützige Körperschaft.«
Rainer Vogel liest ein Telefax vor, das er heute an den Polizeipräsidenten geschickt hat. Er fordert Versammlungsfreiheit für freie Bürger und fügt einige Passagen des Versammlungsgesetzes hinzu.

Zwischendurch trifft ein junger Mann ein und berichtet von einer Versammlung der Linken in dem besetzten Haus in der Weißhausstraße. Die »linken Randalierer« wollen sich am Mittwoch um 17.00 Uhr am Roncalliplatz treffen und dann »losziehen, um Randale zu machen«. Geschäftsführer Rainer Vogel notiert genau die Formulierungen. »Ich werde per Telefax der Polizei zur Kenntnis geben, was die Weißhausstraße vorhat.« »Weißhausstraße« ist das Synonym für »linke Randalierer, Rechtsbrecher und Kriminelle«.

Dann wird nochmal über das Plakatieren geredet. Unter anderem geht es darum, daß man die Plakate anderer Parteien am besten nicht vollständig abreißt, sondern so, daß ein Teil hängenbleibt. »Dann sehen die Leute, daß es jemanden gibt, der gegen diese Partei ist!« Es wird geraten, die Plastikaufkleber am besten auf Glaswände, z. B. bei den Straßenbahn-Wartehäuschen zu kleben. »Die kriegt man kaum ab!« Da aber auch die anderen Parteien auf diese Ideen kommen, gibt Rainer Vogel noch einen Tip: »Die kriegt man nur mit einem Glasschaber ab, den bekommt man in einem Heimwerkergeschäft. Außerdem: Der ist sowieso praktisch, den kann man auch mal dem politischen Gegner bei einer Auseinandersetzung durchs Gesicht ziehen!«

Markus Beisicht zeigt die ersten Exemplare der neuen Wahlkampfzeitung: »Domspitzen.« Chefredakteur ist Rainer Reusch, dessen Bild auch auf der ersten Seite zu sehen ist. Rainer Reusch kam zu den Republikanern von der FDP. Sein Name taucht in den »Domspitzen« am häufigsten auf. Titelschlagzeile ist »Schlammschlacht der Altparteien.« Mit großen Worten wird dort die »sogenannte Fälschung der Wahllisten-Unterschriften durch Republikaner« zurückgewiesen. Originalton über ein SPD-Ratsmitglied: »Vollmann, Sympathisant der Kölner Schwulenszene und glühender Klassenkämpfer, schreckte nach guter Proletariermanier vor keiner verleumderischen Unterstellung zurück.« In den »Kurzmeldungen« ge-

ben die Ratskandidaten zu bestimmten politischen Problemen Kurzstatements ab. So beschwert sich Markus Beisicht, daß »auf Demonstrationen kaum Schutzschilde eingesetzt sind, so daß die Beamten Steinwürfe mit ihrem Körper abfangen müssen«, und Birgit Golombek fordert die Dienstenthebung von Lehrern, die die Freigabe von Marihuana befürworten. Scharf wendet sich Ute Rottler, Juristin beim Gerling-Konzern, gegen die Abtreibung, denn die Republikaner seien die »einzige politische Kraft, die sich ohne Wenn und Aber gegen tausendfachen Kindermord wendet. Wenn dann ein Pastor mit Kindermördern in SPD, CDU und bei den ›Grünen‹ gemeinsame Sache macht, ist er für mich ein Politpfaffe und ein Verräter an der christlichen Ethik.« Zum Thema Asylanten: »Das ist wohl der Gipfel!... Die Flut der Wirtschaftsflüchtlinge der Dritten Welt lebt gut versorgt in festen Wohnungen und Wohnheimen, sicher vor Wind und Wetter, in gelassener Erwartung von Herbst und Winter. Doch unsere Landsleute aus der »DDR«, vertrieben von einem totalitären politischen System, kommen in primitive Zeltlager. Für sie ist erstmal keine feste Wohnung da, weil man diese an Asylbewerber aus aller Herren Länder vergeben hat. So gehen CDU, SPD, ›Grüne‹ und ›Liberale‹ mit dem eigenen Volk um: Asylanten in die erste Etage – Deutsche in den Keller!«
In dieser Verknüpfung taucht zum erstenmal die Massenfluchtbewegung auf.
Markus Beisicht hat noch eine gute Meldung: Geld spielt ab heute keine Rolle mehr, denn man habe gerade erfahren, daß die Bundespartei, d.h. der Bundesvorstand, insgesamt 50000 DM für den Wahlkampf zur Verfügung stellt. Heute sei im Bundeshauptausschuß der Beschluß gefaßt worden. Jetzt können in der Woche vor der Wahl nochmal 6000 Plakate geklebt werden.
Dann wieder das Lieblingsthema: Ausländer. Der Bezirks-

DomSpitzenM

September 1989 – Stadtzeitung der Kölner REPUBLIKANER – 30.000 Auflage – kostenfrei

Liebe Leser!

»Dom-Spitzen« heißt dieses neue Lokalblatt der REPUBLIKANER, welches der Kreisverband Köln herausgibt. Anläßlich des Kommunalwahlkampfes in Nordrhein-Westfalen und Köln liegt hiermit das erste Exemplar vor. Es soll zukünftig regelmäßig erscheinen

Kommunalwahlkampf in Köln:

Schlammschlacht der Alt-Parteien

Strafanzeige gegen Vollmann (SPD)

Erstmalig treten die REPUBLIKANER in Nordrhein-Westfalen und insbesondere in Köln zur Kommunalwahl an. Der Weg zum Erfolg erweist sich hier als steinig und voller heimtückischer Hindernisse.

Nachdem die REPUBLIKANER für die 46 Kölner Wahlkreise Kandidaten aufgestellt hatten, mußten sie pro Wahlkreis 20 Unterstützungsunterschriften von Kölner Bürgern beibringen. Statt der insgesamt 920 benötigten Unterschriften sammelten die REP gut 1.200, was pro Wahlkreis einen Überhang von bis zu 10 Stimmen bedeutet.

Damit hätte alles klar sein blitzrundfrage bei 80 Kölner

kandidat aus Worringen liest einen Entwurf für ein Flugblatt vor, das er verteilen will: In einer Schule im Kölner Stadtteil Seeberg soll es in einer Klasse einen Ausländeranteil von 62 % geben.

Die Versammlung ist geschlossen, man steht herum, trinkt sein Bier aus, redet noch ein wenig miteinander. Der Mann mit dem grauen Bart spricht mich an, stellt sich als Rüdiger M. vor. Er sei seit zwanzig Jahren hier beim Montagskreis dabei, habe fast zehn Jahre nur Parteiarbeit gemacht, seit 1969 in der NPD. Er sei nicht Mitglied bei den Republikanern, hoffe aber, daß die Partei Erfolg habe.

Mit Rainer Vogel verabrede ich mich für Samstag, ich habe mich bereit erklärt, mit Flugblätter zu verteilen.

Die Schlacht um den Mauenheimer Hof

Mittwoch, 20.9.

Am Nachmittag weiß ich immer noch nicht, wo die angekündigte Veranstaltung stattfinden wird. Erst kurz vor 18 Uhr erfahre ich den Versammlungsort. Schon einen Kilometer vor der Kneipe »Mauenheimer Hof«, in der die Versammlung steigen soll, ist die Straße verstopft. Die Polizei hat weiträumig abgesperrt. Zehn Minuten stehe ich im Stau, dann finde ich einen Parkplatz und gehe zu Fuß weiter. Auf der Kreuzung vor dem Gebäude Demonstranten, viel Polizei und Zuschauer. Ich mische mich unter die Zuschauer. Gerade als ich komme, »räumt« die Polizei. Die Polizisten schlagen mit Fäusten und Schlagstöcken auf die Demonstranten ein, die den Eingang zur Kneipe blockiert haben. Mit schockierender Brutalität werden die meist jugendlichen Demonstranten weggeknüppelt und in die Seitenstraße abgedrängt. Ich stehe inmitten der Zuschauer. Allgemeine Empörung über die Brutalität der Polizei. Sprechchöre der Demonstranten: »Deutsche Polizisten schützen Nazi-Faschisten.« Dann trauen sich auch einige Republikaner aus dem Lokal. Ich erkenne ein paar Gesichter und gehe auch in die Kneipe. Keiner fragt nach der Eintrittskarte, man kennt mich bereits. Der Türsteher grinst mir zu, klopft mir auf die Schulter, ich darf hinein. In der Nähe des Eingangs meist junge Männer, wohl die Ordner. Erstmal zum Tresen, ein Bier trinken auf die ganze Aufregung. Es ist eine kleine, enge Vorstadtkneipe. Direkt an der Tür steht ein Tisch, an dem jemand noch versucht, Karten zu

Die Polizei riegelt die Zufahrt zur Gaststätte Mauenheimer Hof ab

verkaufen – oder zu kontrollieren. In dem Gedränge und Durcheinander ist das nicht genau festzustellen. Rechts von der Tür am Tresen herrscht dichtes Gedränge, viele junge Männer, ein Kölsch in der Hand. Links geht der Raum weiter. Ungefähr 50 Personen stehen herum. Die Rolladen an den Fenstern sind heruntergelassen, es ist ziemlich dunkel, die gelben Lampen geben nur wenig Licht. Zunächst denke ich, daß der Schankraum nur der Vorraum für einen großen Saal ist. Aber als ich herumgehe, merke ich, daß es keinen großen Saal gibt, hier in diesem kleinen, dunklen Raum soll sich alles abspielen. In den großspurigen Ankündigungen von Markus Beisicht hat sich das alles ganz anders angehört. Hier passen nicht mehr als 150 Menschen hinein. Draußen ist es ruhiger geworden, wir können auch kurz vor die Türe, etwas Luft schnappen. Ein älterer Mann hält ein Anti-Republikaner-Flugblatt in türkischer Sprache hoch und schimpft:

– »Türkische Kanacken! Daß die sich wagen, hier zu demonstrieren!« –
– »Wenn die die Energie zur Arbeitssuche aufbrächten, die sie hier aufbringen, um zu demonstrieren, hätten die alle 'ne Arbeit.« –
– »Eine Schande für Deutschland!
Die ältere Frau neben ihm sieht aus, als ob sie zu einem Damen-Kaffeekränzchen ginge, schwarzes Kostüm, Handtasche, Hütchen, um die Schultern eine gestickte Stola gelegt. »Ich hätte so eine Partei ja schon lange gewählt, aber unter 5 % ist die Stimme ja verloren.«
Dann geht es wieder um das Thema Ausländer. Ein anderer Mann schaltet sich ein. »Ich arbeite bei einem Sicherheitsdienst. Nebenbei, am Wochenende. Da mußten wir den Zigeunerlagerplatz am Fühlinger See bewachen. Das hätten Sie mal sehen sollen. Die haben alle ganz dicke Wagen. Kriegen das Geld von unseren sauberen Politikern hinten und vorn reingeschoben. Und ich mußte in Schicht arbeiten und hatte nachher 600 Mark netto. Für's ganze Wochenende.«
Von draußen hört man wieder Sprechchöre: »Nazis raus«. Alle sind ziemlich nervös.
– Warum räumt die Polizei nicht richtig?
– Die verstoßen doch eindeutig gegen unser Recht auf Versammlungsfreiheit.
– Arbeitsloses Gesindel!
– Ab nach Sibirien!
– Alle von der Gewerkschaft gekauft!
– Und ein Haufen Kanacken darunter!
– Das sollte man mal richtig aufräumen!
– Sollen wir mal rausgehen?
Ein paar jüngere Versammlungsteilnehmer sind ganz scharf darauf, da draußen Ordnung zu schaffen. Immer wieder wird auch über die dringende Notwendigkeit geredet, einen eigenen Ordnungsdienst zu organisieren. Der augenblickliche

Manfred Rouhs, Markus Beisicht und Harald Neubauer (v. l. n. r.) rennen unter Polizeischutz zum »Mauenheimer Hof«

»Ordnungsdienst« hier im »Mauenheimer Hof« ist absolut unorganisiert und chaotisch. »Chef« ist ein sportlicher Mann mit Narben im Gesicht, ein ehemaliger Fremdenlegionär. Nach und nach kommen immer mehr Leute in den Raum. Plötzlich gibt es an der Tür lautes Geschrei, Rangelei, ich sehe einige Polizisten mit Helmen, Schlagstöcken und Plastikschildern in das Lokal stürmen. Was ist los? Sind die Linken hier eingedrungen? Dann sehe ich Markus Beisicht und Manfred Rouhs, die beiden Ratskandidaten, mit Harald Neubauer. Die Polizisten haben ihnen wohl offensichtlich den Zugang zum Lokal freigeprügelt. Die Hauptakteure sind da, die Veranstaltung kann beginnen. Mittlerweile sind auch zwei Kamerateams vom WDR im Raum, die eben noch draußen gedreht haben.

Markus Beisicht eröffnet den Abend:

»Ich kann nachfühlen, was jeder hier mitgemacht hat, um in diese Räumlichkeiten hineinzugelangen. Unser Auto ist eben demoliert worden, wir haben einen Sachschaden von ungefähr 15000 Mark. Eine Horde vermummter Chaoten hat den Wagen gestürmt, es sind Orgien von Farbbeuteln auf den Wagen geschmissen worden, die haben versucht, den Wagen umzukippen, es ist hereingetrampelt worden, und wir hatten wirklich Angst um unser Leben. Es war wirklich eine schlimme Stunde für die Demokratie in Köln, daß sowas hier in Köln-Nippes passieren kann. Die Nummer zwei der Ratsliste der Republikaner, die Frau Birgit Golombek, bekam einen Schirm auf den Kopf geschlagen – einen Knüppel, höre ich gerade, auf den Kopf. So sehen die Argumente unserer Gegner aus. Aber die können Steine schmeißen, sie können randalieren, sie können brüllen, sie können Hetzartikel schreiben, sie können uns die Mülheimer Stadthalle sperren, sie können uns aus sämtlichen Kölner Hotels rausjagen, aber aufhalten wird die Kölner Republikaner niemand mehr.
Wenn man sieht, wie diese Medien, besonders die Kölner Medien, hier gegen uns aufgeputscht haben. Nicht nur die Kölner Medien der schreibenden Zunft. Ich bin mal gespannt, was der WDR heute in seinen Sendungen zu dieser Versammlung bringen wird. Er wird bestimmt nicht bringen, wie hier ein schwerverletzter Polizist ins Krankenhaus gebracht wurde. Er wird bestimmt von bösen Faschisten berichten, die hier das Picknick der friedlichen Antifaschisten verhindert haben. Das wird der WDR bringen. Aber ich habe schon mehrfach gesagt: Der WDR kann in den letzten Tagen berichten, was er will, die Kölnische Rundschau, die Bildzeitung, der Express und auch der Stadt-Anzeiger, sie können ein Greuelmärchen schreiben nach dem anderen. Sie werden nicht verhindern, daß wir am 1. Oktober in Köln ein zweistelliges Ergebnis erzielen werden...

Noch ein Wort zum Schluß: Die Kölner Polizei hat heute dafür gesorgt, daß nicht der linke Mob, die Chaoten bestimmen, ob in Köln eine demokratische Versammlung stattfinden darf oder nicht.«
Dann spricht der Vertreter des belgischen »Vlaamsche Block«, Filip Dewinter, und begrüßt den großen Erfolg des belgischen Vlaamsche Block, der französischen Front National von Le Pen und der deutschen Republikaner.
»Freunde, Republikaner! Ich habe hier draußen linke Chaoten gesehen und gehört, die »Nazis raus« rufen. Es müssen keine Nazis raus, es müssen Nationalisten, es müssen Abgeordnete von Republikanern ins Kölner Stadtparlament. Wenn ich das sehe, wenn ich sehe, was die linken Anarchisten und Chaoten in Deutschland und hier in Köln dürfen, dann weiß ich, warum Republikanerabgeordnete im Kölner Stadtparlament, im Bundesparlament und im Europäischen Parlament notwendig sind.« Sein Schlußsatz ist quasi das ausländerfeindliche Credo der europäischen Rechtsparteien: »Wir brauchen auch hier in Köln, in Deutschland, in Europa keine Ausländer, die uns vorsagen, was wir tun sollen und was wir nicht tun sollen. Es lebe Europa!«
Vor dem Hauptredner gibt es eine kurze Pause, in der sich jeder mit einem neuen Bier versorgen kann. Ich hatte mich vorher über den heute 38 Jahre alten Harald Neubauer informiert. Er ist schon lange im rechtsradikalen Lager zu finden. Nach ANR-(Aktion Neue Rechte) und DVU-(Deutsche Volksunion-)Vergangenheit war er seit 1975 Mitglied der NPD und verantwortlicher Redakteur des »Deutschen Anzeigers«, der im Verlag von Dr. Gerhard Frey (NPD, DVU) erscheint. 1983 Beitritt zu den Republikanern, seit 1985 Generalsekretär, 1988 Landesvorsitzender von Bayern und Bundespressesprecher der Partei. Er ist ziemlich klein und schmal, trägt eine Brille und einen schicken dunklen Anzug. Auch Harald Neubauer beschwört zunächst die europäischen Gemeinsamkeiten:

Wahlkampfveranstaltung im Mauenheimer Hof
Harald Neubauer – MdEP, 2. Bundesvorsitzender und bayrischer Landesvorsitzender der Republikaner

»Überall in Europa, liebe Freunde, wachsen jene Bewegungen, die uns Republikanern ähnlich sind, Bewegungen, denen es darum geht, die eigene nationale Identität zu bewahren und unsere Demokratie zu schützen gegen jene Chaoten, die draußen auf der Straße, nicht nur hier in Köln, sondern auch in Brüssel, in Paris und in anderen Orten unseres Kontinents ehrliebende, steuerzahlende Bürger verfolgen und unsere Demokratie bedrohen.«
Die Demonstranten sind mittlerweile wieder etwas näher gerückt, stehen in der Nebenstraße. Die Polizei hält zwar den Eingang auf der Ecke frei. Im hinteren Teil des Raums aber stehen die Demonstranten direkt neben den heruntergelasse-

nen Rolläden. Sie können Neubauers Rede genau hören. Immer wieder lautes Gejohle und Parolen.
»Sehen Sie, die trommeln da draußen Beifall, völlig ohne Risiko, unbeleckt von jeglicher politischen Bildung und Lebenserfahrung. Diesen Leuten kann man nur eins empfehlen: einen sechswöchigen Kuraufenthalt in Sibirien, aber ohne Rückfahrkarte.« Donnernder Applaus. Das sind die starken Worte, die alle hören wollen, das ist die richtige Art, mit solchen Chaoten umzugehen.
Die Stimmung steigt, und Neubauer wird noch schärfer in seiner Rede gegen die Demonstranten.
»Wer deutsche Polizeibeamte, wie da draußen auf der Straße geschehen, verletzt, der darf nicht mit einer Geldstrafe davonkommen oder mit einer läppischen, auf Bewährung ausgesetzten Gefängnisstrafe. Wer deutsche Ordnungshüter verletzt, wer sich gegen diesen Staat versündigt und keinen Respekt hat vorm Leben des Mitmenschen, der muß von der vollen Schärfe unseres Gesetzes getroffen werden. Da darf es keine Bewährung geben...
Ich weiß noch aus dem Geschichtsunterricht, was im Jahr 1938 passiert ist, da gab es die sogenannte Reichskristallnacht, da hat man den Juden die Fensterscheiben eingeworfen. Die da draußen stehen, das sind die Judenverfolger von gestern, und die KZ-Wächter von morgen, und ihnen werden wir den Weg zur Macht verlegen. Bevor sie anständige Deutsche in ein Konzentrationslager sperren, werden sie selber im Gefängnis sitzen.« Wieder tosender Applaus.
Von draußen hört man wieder Tumulte, Pfiffe und Parolen. Nun wird es auch Neubauer zuviel: »Da soll doch mal jemand rausgehen, daß da draußen die Straße geräumt wird, das ist ja unerträglich.«
Markus Beisicht und Rainer Reusch sitzen am Rand des Podiums zu Füßen von Neubauer. Sofort springen sie auf und geben Anweisungen an die ziemlich desorganisierten Ordner.

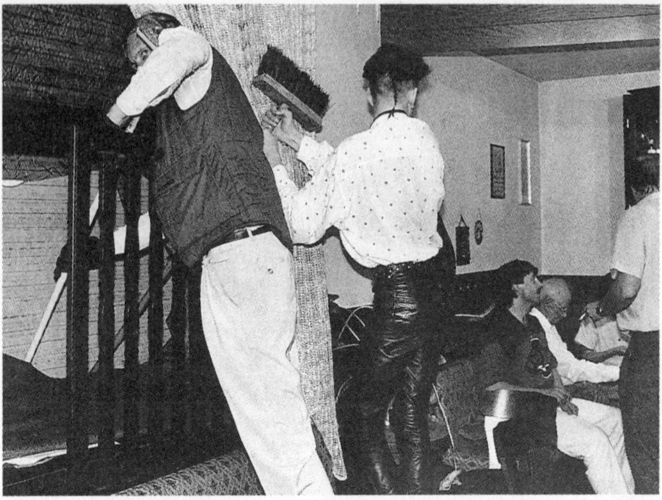

Wahlkampfveranstaltung im Mauenheimer Hof, Demonstranten drückten trotz Rolläden die Scheibe ein. Ordner halten mit Besen die Rolläden fest

Dann redet Neubauer weiter:
»Ich habe hier mit einigen Anwohnern und Nachbarn geredet... die haben gesagt, sowas wollen sie nie wieder erleben in ihrem Stadtteil, und sie haben noch ein anderes Interesse, und auch das sei hier heute abend deutlich angesprochen. Die Republikaner sind keine ausländerfeindliche Partei, wenn aber in einem Stadtviertel zwanzig oder dreißig Prozent Ausländer leben, dann ist ein Grad der Überfremdung erreicht, wo wir uns aus staatspolitischer Verantwortung sagen müssen: Das kann nicht gutgehen, liebe Freunde.« Mittlerweile sichern einige Ordner die Fenster, denn die Demonstranten versuchen, von draußen die Fensterläden hochzuschieben.
An einem Fenster gelingt dies ein Stück. Ein Splitter, eine Scheibe geht zu Bruch. Neubauer bricht seine Rede ab, ein paar Minuten ist allgemeines Chaos, Ordner laufen durch den

Manfred Rouhs, Schriftführer und Pressesprecher der Kölner Republikaner, und der Autor

Raum, von der Tür zu den Fenstern. Keiner weiß, was los ist. »Ruhe, Ruhe, es ist alles in Ordnung, es ist nur eine Fensterscheibe zu Bruch gegangen.«
Ich stehe mit Manfred Rouhs zusammen, einem der Ratskandidaten. Er ist wie immer sehr korrekt angezogen, mit Anzug und Krawatte. Erst 24 Jahre alt, hat er doch, wie ich recherchiert habe, eine lange NPD-Vergangenheit. 1981 trat er als Sechzehnjähriger den Jungen Nationaldemokraten (JN) bei und wurde 1985 Landesvorsitzender. 1986 tritt er in einem NPD-Werbespot im Fernsehen auf und ist Direktkandidat der NPD für den Bundestag. 1987 wird er Generalsekretär des rechtsradikalen Studentenverbandes »Ring freiheitlicher Studenten« (RFS). Seit 1987 ist er Mitglied der Republikaner. Offiziell studiert er Jura, seine Haupttätigkeit ist aber wohl die Herausgabe und Erstellung seiner Zeitschrift: »Europa

vorn«. Im Kommunalwahlkampf in Köln ist Manfred Rouhs quasi in Doppelfunktion beteiligt: Er ist Kandidat für den Stadtrat und für die Bezirksvertretung in Ehrenfeld. Wir reden über die Demonstranten vor der Türe. Er meint: »So schlimm finde ich das gar nicht. An der Uni war das schon erheblich schlimmer. Trotzdem: Es ist eine Schande, daß wir uns das gefallen lassen müssen. Aber es kommt der Tag, dann machen wir das nicht mehr mit, dann schlagen wir zurück.«

Mir wird die Atmosphäre der Veranstaltung langsam unheimlich. Draußen stehen Demonstranten, denen ich mich politisch verbunden fühle, und ich bin hier drinnen. Ich spüre körperlich die Wut und den Haß der Demonstranten draußen in mir selbst. Dazu kommt das beklemmende Gefühl, hier eingeschlossen zu sein. Um mich herum hundert oder hundertfünfzig Menschen, die johlend der Rede von Harald Neubauer zujubeln. Ich komme mir vor wie in einem schlechten Film. Ich muß mich zwingen, Neubauer weiter zuzuhören.

»Meine Damen und Herren, wir sind auch dafür, politisch Verfolgten Hilfestellung zu gewähren, politisches Asyl. Aber, meine Damen und Herren, politisch Verfolgten zu helfen, ist etwas anderes, als die Bundesrepublik Deutschland zum Sozialamt der Dritten Welt werden zu lassen...

Ich habe in den Reihen der Gegendemonstranten auch Angehörige des türkischen Volkes gesehen. Ich möchte hier eines verdeutlichen: Diese Ausländer, die da draußen Gewalttaten gegen uns Republikaner verüben, die haben nichts mit der Mehrheit des türkischen Volkes gemein, überhaupt nicht. Es handelt sich um eine kleine kriminelle Minderheit. Aber dazu sagen wir Republikaner klipp und klar: Ein Ausländer, der in der Bundesrepublik Deutschland bei einer Straftat erwischt wird, und sei es nur durch einen Steinwurf auf anständige

Deutsche, der hat innerhalb von 24 Stunden die Bundesrepublik zu verlassen.«
Aus irgendeiner Statistik zitiert er, daß 72 % der Rauschgifthändler Ausländer sind.
»Meine Damen und Herren, wenn wir auch nicht der Meinung sind, daß jeder Ausländer ein potentieller Rauschgifthändler ist, so stellen wir gleichwohl fest: Rauschgifthändler, das sind Mörder auf Raten. Wir sagen, jeder Rauschgifthändler sollte lebenslänglich bekommen und zwar ohne Aussicht auf Hafturlaub, ohne Aussicht auf Begnadigung und bei härtester Arbeit.«
Als Beleg führt er dann noch auf, daß ja auch die beiden Gladbecker Geiselnehmer schließlich Hafturlauber gewesen seien.
»Sagen Sie am 1. Oktober Nein zu jenen Verhältnissen da draußen auf der Straße, sagen Sie Ja zu den Republikanern, Ja zu Markus Beisicht und seiner Kölner Stadtratsmannschaft, sagen Sie Ja zu unserem Vaterland Deutschland. Danke schön.«
Lang anhaltender Beifall. Dann stellen sich noch die Stadtratskandidaten vor, und Markus Beisicht kündigt eine Geldsammlung an, weil man in der nächsten Woche »Anzeigen schalten« will.
Nochmal ruft Markus Beisicht mit Siegermiene zum Wahlkampf auf: »Wir werden mit unserer Mannschaft ein Fanal in Köln setzen, wir werden die drittstärkste Partei in Köln mit einem zweistelligen Ergebnis!«
Dann singen alle die dritte Strophe der Nationalhymne. Alle stehen auf. Auf der Bühne stehen die Gastredner Harald Neubauer, Markus Beisicht und Rainer Reusch. Beim Singen sehe ich mich um, besonders die Älteren singen mit Inbrunst, während einige der Jüngeren sich an die Theke absetzen.
Dann wird verkündet, daß man gerade mit der Polizei über

Rainer Reusch, Harald Neubauer, Markus Beisicht (v. l. n. r.): Singen der 3. Strophe des Deutschlandlieds zum Abschluß der Veranstaltung

Möglichkeiten berate, den Versammlungsort geschützt und gemeinsam verlassen zu können. Allgemeine Parole: Biertrinken und abwarten. Ich stehe mit einer Gruppe älterer Menschen zusammen. Das Gesprächsthema sind natürlich »die Chaoten draußen« und Ausländer.
»Da demonstrieren viele Türken und Araber mit. Das sollten wir Deutsche uns im Ausland mal erlauben, uns so einzumischen. Die würden uns einsperren und foltern! Das sind doch innerdeutsche Angelegenheiten, da haben die doch nichts mit zu tun.«
Auf dem Podium ergreift Markus Beisicht wieder das Wort und verkündet: »Draußen fliegen Farbbeutel. Wir haben die Polizei um Polizeischutz für den stellvertretenden belgischen Parlamentspräsidenten gebeten, und die Polizei hat abgelehnt. Er ist dann so raus, und da ging die Hetzjagd los!«

Im Raum werden verschiedene Varianten diskutiert, wie wir alle ungeschoren hier wieder rauskommen. Einzeln heimlich durch den Hinterausgang herausschleichen? Oder alle gemeinsam durch ein Polizeispalier?
Die jungen Heißsporne wollen natürlich »rausgehen und denen mal zeigen, was Sache ist!«
In meiner Nähe tuscheln einige junge Typen, ich bekomme nur ein paar Worte mit. Es geht um irgendeine »Aktion« in Rodenkirchen. »Kommt ihr mit?« fragt einer die beiden anderen.
Jetzt wird bekanntgegeben, wie wir den Versammlungsort verlassen können: einer nach dem anderen gehen wir an der Theke vorbei durch die Küche, einen kleinen Innenhof und durch den Hausflur des Nachbarhauses auf die Straße, die die Polizei weiträumig abgesperrt hat. Einzeln und in kleinen Gruppen gehen wir dann weg. Neben der Polizeikette stehen ein paar Demonstranten, junge Leute mit Palästinenser-Halstüchern und Abzeichen an den Felljacken oder der schwarzen Motorradjacke. Sie rufen »Nazis raus!«. Ich stelle mich in eine Gruppe von Anwohnern, die das ganze Spektakel beobachten. Zwei junge Frauen kommen, die ein Fahrrad schieben, beschimpfen die weggehenden Republikaner. »Scheiß-Emanzen!« schimpfen einige zurück. Es gibt eine kleine Rangelei. Sofort sind einige Polizisten da. Sie reißen eine der Frauen zu Boden, halten sie mit mehreren Beamten fest. Nach ein paar Minuten lassen sie die Frauen weitergehen. Ich gehe die Straße herunter. So etwas habe ich noch nie erlebt. Der Abend und die Aktionen der Polizei sollen in Köln noch ein langes Nachspiel haben. Wochenlang ziehen sich die Auseinandersetzungen über die Vorfälle am »Mauenheimer Hof« durch die Presse. Fernsehen und Zeitungen berichten ausführlich über prügelnde Polizisten. Es gibt mehrere Debatten im Rat der Stadt. Nach einiger Zeit werden mehrere Polizeibeamte strafversetzt.

Ich recherchiere weiter über Harald Neubauer. Er ist immer einer der Rechtsaußen gewesen. 1977 erklärte er als Redner einer Veranstaltung der DVU: »Jeder Kommunist ist ein geistiger Verbrecher und potentieller Mörder. Der Kommunismus darf nur soviel Spielraum haben wie ein Gehenkter zwischen Hals und Strick.« Als er 1981 aus der NPD austritt, begründet er dies mit einer »unübersehbaren Entwicklung der NPD nach links«.

In der Nacht notiere ich in meinem Tagebuch: Ich habe eine Reise in ein fremdes Land innerhalb des eigenen Landes begonnen. Die z. T. gleichaltrigen Menschen, die ich hier kennenlerne, haben die gleiche Wirklichkeit, die gleiche Geschichte wie ich erlebt – und sind doch an einem völlig anderen Platz gelandet.

Wahlkampf in Köln

Samstag, 22.9.

Samstag vormittag ist der Hauptaktionstag im Wahlkampf. Mit Rainer Vogel habe ich mich zum Flugblattverteilen verabredet. Punkt neun Uhr morgens schelle ich an seiner Wohnung in einem alten Mietshaus in Deutz. Seine Frau begrüßt mich, Rainer Vogel ist bereits unterwegs, Material holen. Es sind bereits zwei Leute da, Kai und Daniel, zwei Schüler, die ich bereits vom Sehen kenne. Wir sitzen in einer kleinen Sitzecke, trinken Kaffee und warten auf Rainer Vogel. Der kleine Sohn spielt im Raum. Eine große Holztreppe führt zum Dachgeschoß. Davor ein Schreibtisch mit einem Textcomputer. An allen Wänden Bücherregale. Mir gefällt die Wohnung. Der beige Teppichboden ist schon etwas älter und an einigen Stellen ziemlich abgeschabt. Die typische Wohnung eines Studentenehepaars, wie ich sie aus meiner Vergangenheit und von vielen Freunden kenne. Fremd fühle ich mich hier nicht. Zehn Minuten später kommt Rainer Vogel, unter dem Arm einen Stoß Zeitungen, die heute alle voll sind von den Ereignissen vom Mittwoch.

Die allgemeine Einschätzung unter uns ist klar: Alle berichten nur darüber, wie Polizei über die armen Demonstranten hergefallen ist, keiner berichtet darüber, daß friedliche Bürger bei ihrer friedlichen Versammlung gestört wurden. Die linken Medien sind, wie immer, auf Seiten der linken Demonstranten.

Dann reden wir über andere Themen, über Politik und Geschichte und das, was die beiden Schüler über deutsche Politik in der Schule zu hören bekommen. Rainer Vogel holt verschiedene Bücher, die er uns empfiehlt, aus dem Bücherregal, Hans Dietrich Sander: »Die Auflösung aller Dinge« und »Der Nasenring« von Armin Mohler. Zum Thema Judenverfolgung erwähnt er das Buch von Robert Hepp: »Die Endlösung der deutschen Frage«. Er hat offensichtlich viel gelesen. Auf jeden Fall bezieht er sich immer wieder in kurzen Sätzen auf andere Schriftsteller, geistesgeschichtliche Traditionen. Nach dem Motto: »Wie schon der und der richtig in seinem Buch XYZ sagte...«

Er hat dankbare und wißbegierige Zuhörer. Kai ist Gymnasiast und interessiert sich sehr für Philosophie und Geschichte. Rainer Vogel redet über die nicht vollzogene Vergangenheitsbewältigung des deutschen Volkes, über die deutschen Schuldgefühle.

Kurz nach zehn gehen wir los. Rainer Vogel drückt Daniel und mir jeweils eine Tragetasche voll mit Flugblättern in die Hand. Den Kragen hochgeklappt, in der linken Hand die Leinentasche mit dem Aufdruck »Die Republikaner«, in der rechten Hand den Regenschirm, marschieren wir los. Die Tragetasche halte ich so, daß nur ja keiner den Aufdruck lesen kann.

Aus einem Haus kommt eine alte Frau, sie putzt wohl gerade, hat eine Schürze umgebunden, einen Besen in der Hand. Mit einem mutig-resoluten »Guten Morgen, darf ich Ihnen auch etwas geben, Wahlkampfinformationen!« drücke ich ihr ein Flugblatt in die Hand und gehe weiter. »Pfui, Republikaner«, ruft sie mir empört hinterher. »Von den Nazis haben wir die Nase voll. Was die wollen, haben wir schon einmal erlebt! Nazis! Verbrecher!« schimpft sie hinter mir her. Ich mache, daß ich schnell weiterkomme. Wieder einmal schäme ich mich, möchte mich am liebsten verkriechen.

Am Ende der Straße warte ich auf Daniel. Er gibt mir den

Markus Beisicht und Rainer Vogel

Rat, die Flugblätter so in die von außen erreichbaren Briefkästen zu stecken, daß man sie nicht sieht. »Denn sonst kommen so ein paar linke Asis vorbei und reißen die raus.« Langsam bekomme ich Routine. Daniel erzählt von sich: Er ist Schüler an einer Gesamtschule in Köln, »eine total linke Schule«, betont er. »Die Lehrer, das sind alles so linke Gammler. Einen haben wir, der trägt immer so eine heruntergekommene Jeansjacke, die hat schon eine dicke Staubschicht drauf. Der hat fünfmal die gleiche Jacke, also wirklich asozial.«

Ich frage nach seiner Familie. Seine Eltern sind »auch Linke«, wählen SPD und Grüne. »Die haben sich damit abgefunden, daß ich eh mache, was ich will.« Ich frage ihn, wie er denn zu den Republikanern gekommen ist. »Ich bin keiner, der sich bückt und sich unterordnet, deshalb war ich immer schon Opposition. Ich habe mich immer schon für Geschichte und Krieg interessiert, aber das wird heute so einseitig verdammt. Wenn ich nach der Vergangenheit gefragt habe, haben alle nur von den KZs erzählt. Und wenn ich nach anderen Sachen gefragt habe, haben die mich sofort in die rechte Ecke gepackt, dann war ich rechtsradikal.«

So hat er wohl das Etikett, das ihm andere angeklebt haben, angenommen und hat angefangen, sich an den rechten Parteien zu orientieren. Irgendwann hat er dann alle rechten Parteien angeschrieben und um Informationsmaterial gebeten. Die einzigen, die geantwortet haben, waren die NSDAP-Auslands- und Aufbauorganisation in Nebraska/USA und die Republikaner. Und deshalb ist er dann eben zu den Republikanern gegangen. Der »Knackpunkt« war für ihn wohl, daß er sich durch Lehrer und Eltern so »indoktriniert« fühlte. Dadurch wurde er immer weiter in die Opposition gedrängt, reagierte er mit einem trotzigen »Jetzt erst recht!«

In der Schule ist er wohl ziemlich isoliert, hat zwar »ein paar Freunde«, die anderen Schüler aber sind doch »alles Gammler«. Einmal kommt er mit einer Trophäe, einem abgerissenen Briefkastenaufkleber: »Keine faschistische Propaganda in unseren Briefkasten.« Die Reste des Aufklebers klebt er stolz auf einen Müllcontainer.

Aus einem Parterrefenster spricht uns eine alte Frau an: Ja, die Forderungen der Republikaner gegen Asylanten und Ausländer seien ganz richtig. Sie sei Rentnerin, und als sie am Ende des Krieges hier nach Köln gekommen sei, hätte sie niemand unterstützt, »da waren die Pimocken, die Pollaken alle schon dagewesen und hatten auch alles besetzt. Und jetzt kommen so viele Ausländer und Asylanten. Die haben doch eine Heimat, sollen sie doch dort bleiben. Ich habe es als Rentnerin so schwer. Sehen Sie mal, gerade habe ich wieder einen Brief bekommen mit einer Mieterhöhung. Meinen Sie, mich unterstützt jemand? Ich habe es in meinem ganzen Leben sehr schwer gehabt. Und die kommen her und kriegen von überall her Unterstützung und Wohnungen und Geld. Das ist doch nicht richtig!«

Die meisten Menschen aber, denen wir die Flugblätter in die Hand drücken, reagieren neutral, erstaunlich viele jedoch auch dann noch freundlich, wenn sie sehen, von wem die Flugblätter stammen.

Gegen kurz nach zwölf sind wir fertig. Zum Schluß habe ich ganze Stapel in die Briefkästen geworfen, einmal, um schneller fertig zu sein, zum anderen, damit sich die Empfänger über die Republikaner ärgern.

Ich schlage vor, noch einen Kaffee zu trinken, bis zu unserem Treffen mit den anderen haben wir noch etwas Zeit. Daniel macht einen Scherz: »Da vorne ist ein türkischer Imbiss.« – »Ja, das wäre was, ausgerechnet da hinzugehen«, sage ich. Er erzählt, daß er mittags manchmal zu einem Türken in der Nähe der Schule geht. »Dann denken die anderen, daß ich kein Türkenhasser bin!« meint er.

Montag, 25.9.

Die letzte Woche vor der Kommunalwahl am nächsten Sonntag. Endspurt für den Wahlkampf.

Immer noch sind die Zeitungen voll mit dem Ereignis um den »Mauenheimer Hof«. Der WDR berichtet von fünfzehnjährigen Schülern, die brutal von der Polizei zusammengeknüppelt wurden. Ein junger Mann wurde niedergerissen, dann im Liegen mehrfach geschlagen.

Heute abend ist das erste Treffen nach der Veranstaltung am »Mauenheimer Hof«.

Als ich in den Keller komme, geht es natürlich um Mittwoch. Ein älterer Mann, klein, drahtig, mit einem schwarzen Schnäuzer, der schon einmal von Infoständen in Chorweiler erzählte, berichtet: »Ich weiß das ganz genau: Die Chaoten von der Weißhausstraße haben ganze Scharen von Schülern für die Demonstration aufgewiegelt. Jeder Schüler hat 30,– DM bekommen, damit er Randale macht.« Alle sind sich einig, woher das Geld kommt: »Das hat die Gewerkschaft bezahlt, der DGB.« Ich bin verblüfft. Glaubt man das hier wirklich? Die Behauptungen passen so gut ins Weltbild, daß sie kritiklos und gerne aufgegriffen und geglaubt werden. Die Gewerkschaft, der DGB, dient dabei als sicherer Bezugspunkt für Ressentiments. Die Sehnsucht nach Bestätigung und Übereinstimmung ist erkennbar größer als politisches Denken.

Dann wird die schlechte Organisation des Ordnerdienstes kritisiert. Bis kurz nach sechs waren nur zwei Ordner der Republikaner in der Kneipe. Bis dahin waren aber draußen bereits ca. fünfzig Demonstranten. Wenn diese das gewußt hätten, hätten sie die Kneipe besetzen können. Dann wäre wahrscheinlich die Versammlung gar nicht möglich gewesen. Es wird auch kritisiert, daß es keine parteieigene Ordnertruppe gibt, die auf solche Situationen vorbereitet ist. Die Ordner kannten sich untereinander nicht, keiner wußte, was gemacht werden sollte, wer das Sagen hatte, alle liefen durcheinander.

Rainer Vogel formuliert noch einen Dank an die Polizei, denn die »hat die Kastanien aus dem Feuer geholt«, besonders das Sonder-Einsatzkommando (SEK), »das waren die mit den Kampfanzügen, Helmen und Schlagstöcken«. »Die gehen«, so Rainer Vogel, »eben nicht davon aus, daß ihnen Bewohner eines Mädchenpensionats gegenüberstehen, sondern wissen, mit wem sie es zu tun haben. Die wissen: Härte ist die einzig richtige Strategie.« Markus Beisicht freut sich über die Entwicklung: »Super, alle berichten über uns, jetzt wird sich auch der Landtag mit der Veranstaltung beschäftigen. Eine Superreklame.« Und Rainer Reusch bestätigt: »Egal, was berichtet wird. Hauptsache, man berichtet über die Republikaner.«

Das Thema Medien spielt in der letzten Phase des Wahlkampfes eine ungeheuer wichige Rolle. Markus Beisicht erinnert noch einmal an die Situation vor ein paar Wochen, als die Republikaner noch relativ wenig beachtet wurden. »Mittlerweile geht es in den Medien nicht mehr um SPD oder CDU oder Grüne. Die Hauptfrage der letzten Wahlkampfphase ist die Frage: Kommen die Republikaner rein oder nicht?« Noch einmal wird das Wahlkampfziel beschworen: ein zweistelliges Ergebnis in Köln. Ein Skeptiker aus dem Hintergrund: »Vor oder nach dem Komma?«

Dann wird der Wahlkampfeinsatz organisiert.

Im Parterre, direkt neben dem vergitterten Tor, befindet sich ein kleines Ladenlokal, in dem die Wahlkampfmaterialien gelagert werden. Max, der für die Materialausgabe verantwortlich ist, schreibt gewissenhaft auf, wieviel Flugblätter, Wahlprogramme und Aufkleber ich mitnehme.

Als ich wieder im Keller bin, erzählt Rainer Reusch gerade, daß die Dresdner Bank ihnen das Konto gekündigt habe, mit irgendeiner formalen Begründung. In Wirklichkeit sei das aber reine Schikane. »Ja, die Dresdner Bank, da müssen wir auch mal was überlegen«, meint Markus Beisicht, als ob er politisch so mächtig wäre, über Wohl und Wehe der Dresdner Bank entscheiden zu können. Damit sind sie beim Thema Geld. Markus Beisicht ruft alle zu Wahlkampfspenden auf: »Der Wahlkampf hat bisher ca. 50000 Mark gekostet, wir haben nur 16000 Mark vom Landesverband bekommen, den Rest haben wir alleine aufgebracht.«

Mir fällt auf, daß keine Rede mehr ist von der angeblichen Finanzspritze von 50000 Mark von der Bundespartei, die er noch vor einer Woche so groß angekündigt hat. Was ist da

los? Neben mir meldet sich ein älterer Mann: »Wenn Sie sagen, wir haben 50000 DM ausgegeben und nur 16000 DM bekommen, habt Ihr doch über Eure Verhältnisse gelebt, wie wollt Ihr das denn wieder reinkriegen?«
Der Kreisvorsitzende hofft auf das Ergebnis der Wahl. »Wenn wir bei der Wahl genügend Stimmen bekommen, kriegen wir das Geld schon wieder raus. Nur wer wagt, gewinnt.«
Beisicht, Reusch und Vogel verschwinden, um noch »etwas Wichtiges zu besprechen«.
Willi Cronenberg übernimmt den Vorsitz und liest als erstes ein Telefax vor, in dem die Polizei massiv aufgefordert wird, die Versammlungsfreiheit für die Republikaner durchzusetzen: »Freie Bürger müssen sich frei versammeln können!«
Dann verliest er eine Presseerklärung zu den Ereignissen vom Mittwoch: Im Gegensatz zu der Berichterstattung in den Medien sei die Republikaner-Veranstaltung am Mittwoch eine friedliche Versammlung gewesen. Dann folgt ein scharfer Angriff auf den Regierungspräsidenten Antwerpes, der in der Presse gesagt hat: Man müsse auch die Verhältnismäßigkeit der Mittel wahren. Die Polizei könne nicht unter allen Umständen alle Veranstaltungen der Republikaner schützen. In der Presseerklärung der Republikaner heißt es: »Wann bewirbt sich Herr Antwerpes um die Mitgliedschaft bei den autonomen Caoten?« (Gemeint sind Chaoten, nur sind sie in der Presseerklärung nur mit C geschrieben. Die eigenwillige Orthographie wird von niemandem bemängelt.)
Der offizielle Teil des Abends ist zu Ende. Langsam löst sich die Versammlung auf.
Wir sitzen noch um den Tisch herum. Mir gegenüber der ältere Mann aus Chorweiler. Vor sich auf dem Schoß hat er eine schwarze Aktentasche. Plötzlich holt er einen schwarzen Plastikschlagstock aus der Aktentasche. »Das hier habe ich immer dabei!« erzählt er stolz. Dann erklärt er mir, daß das kein

Schlagstock, sondern eine »chemische Keule« ist, »gefüllt mit CS-Gas«. Frei verkäuflich, wie ich von dem neben mir stehenden Mann erfahre, der auch so ein Ding hat. Sie tauschen ihre Erfahrungen aus. Offensichtlich sind hier einige bewaffnet. Willi Cronenberg berichtet, daß er sich heute eine 9 mm Pistole gekauft habe. In kleinen Gruppen verlassen wir den Keller. Neben mir geht Gerd, auf seiner Schulter trägt er eine dicke Plakatrolle. Dabei redet er die ganze Zeit weiter über Waffen, darüber, daß er statt der Plakatrolle viel lieber eine Panzerfaust tragen würde. Als Willi Cronenberg wieder etwas von seiner Pistole erzählt, meint Gerd: »Du hast es gut, ich weiß ja nicht, ob ich noch jemals in meinem Leben ein Waffengeschäft betreten darf.«
Wir verabschieden uns.

Ein Programm für Deutschland

Dienstag, 26.9.89

Es ist Abend. Über die dunkle Autobahn fahre ich durch das Bergische Land nach Gummersbach. In dem kleinen Dörfchen Dieringhausen haben die Republikaner eine Großveranstaltung mit der stellvertretenden Parteivorsitzenden Johanna Grund angekündigt. Ich fahre durch das dunkle Dorf, es ist menschenleer. An einer Straßenkreuzung stehen ein paar Polizisten, haben die Seitenstraße abgesperrt. Ich parke und frage, was denn los sei, ich wolle zur Veranstaltung. »Am Eingang stehen Demonstranten, Sie müssen hintenherum.« Aus einem parkenden Wagen steigt ein Mann aus, kommt zu uns und gibt den Polizisten die Hand. Er wird herzlich mit Namen begrüßt. Ich könne mit ihm gehen, er kenne den Weg, meint er zu mir. Wir gehen auf dem engen Bürgersteig und kommen an ein größeres Haus. Erst als der Mann neben mir an eine Tür klopft, erkenne ich, daß das die Rückseite der Aggerhalle ist. Ein Polizist öffnet, läßt sich von uns die Eintrittskarten zeigen, dann dürfen wir durchgehen. Wir betreten einen kleinen Raum, in dem sich ca. fünfzehn Polizisten aufhalten. Dann geht es weiter durch einen engen Gang, dann um eine Ecke, dann stehe ich auf der Bühne. Vor mir ein großer Saal, laute Blasmusik ertönt. In langen Reihen stehen Biertische aufgereiht, gedeckt mit blauweißen Tischdecken. An den Wänden blauweiße Girlanden und jede Menge blauer Republikaner-Plakate. So habe ich mir immer die Republikaner-Veranstaltungen vorgestellt. Bayerisches Ambiente,

Blasmusik, jetzt fehlen nur noch die älteren Herren mit Gamsbart am Hut, Trachtenjacke und Lederhose. Aber so schlimm soll es nicht kommen. Noch sind relativ wenige Besucher da, vielleicht fünfzig Menschen stehen herum, meist Männer, aber auch ein paar Frauen und Kinder. Am Ende des Saals steht ein Tapetentisch, auf dem Republikaner-Materialien und Bücher von Schönhuber angeboten werden. Am Tisch sitzt ein Mann mittleren Alters, leicht ergraute Haare und Bierbauch. Ich komme mit ihm ins Gespräch. Er sei Mitglied des Landesvorstandes in Nordrhein-Westfalen, sagt er mir. Als er erfährt, daß ich ein Interessent aus Köln bin, erzählt er mir sofort, daß jetzt direkt nach der Kommunalwahl ein konkurrierender zweiter Kölner Kreisverband gegründet würde. Man warte nur auf die Kommunalwahl. Der Kölner Kreisvorstand sei amtsenthoben, Beisicht, Rouhs, Reusch, Vogel und andere würden aus der Partei ausgeschlossen. Ich gebe ihm meine Visitenkarte und bitte, mich über mögliche Termine zu informieren. Außerdem solle man doch alle Mitglieder über die Vorwürfe gegen den bisherigen Kölner Kreisverband mit Belegen und Dokumenten informieren.
Langsam füllt sich der Saal. Draußen vor der Halle stehen etwa hundert meist junge Demonstranten. Aber es geht friedlich zu. Kein Vergleich mit der Atmosphäre am letzten Mittwoch. Drinnen im Saal bildet sich eine Schlange um die Bierausgabe. Große Biere werden über die Theke gereicht, auch Würstchen mit Kartoffelsalat kann man bekommen. Dazu noch die laute Blasmusik. Ich habe immer mehr das Gefühl, in Bayern zu sein. Nach viel Blasmusik und langweiligen Begrüßungsworten tritt endlich die Hauptrednerin des Abends, die stellvertretende Parteivorsitzende Johanna Grund, ans Mikrofon. Die Rednerin ist eine ältere Frau, sie sieht aus wie eine Hausfrau, trägt eine Perücke mit einer Dauerwellenfrisur und ein etwas altmodisches Kleid. Sie entpuppt sich als eine rhetorisch gewandte und spritzige Rednerin.

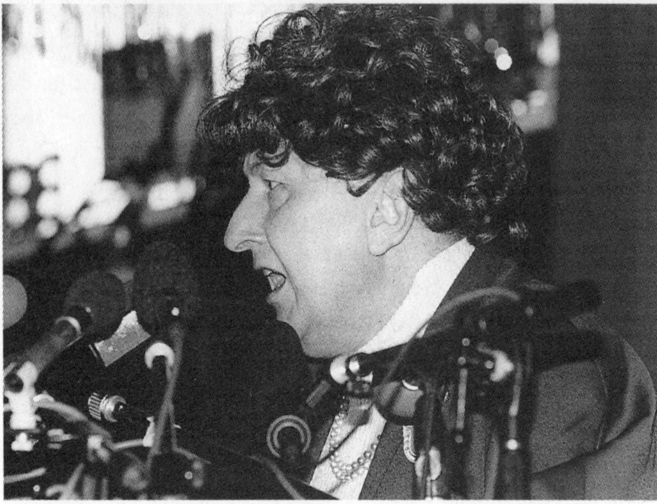

Johanna Grund, Deutschlandexpertin, im Vorstand der Republikaner

Natürlich geht sie zunächst auf die Demonstrationen vor der Halle ein. »Leider ist es ja mittlerweile so geworden, daß derjenige Staatsbürger, derjenige Wahlbürger, der Versammlungen der Republikaner besuchen will, zunächst immer vorher einen Anschauungsunterricht in massiver Nötigung bekommt und daß er letzten Endes auch vor den Veranstaltungssälen und -hallen in die Fratze einer neuen Diktatur hineinschauen muß.«

Johanna Grund, seit 1989 Abgeordnete des Europäischen Parlaments, in das die Republikaner sechs Abgeordnete entsenden, berichtet dann davon, wie die Fraktion der »Europäischen Rechten« dort ihre Rolle spielt: »Endlich, endlich sitzt mit den Republikanern in diesem ganzen widerlichen Filz der Altparteien, die dort drinnen sind, eine Laus im Vollkasko-Pelz.«

Lachen und tosender Applaus. Solche Worte gefallen den Zuhörern. Das ist genau das, was die Republikaner hören wollen. Und dann gibt es in dem kleinen Dörfchen Dieringhausen im Oberbergischen Kreis eine absolute Premiere: »Durch freie Selbstbestimmung zu deutscher Einheit und europäischer Sicherheit – Deutschlandpolitisches Konzept der Republikaner 1989« stellt Johanna Grund (sechs Wochen vor der Öffnung der Berliner Mauer!) das Republikaner-Konzept für die Wiedervereinigung und die Entstehung eines neuen deutschen Reiches vor:

»Wir Republikaner sind die Partei der deutschen Wiedervereinigung, vielleicht die letzte, die es noch gibt und die sich wagt, das zu sagen, und deshalb legen wir unserem Volk in diesen Tagen, da sich im wirtschaftlichen und politischen Verfall des Kommunismus eine Zeitwende deutlich anbahnt, ein deutschlandpolitisches Konzept vor, wie es noch keines zuvor gab in der Parteiengeschichte in der Bundesrepublik Deutschland. Und wir beschreiben nicht nur den Zustand, wir mahnen nicht nur Rechte an, ohne etwas zu tun, nein, wir zeigen auch den Weg zum Ziel der Wiedervereinigung und des Staatsvertrages...

Fünfzig Jahre nach Beginn des Weltkrieges und fünfundvierzig Jahre nach der Teilung Deutschlands auf der Konferenz von Jalta durch die Siegermächte dieses Krieges erklären wir Republikaner: die gewaltsame Aufspaltung unseres Vaterlandes und Zuordnung der deutschen Gebietsteile in zwei politisch gegensätzliche und militärische Machtsysteme ist zur Ursache einer über Jahrzehnte hinaus anhaltenden Ost-West-Spannung in Mitten Europas geworden. Deshalb fordern wir Republikaner, daß die deutsche Frage unverzüglich wieder auf die Tagesordnung der Innen- und Außenpolitik gesetzt wird. Es ist die ureigenste Sache der Deutschen, dies zu tun...

Wir Republikaner bekennen deshalb: die zügige Wiedervereinigung Deutschlands ist unverzichtbar, für Deutschland um der Freiheit willen, für ganz Europa um des Friedens willen, denn Deutschland ist das Herz Europas, und das Herz Europas ist krank. Und ohne gesundes Herz wird der gesamte Körper Europas krank und anfällig sein. Ohne die Einheit Deutschlands wird es keine Zukunft Europas in Freiheit geben.

Dem Warschauer Pakt von Brandt und Scheel grenzanerkennenden Wert beizumessen, ist grundgesetzwidrig und täuscht über völkerrechtliche Tatbestände hinweg. Ganz gleich, wer das auch immer sagt, und selbst, wenn das Herr Weizsäcker sagt, dieser Zustand ist völkerrechtlich nicht haltbar.«

Johanna Grund entwickelt das »deutschlandpolitische Konzept« weiter, den »Stufenplan« zur »deutschen Einheit«, von dem vieles in der Zwischenzeit Wirklichkeit geworden oder öffentlich von allen politischen Kräften in beiden deutschen Staaten diskutiert wird: Volksabstimmung über die Einheit, gemeinsame politische Institutionen, vom Staatsbund zum Bundesstaat, Wiederherstellung der Länder, Berlin als »Reichshauptstadt«, Friedensvertrag etc. Eine Art Stufenplan als Vorläufer der 10-Stufen-Pläne der Kohl-Regierung und der DDR-Regierung im Dezember 1989.

Bei allen Verhandlungen zu einem Friedensvertrag, fährt Johanna Grund fort, »macht die deutsche Verhandlungsführung ihren Anspruch und ihr Recht auf Ostdeutschland geltend, bietet jedoch für die in den deutschen Staatsverband zurückkehrenden Provinzen Schlesien, Pommern, West- und Ostpreußen einen Autonomiestatus an.«

Über eine verfassungsgebende Nationalversammlung, eine Volksabstimmung und Wahlen zum 1. Deutschen Reichstag wird die »Republik Deutschland« gegründet und ein Reichspräsident gewählt.« In einem speziellen Teil geht es noch um das »Heimatrecht der Sudetendeutschen«, die »nach dem 2. Weltkrieg von der Tschechoslowakei aus ihrer Heimat ver-

trieben und ihres Eigentums beraubt« wurden. »Da das Sudetenland aufgrund des »Münchener Abkommens« bei Kriegsausbruch rechtlich zum Deutschen Reich gehörte, ist ein erneutes mehrseitiges Abkommen als Anhang zum Friedensvertrag mit Deutschland notwendig.
Wir Republikaner versprechen..., allen Mut und alle Kraft dafür einzusetzen, daß aus der Vision Wirklichkeit wird, ehe unser Leben endet und wir das Schicksal unseres geliebten deutschen Vaterlandes in die Hände der uns folgenden Generation legen.«
Alle Zuhörer sind begeistert, applaudieren stehend. Jeder hat wohl das Gefühl, einer historischen Stunde beigewohnt zu haben: das erste Mal wurde dieses Konzept öffentlich vorgestellt. Eine Zukunftsvision, die alle Anwesenden ergreift.
Dann ertönt laute Musik, die Nationalhymne. Stehend singen alle die dritte Strophe »Einigkeit und Recht und Freiheit.« Auf der Rückfahrt denke ich über den vorgestellten Plan zur Wiedervereinigung nach. Wenn die Republikaner es schaffen, mit dieser deutschlandpolitischen Initiative in die Öffentlichkeit, in die Offensive zu kommen, werden sie viel Zustimmung bekommen. Es trifft latente Entwicklungen und Stimmungen in der Bevölkerung viel genauer als die Politik anderer Parteien.
(In der Zwischenzeit – sechs Monate später – hat sich das geändert. Die anderen Parteien haben alle das Thema Deutschland aufgenommen und die Republikaner teilweise funktionslos gemacht. Zumindest ist ihnen »ihr« Thema weggenommen worden.)

Samstag, 30 September

Der Tag vor der Kommunalwahl. Wir sitzen in Rainer Vogels Wohnung, trinken Kaffee und wollen anschließend nochmal Flugblätter verteilen. Der vierjährige Sohn von Rainer Vogel sitzt auf dem Boden und schneidet sich Bilder aus Zeitschrif-

ten aus. Gerade hat er den STERN erwischt, in dem auf dem Titelblatt die Kollegin abgebildet ist, die sich einmal vier Wochen bei den Republikanern eingeschlichen hat.
Kai nimmt ihm die Zeitung ab, »denn die will Rainer sicherlich im Archiv behalten.« Mit Rainer Vogels Frau reden wir über Kinder. Sie erzählt, daß sie dem Sohn verboten haben, im Kindergarten irgendwas über Republikaner zu sagen.

Die Siegesfeier: wir kommen

Sonntag, 1. Oktober – der Tag der Kommunalwahl

Der Ort unserer Siegesfeier ist geheimgehalten worden. Erst am frühen Nachmittag sagt mir Rainer Vogel telefonisch, daß wir auf einem kleinen Schiff auf dem Rhein feiern werden.

17.30 Uhr. Ich fahre nach Rodenkirchen. Die Stadt ist leer, es ist, als halte die Stadt nach der turbulenten Wahlkampfzeit jetzt den Atem an. Es ist nichts mehr zu tun.

An einer kleinen Landungsbrücke festgemacht liegt die »Annemarie«, ein Ausflugsdampfer, den man eben auch für private Festivitäten mieten kann. In dem niedrigen Raum unter Deck sitzen bereits etwa dreißig Personen an den Tischen. Die Atmosphäre erinnert an ein Bierzelt. An den Wänden hängen blaue Luftballons mit Republikaner – Aufdruck. In der Ecke steht ein kleiner Fernseher mit einer Tischantenne. Dementsprechend ist der Empfang sehr schlecht, der Ton ist kaum zu verstehen. Alle sind nervös, das Bier fließt, jeder erzählt seine Erlebnisse aus dem Wahlkampf und versucht, sich als besonders aktiver Wahlkämpfer herauszustellen. Jetzt kommen die ersten Hochrechnungen. Die Republikaner liegen landesweit bei 2,2 %. Allgemeine Enttäuschung. Alle warten auf die Hochrechnungen aus den einzelnen Städten, besonders natürlich aus Köln.

Jemand kommt direkt aus dem Rathaus und berichtet: »Da sind schon am Nachmittag hundert Chaoten drin gewesen. Die haben Markus Beisicht, Rainer Reusch und Ute Rottler angegriffen.«

Neben mir sitzt ein schlanker Mann im hellgrauen Anzug, blonde Haare mit einem Schnäuzer, etwa in meinem Alter. Er erzählt lebhaft und ausschmückend von seinen Erfahrungen beim Infostand in Nippes. Es stellt sich heraus, daß er derjenige war, der die Unterschriften für die Wahlzulassung in einem Altersheim gesammelt hat. Er ist darauf auch mächtig stolz. »Ja sicher habe ich die übers Ohr gehauen! Aber das macht doch jeder Staubsaugervertreter auch – und da gilt die Unterschrift doch auch. Da sagte jedes Gericht auch, die ist rechtsgültig, die Leute hätten sich das vorher überlegen müssen!«
In den ersten Hochrechnungen aus den Großstädten kommen, die Republikaner liegen bei 7 %. Großer Jubel. In Köln liegen die Republikaner sogar bei voraussichtlich 8 %. Alle sind begeistert. »Wir« sind im Rat, »wir haben es geschafft!«. Jeder fühlt sich in seiner Wahlkampfarbeit bestätigt, es hat sich also doch gelohnt. Langsam kommen immer mehr Menschen, es wird immer voller und rauchiger. Auch Fotografen und ein Fernsehteam sind da. Markus Beisicht und Rainer Reusch kommen. Sie sind die großen Sieger, jeder will den beiden Ratsherren die Hand geben, will gratulieren. Auch ich schließe mich an. Markus Beisicht hält eine Rede: »Jetzt kann in Köln keiner mehr an uns vorbei. Wir sind eine politische Kraft geworden, die keiner mehr ignorieren kann. Die Republikaner haben voraussichtlich über 7 % der Stimmen bekommen, d. h. wir haben sieben Sitze im Rat der Stadt Köln! Köln ist nicht mehr das, was es gestern war!«
Rainer Reusch berichtet, er habe gerade eben mit dem Parteivorsitzenden Schönhuber gesprochen. »Ich habe die Geheimnummer gewählt, und er hat sich mit »Hallo« gemeldet. Ich habe nur gesagt »Hier Reusch aus Köln«, da hat er sofort gesagt: Na, Ihr seid ja die Größten! Herzlichen Glückwunsch! Er läßt den Kölner Kreisverband ganz herzlich grüßen: wir wären seine Truppe in Nordrhein-Westfalen. Wenn

alle so wären wie Ihr, wären wir schon viel weiter! Und jetzt trinkt er eine Flasche Wein auf uns!«
Alle klatschen und sind begeistert, daß sogar der Parteivorsitzende höchstpersönlich gratuliert. An seiner Seite zu stehen, in seinem Sinne zu kämpfen, das ist beflügelnd.
Das Boot legt jetzt ab und fährt ein Stück rheinaufwärts. Immer wieder gehen und kommen Menschen an Bord. Manche Symphatisanten und Mitglieder haben zunächst zu Hause im Fernsehen das Wahlergebnis abgewartet und sind jetzt hierhin gekommen, um zu feiern. Es wird immer verrauchter und lauter.
Ich stehe mit Rainer Vogel zusammen. Er fordert mich auf, später noch mit ein Bier trinken zu gehen. Außerdem duzen wir uns jetzt. Ein junger Mann gibt Rainer Vogel seine unterschriebene Beitrittserklärung. Ich denke: das ist der richtige Zeitpunkt. »Gib mir doch auch eine Beitrittserklärung, ich will auch Mitglied werden!«
Rainer Vogel strahlt: zwei neue Mitglieder an einem Abend. Wir setzen uns an einen Tisch, alle gratulieren.
Ich fülle die Beitrittserklärung aus. Als ich meinen Vornamen schreiben muß, merke ich, daß ich doch schon ein paar Bier getrunken habe: Ich beginne mit den ersten Buchstaben meines richtigen Vornamen »Mi«, stutze dann und kann aus dem »Mi« noch schnell »Theodor« machen. Auch bei der Unterschrift muß ich zweimal ansetzen. Glück gehabt, das ist noch mal gutgegangen, keiner hat was gemerkt. »Aufnahmegebühr: 10,–, Monatsbeitrag: 20,– DM«, füllt Rainer Vogel aus. »Ich nehme keinen unter zwanzig Mark im Monat auf!«
Wir reden über die politischen Verhältnisse in der Bundesrepublik, über die Perspektiven der Republikaner. Rainer Vogel erzählt von seiner politischen Einstellung. »Wir haben vor zwanzig Jahren den Montagskreis gegründet und haben nicht viel mit Demokratie im Sinn. Demokratie, das heißt immer

Mittelmaß. Demokratie, das heißt auch, die Wähler können z. B. beschließen, die Erde ist wieder eine Scheibe oder: der Rhein wird zubetoniert, und dann gilt das. Denn Mehrheiten entscheiden vielleicht dumm, Mehrheiten können Falsches entscheiden. Richtig oder falsch, Wahrheit oder Unwahrheit, läßt sich eben nicht durch Mehrheiten entscheiden.« Und deshalb stehe er der sogenannten parlamentarisch-demokratischen Gesellschaft skeptisch gegenüber.

Wieder macht das Boot eine Runde auf dem Rhein, diesmal in Richtung Innenstadt. Drinnen ist es mir zu verraucht, ich gehe einen Augenblick auf das Oberdeck an die frische Luft. Ich erkenne die frischgebackenen Ratsherren. Während unter Deck das Bier in Strömen fließt und manche offensichtlich schon angeschlagen sind, wird hier gepflegt Sekt getrunken. Der Regen hat aufgehört. Die Altstadt gleitet an uns vorbei, es sieht schön aus. Als wir am Dom vorbeikommen, dröhnt plötzlich aus den Außenlautsprechern die Nationalhymne von uns aus ans Ufer. Von unten höre ich, daß die Leute mitsingen. Hier auf dem Deck stehen wir stumm inmitten der dröhnenden Musik. Vor uns der Kölner Dom. Angestrahlt in grün und gelb, ragen die zwei Domtürme in die schwarze Nacht. Auf der Uferpromenade nur wenige Spaziergänger. Was die wohl denken? Mir läuft ein Schauer den Rücken herunter. Diese Situation erschüttert mich jetzt viel mehr als die Tatsache, daß die Republikaner in Köln sieben Ratssitze bekommen haben. Bürger Kölns, macht Euch auf die Republikaner gefaßt. Wir sind deutschnational. Wir kommen. Dann ist die Musik vorbei. Majestätisch wirkt der Dom. Er hat schon viel gesehen. Wo wird das nur hinführen?

»Annemarie«, unser kleines Ausflugsschiff, dreht ab und fährt wieder nach Rodenkirchen zurück. Ich gehe lieber wieder unter Deck.

Mit Rainer Vogel reden wir über die Aufgaben der kommenden Wochen: über Fraktionsräume, Personal wird gebraucht,

Köln auf einen Blick				
	Kommunal-Wahl Prozente '89	Kommunal-Wahl Mandate '89	Kommunal-Wahl Prozente '84	Kommunal-Wahl Mandate '84
SPD	42,1	41	46,4	45
CDU	30,5	30	37,8	36
Grüne	11,8	11	10,8	10
FDP	7,0	6	4,5	0
REP	7,4	7	0	0
Das vorläufige amtliche Endergebnis				

bereits in den nächsten Tagen werden in der Geschäftsstelle Computer aufgestellt, alles wird jetzt straff durchorganisiert, Fraktions- und Parteiarbeit sollen professionell betrieben werden. Er ist ganz begeistert über die zukünftigen Möglichkeiten.

Neben uns am Tisch wird über die Situation im Landesverband Nordrhein-Westfalen geredet. Vor allem wird über den Landesvorstand geschimpft, der es nicht geschafft habe, in den Städten, in denen z. B. Mitglieder des Vorstandes kandidiert haben, in die Parlamente zu kommen. Der Kölner Kreisverband ist mit dem besten Ergebnis (neben Gelsenkirchen) in NRW natürlich jetzt ganz oben auf. Jetzt werde man, höre ich einen älteren Mann sagen, den maroden Landesvorstand wegfegen. Eine moderne Republikaner-Partei brauche auch neue moderne Menschen und keinen Landesvorsitzenden, »der nur ›alte Kameraden‹ aufnimmt.« Wir legen wieder in Rodenkirchen an.

Die offizielle Feier auf dem Boot geht langsam zu Ende. Vor

dem Anlegesteg stehen sechs bis acht jüngere Männer, ein paar Meter weiter stehen zwei schwere Mercedes-Benz. Das ist die Leibwache der Spitzenkandidaten. Die Männer »sichern« ihre Schützlinge nach allen Seiten. Rainer Reusch, mit langem Ledermantel, scheint die ganze Prozedur sehr zu genießen. Ganz großspurig steigt er in den Wagen ein, läßt sich die Türe von einem seiner »Leibwächter« schließen.
Ich habe genug, brauche Ruhe und fahre nach Hause. Dort sehe ich mir Ausschnitte aus den Fernsehaufzeichnungen der Wahlsendung des WDR an. Jetzt steht es fest:
In fast allen Großstädten, in denen die Republikaner angetreten sind, sind sie in die Stadträte eingezogen.

Wir sind eine Ratsfraktion

Montag, 2. Oktober

Der »Arbeitskreis für deutsche Interessen« tagt wieder. Schon an der Hofeinfahrt stutze ich: die Türe ist abgeschlossen und das Klingelschild ausgewechselt. Wo vorher auf der Klingel »Vogel« stand, steht jetzt »AfdI« (Arbeitskreis für deutsche Interessen). Was ist los?

Unten im Keller ist es bereits ziemlich voll. Jetzt, nach dem guten Wahlergebnis, wollen alle dabeisein. Besonders bei den Feiern. In den nächsten Wochen wird sich das vielleicht wieder ändern.

Markus Beisicht berichtet noch einmal ausführlich über seine Erlebnisse im Rathaus. Schon bevor er vor Protestlern hatte Reißaus nehmen müssen, habe er bereits im Foyer gesehen, daß da »etwa fünfzig Punker waren. Die lagen da auf dem Teppich rum, ganz schwarz gekleidet, warfen sich die Bierdosen zu, rülpsten und spuckten herum. Es war für einen anständigen Menschen nicht anzusehen!«

Am meisten aber ärgert er sich darüber, daß dadurch ein Interview mit dem WDR nicht zustande kam. »Die haben dem Reporter das Mikrophon aus der Hand gerissen!«

Die Linken hätten bis in die Nacht hinein Kundschafter in der ganzen Stadt herumgeschickt, um herauszufinden, wo die Republikaner feiern, haben uns aber nicht gefunden. Mehrfach wäre auch der Express angerufen worden, aber die Redakteurin habe nichts verraten, »weil sie nach den Erfahrungen im Mauenheimer Hof Angst um ihr Leben hatte. Weil sie gesehen hat, wie die Linken da randaliert haben.«

Deshalb ist also heute abend die Türe abgeschlossen. Sie haben Angst vor den Linken.
Nach dem Wahlsieg wird jetzt optimistisch in die Zukunft geblickt. Markus Beisicht: Jetzt ist alles anders, jetzt können wir ganz anders arbeiten. Jetzt gibts Geld, 16300 DM im Monat, und ein Fraktionsbüro und Büros in den Bezirksvertretungen. D. h., wir sind flächendeckend in Köln vertreten. Und wir brauchen auch jede Menge Leute, die bereit sind, mitzuarbeiten, zum Beispiel in den Ausschüssen im Rat. Wir werden in Zukunft jeden Mittwoch abend eine erweiterte Fraktionssitzung haben, die parteiöffentlich ist.«
Am 25.10. wird die erste Ratssitzung sein, und alle werden aufgefordert, sich Karten dafür zu besorgen, die es kostenlos beim Oberstadtdirektor gibt.
Rainer Vogel hat wieder seinen Spruch angeschrieben von neuen Ufern und altem Wind und ergänzt ihn mündlich: »Und der Wind kann nur ein deutscher Wind sein.«
Die meisten sind begeistert von dem Wahlergebnis, und die frischgebackenen Ratsherren und -damen werden gefeiert. Aber es gibt auch Enttäuschte, die die großmäuligen Ankündigungen von Markus Beisicht: »Wir werden ein zweistelliges Ergebnis erreichen!« ernstgenommen haben.

Dienstag, 3.10.

Das kleine Hinterzimmer in der Kneipe ist total überfüllt. Bis zum Tresen drängeln sich Menschen, die heute zum »Politischen Stammtisch« wollen. Ich quetsche mich durch und bekomme noch einen Stehplatz an der Wand. Man spricht gerade über die Reaktion in der Presse auf das Wahlergebnis. Die Zeitungen haben heute berichtet, daß die bisherigen Kölner Ratshausparteien überlegen, die Republikaner von allen Ausschüssen auszuschließen. Das geht durch einen formalen Trick: man einigt sich auf eine gemeinsame Liste, dann fallen keine Sitze an die kleinen Parteien – die CDU gibt dann einen

Republikaner im Kölner Rat. v. l. n. r.: Ute Rottler, Markus Beisicht, Joachim Weier, Rainer Reusch, Friedrich Ring, Birgit Golombeck, Manfred Rouhs

Sitz an die FDP ab, die SPD an die Grünen, und damit kommen die Republikaner nicht in die Ausschüsse. Alle sind empört über diese »undemokratischen Machenschaften, einer meint: »Das kommt mir vor wie eine moderne Hexenverbrennung, wie man mit uns umgeht.«
Auf der anderen Seite des Raumes steht ein etwa vierzig Jahre alter Mann, Halbglatze, ein kleines Bärtchen, Brille, er sieht etwas intellektuell aus. Er hat eine Video-8-Kamera dabei und filmt die ganze Zeit munter im Raum herum. Stimmen werden laut: wer ist das, woher kommt der, für wen filmt der? Man will doch nicht einfach jemanden hier filmen lassen. Aber Willi Cronenburg beruhigt die Gemüter: »Der gehört zu uns.« Der Mann stellt sich vor. Er sei Grafiker und habe das

Wahlkampf-Plakat mit der Köln-Skyline und den REP-Runen entworfen. Daraufhin habe er aufgrund dieses Engagements für die Republikaner totale Schwierigkeiten mit seinem Chef bei einer Design-Grafik-Firma bekommen und habe seine Arbeit verloren. Aber das könne ihn nicht von seiner politischen Meinung abhalten, und deswegen würde er heute Mitglied werden. Mit dramatischer Geste schwenkt er seine unterschriebene Beitrittserklärung und freut sich über den Applaus.

Rainer Vogel begrüßt auch mich als neues Mitglied: »Wir begrüßen das neue Mitglied Theodor Schomers, er ist am Wahlabend eingetreten.« Ebenfalls Applaus.

Rainer Reusch berichtet, der Wahlkampf habe ca. 60000 DM gekostet, und es sei ungeheuer schwierig gewesen, den Wahlkampf durchzustehen. Markus Beisicht ergänzt. »Vom Landesverband haben wir – eine Woche vor der Wahl – gerade 16000 DM bekommen. Und das auch nur auf Betreiben von Franz Schönhuber persönlich. Wir haben alle finanziell geblutet, die Kandidaten haben 1000 oder 2000 Mark vom Konto geholt und unter großen persönlichen Opfern den Wahlkampf finanziert.« Aber die Zukunft sieht rosig aus, verkündet er. »Jetzt haben wir monatlich 16300 Mark, dazu Büros in den verschiedenen Stadtteilen. Jetzt haben wir eine Infrastruktur, Personal, Büroräume.«

Man merkt, wie wichtig ihm persönlich der Wahlerfolg ist, wie er sich in dem Gefühl sonnt, jetzt Ratsherr, »Würdenträger«, zu sein. Vor der Wahl habe er den Kölner Regierungspräsidenten um ein Gespräch gebeten, der habe das aber abgelehnt. »Jetzt wollen wir doch mal sehen, ob Herr Antwerpes auch ein Gespräch mit dem Ratsherrn Beisicht ablehnt.« Aus einer Ecke kommt der Vorschlag, man solle ihn doch einfach mit ein paar Mann besuchen gehen. Zum Schluß dürfen sich alle freuen. Der große Parteivorsitzende Schönhuber hat heute in Köln angerufen und »uns« allen zum Wahlerfolg

gratuliert. »Die Kölner«, berichtet Markus Beisicht, »hat Schönhuber gesagt, sind die ›Schönhuber-Truppe‹«.
Er habe jetzt leider keine Zeit mehr, es seien zwei SPIEGEL-Redakteure anwesend, die wollen jetzt ein Interview mit ihm machen.
Es wird noch ein paar Minuten geredet, dann gehen wir alle zur neuen Geschäftsstelle der Kölner Partei. An der Tür ein kleines Schild »Haus und Kunst«, das ist die Firma von Rainer Reusch. Ein großer, fast zweihundert Quadratmeter großer Raum mit einigen Säulen. Er ist weiß gestrichen und fast leer. Links stehen zwei Schreibtische und ein Regal, auf dem Parteimaterialien liegen. In der Mitte drei weiße Tische und weiße Klappstühle. Es gibt Sekt, keinen sehr guten. Es sind jetzt über hundert Personen im Raum. Wenn es ums Feiern geht, sind alle plötzlich da, auch die, die sonst nie Zeit haben. Das ist wie bei den anderen Parteien. Ich sitze mit Sabiene Münch zusammen, die als Bezirksvertreterin im Bezirk Innenstadt gewählt wurde. Sie ist Studentin, erst 23 Jahre alt, studiert Versicherungswesen an der Fachhochschule. Sie ist erst seit Februar 1989 Mitglied, aber bereits stellvertretende Kreisvorsitzende. Ein junger Mann setzt sich zu uns. Er sieht aus wie ein typischer Yuppie, adrett gekleidet, Anzug, Krawatte, kurzgeschnittene Haare. Wie sich nachher herausstellt, ist er Vertreter in der väterlichen Firma und verkauft Lizenzen und Software für Computer. Er ist CDU-Mitglied, sympathisiert aber mit den Republikanern. Er fragt nach Positionen der Republikaner zu verschiedenen Themen, z. B. zu Steuern, zur NATO.
Man merkt deutlich, daß sich Sabiene Münch mit diesen Themen noch nie auseinandergesetzt hat und keine Ahnung hat. Immer wieder sagt sie: »Da haben wir noch keine klaren Positionen, die müssen erarbeitet werden.«
Die einzigen Punkte, zu denen sie argumentieren kann, sind Ausländer und der Klüngel der Altparteien. Immer wieder

hilfesuchende Blicke an mich. Ich argumentiere ähnlich: Die Positionen der Republikaner müssen noch erarbeitet werden, lenke das Gespräch auf Kommunalpolitik.
Ein älterer Mann mischt sich ein, offensichtlich ein Vertriebener, ein Ostpreuße, der irgendeine Geschichte erzählt von polnischen Schiebern. Er redet und redet und will durch seine Geschichte beweisen, daß die Polen sowieso nichts taugen. Ich merke, wie mir die Argumentation auf den Geist geht, aber gleichzeitig bin ich froh, daß er so dumm argumentiert und so hoffentlich den Sympathisanten abschreckt. Soll ich auch dumm argumentieren?
Ich merke, daß mir manche Argumente nicht nur flüssig von den Lippen gehen, sondern auch inhaltlich plausibel erscheinen. Zum Beispiel, wenn wir über den gemeinsamen EG-Binnenmarkt reden. Ich kann gut nachvollziehen, wenn wir darüber reden, daß man gegen das »Europa der Konzerne« die »deutschen Interessen« setzen muß. Ich habe Angst, mich zu verändern.
Hinzu kommt das Bedürfnis, dieses naive Mädchen vor den Republikanern zu »retten«. Sie ist völlig unpolitisch und nur durch persönliche Beziehungen in die Partei gekommen. Sie weiß wirklich nicht, welche Politik sie da unterstützt. Die darf doch nicht verloren sein! Am liebsten würde ich offen mit ihr reden, diskutieren, argumentieren. In meiner Rolle aber bleibt mir nur, zuzustimmen. Es sind viele Leute hier, die im Kommunalwahlkampf nicht zu sehen waren, bestätigt Sabiene Münch.
Wir reden über ihre kommende Arbeit als Bezirksvertreterin. Ein junger Student, groß und blond, sportlich angezogen, sichert ihr seine Unterstützung zu. Auch ich biete meine Mitarbeit an, biete an, mich auch in irgendwelche Themen einzuarbeiten und ihr zuzuarbeiten.
Markus Beisicht ist besorgt, was wohl am Montag der Spiegel schreibt: »Die haben mir sehr zugesetzt, das war wirklich

hart.« Es geht um die Auseinandersetzung mit dem Landesverband. Er schimpft über den Landesvorsitzenden.
Der Landesvorstand repräsentiert für Markus Beisicht die »altmodischen« alten, verkappten Nazis, die jahrzehntelang in der NPD und anderen neonazistischen Organisationen überwintert haben. Dagegen gehört er zum Modernisiererflügel: jung, unbelastet von der Vergangenheit, intelligent, flexibel und u. a. nach außen gesetzeskonform und gemäßigt. Die Vertreter dieses Flügels kommen oft aus anderen Parteien, z. B. von der CDU, von der Jungen Union, wie Markus Beisicht selbst, auch aus der FDP (z. B. Rainer Reusch). Dort aber sind die Posten und Funktionen vergeben, man kommt auf der Karriereleiter nur nach jahrelanger Kleinarbeit voran.
Am Wochenende ist Bundesvorstandstagung, auf der soll auch das Problem Nordrhein-Westfalen besprochen werden. Markus Beisicht erzählt, Schönhuber habe die klare Devise ausgegeben: Neuwahlen des Landesvorstandes. Nur so sei in NRW reiner Tisch zu machen. Solche Auseinandersetzungen wie im Saarland, Niedersachsen und Berlin schaden nur.
– »Wir haben die Chance, eine wirklich große rechte Partei, eine Volkspartei zu werden, wenn wir es schaffen, die innerparteilichen Auseinandersetzungen zu beenden und die Typen rauszusetzen. – Auch in Köln, da, solche Typen«, er zeigt in den Raum, ich weiß nicht auf wen, »diese Offenbarungseidtypen, die müssen weg. Wir brauchen kluge und schöne Menschen, ja, das ist wichtig.«
Ein solcher Mensch ist wohl bereits von Schönhuber als neuer Landesvorsitzender ausgeguckt.
Das Gespräch geht weiter, ich merke, wie meine Gedanken abschweifen. Ich bemerke, daß ich anfange, wirklich aktiv einzugreifen und gute Vorschläge zu machen. Und ich merke immer mehr, daß mir auch einige Leute sympathisch sind und

mir persönlich näherkommen. Zum Beispiel Sabiene Münch, die mir als »Opfer« der Republikaner erscheint, und Rainer Vogel, mit dem ich gerne diskutiere, weil er im Gegensatz zu den meisten anderen belesen ist und zuhören kann.
Auf dem Heimweg bin ich sehr nachdenklich. Ich fühle, daß das ganze Projekt mich sehr belastet.
Ich mache ein paar Tage Urlaub an der holländischen Nordseeküste, versuche Abstand von der ganzen Sache zu kriegen. Immer wieder denke ich über den letzten Monat nach, gehen mir Situationen und Eindrücke durch den Kopf. Ich kann einfach nicht abschalten. Wie wird das weitergehen? Was werde ich noch erleben?
Die Republikaner sind überall gerade in die Arbeiterbezirke eingebrochen. Haben dort die meisten Stimmen gewonnen. Sie knüpfen direkt an den Stammtisch-Parolen an, greifen Themen auf, die dort »in« sind: Angst vor Ausländern, Asylanten, der Stolz auf das, was »wir« uns in der Bundesrepublik erarbeitet haben, und das auch nur »uns« zugute kommen soll. Und bei vielen Menschen am unteren Rand des Sozialgefüges ist da auch die berechtigte Angst vor der Zukunft, die sich als Angst davor artikuliert, von den Ausländern überrundet zu werden. »Letzten Endes geht es denen dann noch besser als uns!«
Ein weiterer Ansatzpunkt für die Erfolge der Republikaner sind die Parolen gegen den »Klüngel der Altparteien«, gegen die Mauschelei, die dem Verständnis des durchschnittlichen Thekenstehers und Stammtisch-Diskutanten sehr entgegenkommen und darüber hinaus Teilwahrheiten enthalten, wenn man an die Serien von Bestechungs- und Bereicherungsskandalen der letzten Jahre denkt. Darüber hinaus verstehe ich immer besser, wieso sich Menschen hier zusammenfinden, erlebe selbst das Zusammengehörigkeitsgefühl, den »Sog«, den diese Partei hat. Das Gemeinschaftsgefühl, aktiv politisch tätig zu sein, wobei die Wahlerfolge den Mitgliedern be-

weisen, daß man im richtigen Boot sitzt. Auch ich habe das angenehme Gefühl des Erfolges gespürt.

Mittwoch, 11. Oktober

Im »Kommunalpolitischen Arbeitskreis« wird eine organisatorische Änderung bekanntgegeben: Rainer Vogel ist zum Fraktionsgeschäftsführer gewählt worden, der neue Kreisgeschäftsführer ist Willi Cronenberg.

Der Kreisvorsitzende und frischgebackene Ratsherr Markus Beisicht gibt einen Bericht von der Ratsarbeit. Die Fraktion habe jetzt endlich die Fraktionsräume in direkter Nähe zum Ratshaus von der Stadt bekommen.

Die Grünen haben bekanntgegeben, daß sie nicht bereit sind, den SPD-Oberbürgermeister Burger zu wählen. Also wäre rein rechnerisch eine Mehrheit von CDU und Republikanern möglich, um einen CDU-Bürgermeister durchzusetzen.

Markus Beisicht berichtet, daß einige CDU-Ratsmitglieder über einen Unterhändler an die Republikaner herangetreten seien. Sie wollen mit der Republikaner-Ratsfraktion verhandeln. Wenn die Republikaner bereit wären, den CDU-Mann Bietmann als Oberbürgermeister zu wählen, bekämen die Republikaner Sitze in allen Ausschüssen und einen Ausschußvorsitz.

Markus Beisicht ist zu dem Handel bereit, fordert aber zusätzlich einen Sitz im Polizeiausschuß. »Dann reden wir mit über Polizeieinsätze und alle Maßnahmen, wie z. B. am Mauenheimer Hof.« Nur eines bedauert er: »Über Inhalte wollen die nicht mit uns reden. Noch nicht. Aber dazu werden wir sie auch bringen. Wir wollen reden über Lesben- und Schwulenzentren, über besetzte Häuser und Ausländerpolitik. Wir wollen reden über die Chaoten an der Weißhausstraße und über Zigeunerlager.« (Da die Grünen sich schließlich doch bereit erklärt haben, den SPD-Mann Burger zu wählen, läßt

sich nicht beweisen, ob diese Gespräche stattgefunden haben oder Produkt von Markus Beisichts Fantasie waren).
Dann werden für die verschiedenen Ratsausschüsse Mitarbeiter gesucht. Ich bewerbe mich für den Schulausschuß.
Markus Beisicht berichtet von der Bundesvorstandsitzung am Wochenende: der Landesvorstand wurde aufgefordert, alle Maßnahmen gegen den Kreisverband Köln einzustellen. »Sonst«, habe Schönhuber verkündet, »gibt es eine Berliner Lösung«, d. h., der Landesvorstand wird durch ihn von seinem Amt enthoben.

Donnerstag, 12. Oktober

Wieder einmal organisatorisches Chaos. Um 11 Uhr sollten sich einige Leute an der Fraktionsgeschäftsstelle treffen, um Sabiene Münch bei der ersten Sitzung der Bezirksvertretung zu begleiten, da man Proteste befürchtet. Vor der Türe treffe ich den neuen Ratsherrn Jochen Weier. Die Fraktionsräume liegen in der zweiten Etage eines Eckhauses, direkt über einem schönen alten Café, das ich in den nächsten Monaten noch zur Genüge kennenlernen werde. Nach einer halben Stunde Warten gehen wir einen Kaffee trinken. Jochen Weier ist Finanzbeamter. Er ist nicht Mitglied der Republikaner, sondern Mitglied einer eigenen Partei, der »Deutschen Autofahrer Interessen Gemeinschaft« (DAFIG), die ein Wahlbündnis mit den Republikanern eingegangen ist und nun zuerst zwei, später durch Nachrücken drei der sieben Republikaner-Sitze im Rathaus besetzen. Da ich von Verkehrspolitik einiges verstehe, frage ich nach seinen Positionen. Schnell merke ich aber, daß er keine Ahnung hat. Er gibt das auch selber zu. Den Namen »Autofahrer« hätten sie sich aus rein populistischen Gründen zugelegt, um Wählerstimmen zu gewinnen. Er kommt, wie er sagt, aus der CDU, ist aber dann ausgetreten, weil die versprochene Wende seines Erachtens enttäuschend war. Die Partei hat in Köln 300 Mitglieder. Daß dies erst die halbe Wahrheit ist, werde ich später erfahren. Für ihn und seinen Parteifreund Friedrich Ring war das Bündnis mit den Republikanern ein Coup, durch den sie Ratsmitglieder wurden.

Montag, 16. Oktober

Der übliche Montagabend-Termin: Arbeitskreis für deutsche Interessen. An der Gittertür an der Hofeinfahrt ist ein großes Blech angebracht, damit keiner mehr, wie bisher üblich, einfach durch das Gitter greifen und öffnen kann. Jetzt muß jeder klingeln, und erst nach Kontrolle durch die Türsprechanlage ertönt der Türdrücker.

Das Thema, das heute – und die nächsten Wochen – alle am meisten interessiert, ist die Entwicklung in der DDR.

Tausende von DDR-Flüchtlingen befinden sich in den BRD-Botschaften in Prag und Warschau, in Berlin und anderen Städten der DDR gab es in den letzten Tagen große Demonstrationen für Reformen in Staat und Gesellschaft. Fünfzigtausend Menschen sind heute nachmittag in Leipzig auf die Straßen gegangen.

Da Rainer Vogel wegen der Fraktionssitzung noch nicht da ist, leitet Fred die Diskussion. Er hat gerade seine Bundeswehrzeit hinter sich, will jetzt Jura studieren. Er ist groß und breit, von kräftiger Statur. Er trägt schwarze Springerstiefel, eine schwarze Hose und ein T-Shirt, kurzgeschorene Haare. Am Hals trägt er eine Kette mit einem Kreuz. Später erfahre ich, daß er Mitglied des Witikobundes ist, einer Gesinnungsgemeinschaft Vertriebener, die von führenden Nationalsozialisten aufgebaut wurde.

Er referiert über das »Zerbrechen der Welt von Jalta« und bezieht sich im wesentlichen auf eine kleine Broschüre, die er vor sich liegen hat. »Nation Europa«, Untertitel: »Monatsschrift im Dienst der europäischen Neuordnung«.

Es geht um »das europäische Haus«, zu dem natürlich auch

ein starkes Deutschland gehört. (Herausgeber und Schriftsteller von »Nation Europa« ist Peter Dehoust, seit langem NPD-Mitglied. 1959 war er Initiator des Bundes Nationaler Studenten (BNS) (ein Vorläufer des Nationaldemokratischen Hochschulbundes (NHB), der 1961 verboten wurde. Gleichzeitig ist Dehoust Vorsitzender des »Hilfskomitee Südliches Afrika«, das ein »Gegengewicht zur süd(west)afrikafeindlichen Agitation« schaffen will.) In diesem Heft von »Nation Europa« geht es um die weitere Entwicklung Europas. »Eine Partei, die die klare Losung »Wiedervereinigung jetzt!« ausgibt, das Thema nationaler Identität besetzt und so die Meinungsführerschaft in der nationalen Frage eringt, hat gute Aussichten, bei der Bundestagswahl ein gutes Ergebnis zu erzielen.«

Die Welt ist für die Republikaner noch in Ordnung. CDU, FDP und SPD haben die Wiedervereinigung als aktuelle Forderung noch nicht entdeckt, und man sieht sich noch als nationale Avantgarde.

Wir reden über eine Umfrage, die heute in der Presse veröffentlicht wurde. Danach wollen 85 % der Menschen in der BRD und 63 % der Menschen in der DDR die Wiedervereinigung. Heiner meint, der falscheste Weg sei es, jetzt immer noch die DDR durch Kredite zu stabilisieren. Positiv an der derzeitigen Situation sei eben die Destabilisierung, die Unruhen, das müßten die Republikaner verstärken, das sei die richtige Politik. Aber das sei ja doch schwierig, meint Fred, denn in der DDR sei auch die Opposition ganz links. Die Rechte in der DDR habe sich bisher noch nicht gemeldet.

In »Nation Europa« findet sich auch die »nationale Perspektive« zur augenblicklichen Situation: »Die Fluchtbewegung entlarvt die gescheiterte Politik in Ostberlin und Bonn. Die deutsche Frage löst sie freilich nicht. Die Entvölkerung Mitteldeutschlands hätte ein gefährliches Vakuum zur Folge. (Mit diesem Argument könnte man der anwachsenden Stim-

mung in der BRD gegen immer mehr Übersiedler gerecht werden, ohne die nationalen Ziele aufzugeben. Immerhin ein Spagat). Die Eingliederung von 30000 oder 40000 arbeitsamen Deutschen dürfte kein Problem sein. Immerhin leben in Westdeutschland 300000 fremdländische Asylbetrüger, die man jetzt endlich nach Hause schicken sollte.«
Auch hier unter den Republikanern melden sich jetzt Mitglieder, die gegen die Aussiedler Stellung beziehen. Jemand erzählt die übliche Geschichte von einem Kollegen, einem »angeblichen Diplom-Ingenieur«, der »wirklich keine Ahnung hat«, aber 25000 Mark Übersiedlerbeihilfe oder Existenzgründungszuschuß bekommt. Fred hat die Lehren aus seinem Heft bereits gezogen: »Wenn die alle kommen und dann kein Deutscher mehr in den Ostgebieten bleibt, verlieren wir den Anspruch auf diese Gebiete. Deshalb sollen die dableiben.«
Allgemein akzeptiertes Ziel ist natürlich die Wiedervereinigung über eine Konföderation oder Föderation. Das Wichtigste aber ist die darüber hinausgehende Perspektive. Und das heißt: Die »mittel- und ostdeutschen Gebiete« müssen »heim ins Reich«, und dazu gehören selbstverständlich die »drei deutschen Teilstaaten: BRD, DDR und BRÖ: Bundesrepublik Deutschland, Deutsche Demokratische Republik und Bundesrepublik Österreich. Hinzu kommt die Forderung nach atomarer Bewaffnung. Es ist eine merkwürdige Mischung von Überheblichkeit und Angst. Angst vor der Integration der Bundesrepublik in die EG, vor einer Überfremdung durch zu viele Ausländer, Angst davor, am Ende der Sozialskala zu landen. Auf der anderen Seite die Überheblichkeit: Wir Deutsche sind die besten, wir wollen ein starkes, großes Deutschland. Rainer Vogel meldet sich zu Wort. Er sieht die reale Perspektive in der DDR in folgenden Punkten: »Wir brauchen eine starke (gelenkte) Marktwirtschaft, deutsche Gewerkschaften (»im Sinne von Spengler«), wir müssen

die Auswüchse der westlichen Lebensweise stoppen – Stichworte MacDonalds, Amerikanisierung, und die Eigentumsverhältnisse in der DDR müssen eigentlich wieder verändert werden. Das ist allerdings sehr schwierig. Ich würde unter Umständen auch sagen: die Enteignungen sind gültig, das Volksvermögen liegt so in Volkes Hand.«
Argumente und Parolen gehen hin und her – alle reden durcheinander. Die Mischung von Wahlerfolg und beginnender Krise in der DDR, vor allem die Fluchtbewegung, setzt Großmachtgefühle frei: wir sind wieder wer, wir wollen wieder ein starkes Land sein. Jahrzehntelange Träume beginnen zu reifen.
»Gehst Du noch mit ein Bier trinken?«
Mittlerweile bin ich allen bekannt, und jetzt wird auch der persönliche Kontakt enger. Mit Rainer Vogel stehe ich am Tresen. Er fragt nach meiner Biografie. Vor allem betone ich meine Vergangenheit in der Jugendbewegung. Rainer Vogel jedenfalls ist sehr angetan von meiner Vergangenheit. Er komme auch aus der Internationalen Jugendarbeit, sagte er. Wir erzählen von Fahrten, Lagerfeuern, bündischen Treffen. Langsam bekomme ich ein genaueres Bild von ihm.
Rainer Vogel, der Mann mit der größten Erfahrung, der klügste Kopf, geschichtlich interessiert, literarisch gebildet, organisationspolitisch erfahren. Einen Kopf kleiner als ich, die dünnen blonden Haare sind im Laufe der Jahre spärlicher geworden. Auch ein gewisser Bauchansatz läßt sich nicht verleugnen. Trotzdem wirkt er ziemlich zierlich und intellektuell. Mit seinen blauen klaren Augen beobachtet er immer sehr wachsam seine Umgebung. Sein ganzes Leben hat er Politik gemacht, in politischen Zusammenhängen gelebt. Zunächst als Jugendleiter, dann bei den »Jungen Nationaldemokraten«, wo er bis zum Bundesvorsitzenden aufstieg. Für die »deutsche Sache« macht er alles, denke ich. Und er nötigt mir einen gewissen Respekt ab, denn zeit seines Lebens ist Rainer

Vogel aufrecht durchs Leben gegangen, treu seiner Ideologie und seinen deutschen Idealen folgend. 1979 hat er mit zwei Kameraden in einem »Unternehmen auf Tod oder Leben« einen der Selbstschußautomaten an der »Zonengrenze« abgebaut. Damit wollten sie – wie sie später in ihren JN-Nachrichten schrieben, »die Unmenschlichkeit der Grenze der bundesdeutschen Wohlstands- und Verdrängungsöffentlichkeit wieder ins Bewußtsein rufen«.

Aber er hat auch eine nichtpolitische, nichtmilitärische Seite, die sich mir ganz unerwartet offenbart.

An einem Abend bringe ich ihn mit meinem Wagen nach Hause. Wir kommen auf das Thema »Urlaub« zu sprechen. Ich erzähle, daß ich oft und gerne nach Frankreich fahre. Er erzählt, daß er immer am liebsten in den Norden gefahren ist. Er schwärmt von den Sonnenuntergängen in Lappland. Wir reden über Sommer im Norden, von Nordlichtern, den hellen Nächten, der Mückenplage und vor allem über den grandiosen Himmel beim Sonnenunter- und -aufgang. Und dann erzählt er, wie er einmal in einem unbeschreiblich schönen Sonnenuntergang mit dem Wagen durch Lappland gefahren ist und im Radio sein Lieblingskonzert, das a-moll Konzert von Edvard Grieg, gehört hat.

Auf der Feier des »Arbeitskreises für deutsche Interessen« lerne ich seine Mutter kennen. Sie ist blond, trägt die Haare straff zurückgekämmt zu einem Dutt. »Drei Generationen heidnische Familie« betont Rainer Vogel manchmal, drei Generationen deutsch-nationale Erziehung. Sein Vater ist im Krieg für eine Ausbildung in der »LAH«, der »Leibstandarte Adolf Hitler« vorgesehen, aber dazu kommt es wegen des Kriegsendes nicht mehr. Schon mit zehn Jahren kommt Rainer Vogel unter die Fittiche eines alten HJ-Führers in einer Jugendgruppe und wächst in diesem deutsch-nationalen, bündischen Klima auf. Im »Europäischen Jugendwerk« wird er dann schnell selber Jugendführer, organisiert große Zeltlager, bis er dann in die JN weiterwächst. Schon vor über zehn Jahren schreibt er als Berufsbezeichnung »Jura-Student«. Aber er hat das Studium nie abgeschlossen. Irgendwie kam wohl immer die Politik dazwischen, dann hat er geheiratet. Seine Frau ist Lehrerin, macht im Moment ihre Referendarzeit. Also mußte Rainer Vogel in den letzten Jahren das Geld verdienen, besonders als vor vier Jahren ihr Sohn geboren wurde. Und so fuhr er jahrelang nachts durch die Straßen von Köln und füllte Zeitungskästen auf.

Aber er leidet nicht unter dem abgebrochenen Studium, hat erkannt, daß für ihn eine bürgerliche Karriere als Rechtsanwalt oder Richter sowieso nicht in Frage kommt. Die Politik ist sein Leben. Er setzt sich hin, entwirft Strategiepapiere, Organisationspläne. Als wir gemeinsam vom Landesvorsitzenden Voigt den Auftrag bekommen, eine Schulungskonzeption vorzulegen, meint er: »Die habe ich im wesentlichen schon fertig«. Rainer Vogel ist nicht auf eine »schnelle Karriere« aus, wie im Moment bei den Republikanern so viele. Er weiß, daß er mit seiner JN-Vergangenheit in den nächsten Jahren keine Chance hat, in der ersten Reihe zu stehen. Er wartet ruhig ab, weiß, daß seine Stunde irgendwann kommen wird.

Wir sitzen lange beim Bier zusammen. Ich bin froh, daß meine jugendbewegte Vergangenheit eine so gute Visitenkarte abgibt. Andererseits erschrecke ich. Wenn ich damals, beim Wandervogel, andere Menschen, z. B. Rainer Vogel kennengelernt hätte, wäre ich dann vielleicht auch hier gelandet? Wie zufällig sind Lebensgeschichten, politische Einstellung, soziales Engagement und Weltanschauung?

Die erste Ratssitzung

Dienstag, 17. Oktober

Heute ist die konstituierende Ratssitzung. Gegen halb zwölf bin ich an der Geschäftsstelle. Markus Beisicht steht auf der Straße und begrüßt gerade seine Leibwächter.

An der Uni wurden Aufrufe zu einer Demonstration gegen studentische Wohnungsnot verteilt. Die Kundgebung soll um 12.30 Uhr am Alter Markt, d. h. nur hundert Meter vom Rathaus entfernt stattfinden. Alle sind der Meinung, daß das nur ein Vorwand ist und anschließend die Kundgebungsteilnehmer zum Rathaus zur Demonstration gegen die Republikaner kommen werden. Nebenan sitzen die Ratsmitglieder mit Leuten der Sicherheitstruppe und beraten sich. Zwei Männer der Leibwache sitzen bei uns herum. Sie haben die Jacken ausgezogen. Wir sehen, daß sie alle Pistolen tragen, später sollen wir darüber noch mehr erfahren. Auch zwei Herren von der Polizei erscheinen. Auf dem Tisch Unterlagen von Markus Beisicht, u. a. eine Ausgabe der UZ, der Zeitung der DKP. Ich blättere in den Papieren, die auf dem Tisch liegen, darunter auch eine Anfrage: »Da ich an einer wissenschaftlichen Arbeit arbeite, möchte ich Sie bitten, mir zwei Kommunalwahlprogramme zuzuschicken.« Jemand hat den ersten Halbsatz durchgestrichen und quer drübergeschrieben: »Weil ich ein rotes Schwein bin.«

Die Fraktion hat endlich ihre Telefonnummern bekommen. In der zuständigen Abteilung der Rathausverwaltung oder Stadtverwaltung hat sich jemand einen Scherz gemacht. Die

Republikanerfraktion hat die Telefonnummern 4033, 4039 und 4045 bekommen.

Gegen 12.30 Uhr gehe ich mit Heiner die Lage erkunden. Wir gehen zum Rathaus. Die Sonne scheint, es ist ein schöner Herbsttag. Am Rathausplatz ist nicht viel los. Vielleicht dreißig junge Leute stehen herum. Die Anfahrt ist mit Absperrgittern gesichert, drei Mannschaftswagen der Polizei parken an der Seite. Die Polizisten stehen herum und sonnen sich.

Wir schlagen einen Bogen, spazieren durch die Fußgängerbereiche am Domplatz vorbei.

Am Alter Markt sind ca. 200 studentische Demonstranten zur Kundgebung gegen Wohnungsnot versammelt. Die Polizei hat den direkten Zugang zum Rathaus blockiert und läßt niemanden durch. Wir gehen wieder zum Rathaus zurück, stehen ein wenig auf dem Platz herum, da werden wir erkannt. Ein junger Mann auf einem Fahrrad, schwarz gekleidet, um den Hals ein kariertes Palästinensertuch, hat Heiner erkannt. Wir merken, daß er alle anderen informiert. Sie tuscheln, zeigen auf uns und sehen zu uns her. »Da stehen die Republikaner!« Heiner zeigt mir einen Türken mit einer braunen Lederjacke. Der habe schon einmal gegen einen Infostand demonstriert. »Letzte Woche war der beim Stammtisch und hat versucht, sich bei uns einzuschleichen.« Irgendwie sind die Republikaner wohl auf ihn aufmerksam geworden. Wahrscheinlich zunächst einmal, weil er ein Ausländer ist. Heiner will nicht erzählen, was sich da genau abgespielt hat. Er sagt nur: »Der hatte eine Pistole, Gaspistole!« Ich frage ihn, warum sie sie ihm nicht abgenommen hätten, aber er weicht wieder aus. »Ich habe sie selber gesehen!«. Als wir weggehen, um in der Fraktionsgeschäftsstelle Bescheid zu sagen, bemerken wir, daß der Türke uns verfolgt. Wir gehen in Richtung Hohe Straße, mischen uns unter die vielen Menschen, laufen ein Stück. Erwachsene spielen Indianer. Wir können ihn nicht abschütteln und gehen zurück zum Rathausplatz.

Kurz nach 13 Uhr sehen wir, daß die Ratsmitglieder der Republikaner, nach allen Seiten durch die Leibwache abgeschirmt und von einem Fernsehteam begleitet, durch einen Hintereingang des Rathauses geschleust werden.
Inzwischen sind vielleicht fünfzig Demonstranten eingetroffen. Mittlerweile sind »wir Republikaner« auch zu mehreren. Ein junger, bulliger Typ, auch seit kurzem Mitglied, stellt sich zu uns. Er war Jugendvertreter. Als seine Republikaner-Mitgliedschaft bekannt wurde, habe man ihm nahegelegt, als Jugendvertreter zurückzutreten.
Als er nach seinem Rücktritt in die Umkleidekabine kam, hätten neun Mitlehrlinge ihm gesagt: warum hast du nicht weitergemacht? So geht das doch nicht, wir haben dich doch gewählt!« Jetzt wollen sie auch Republikaner wählen, wenn sie 18 sind. Innerlich fluche ich über diese Versuche, mit administrativen Mitteln gegen die Republikaner vorzugehen. Das führt doch, wie in diesem Fall, nur zum Märtyrertum und zur falschen Solidarität. Wir stehen zusammen an den Absperrgittern. Immer wieder ernten wir böse Blicke, manche bestaunen uns auch regelrecht. Wir werden fotografiert. Wo werden die Bilder wohl demnächst herumgereicht, wer wird sich noch das Bild des »Nazis« ansehen. Unter den Demonstranten sind auch einige ältere Leute, Mitglieder der »Vereinigung der Verfolgten des Naziregimes« (VVN). Sie tragen Transparente: »Nie wieder Faschismus!«, verteilen Flugblätter. Ich bemerke, wie ein WDR-Team von den Demonstranten auf uns aufmerksam gemacht wird. »Da stehen die Nazis!« Als sie auf uns zukommen und uns filmen und interviewen wollen, drehe ich schnell ab. Ich möchte nicht ins Fernsehen.
Die beiden anderen werden interviewt und haben abends ihren Auftritt im Fernsehen.
Kurz vor zwei kommt eine größere Gruppe Autonomer dazu. Jetzt sind ca. 200 bis 300 Demonstranten da. Transpa-

rente werden entrollt: »Ausländerwahlrecht sofort«, »Schützt die Republik vor den Republikanern«. Eine Gruppe Demonstranten kommt immer näher, umringt uns. Sie haben es wohl auf Heiner abgesehen, rempeln ihn an, fordern ihn auf zu verschwinden. Als er sich weigert, gibt es eine Rangelei, und er wird getreten und geschlagen. Wir anderen Republikaner werden zur Seite gedrängt.

Wir verlassen den Rathausplatz, gehen in die Geschäftsstelle, sitzen und warten. Mit uns sitzen die Leibwächter herum. Wieder haben sie die Jacken abgelegt, protzen mit ihren Pistolen am Gürtel. Einer ist Republikaner, Mitglied des Kreisvorstands Bonn. Er zeigt uns eine neue Waffe, die er neben der scharfen Pistole noch in der Jackentasche hat: eine Elektroschlag-Pistole. Sie sieht aus wie eine Pistole, hat vorne zwei Kontakte, die dem Angegriffenen einen schweren Stromschlag versetzen. »Nova Lux 5000« heißt das Ding. »Da geht jeder zu Boden! Das funktioniert auch durch die Kleidung, sogar durch Leder.« Der Getroffene wird bewußtlos, stürzt zu Boden. Angeblich soll es keinerlei Schäden verursachen, auch bei Trägern von Herzschrittmachern nicht. »Schäden entstehen nur durch Folgen, z. B. bei Hinfallen und Sturzverletzungen.« Der Bonner Republikaner bietet sich an, uns die Waffe billiger zu besorgen, sie soll ca. 270 Mark kosten. Alle sind begeistert, wollen so ein Ding haben. Willi Cronenberg kann direkt fünf Bestellungen notieren. Einige sind der Meinung, der Kreisverband sollte zentral zehn solcher Waffen besorgen, z. B. für eine Ordnertruppe. »Die Ordner dürfen aber nicht bewaffnet sein!«, meint ein anderer. »Na, das macht doch nichts, dann sind die offiziellen Ordner nicht bewaffnet, aber es gibt eben noch eine spezielle Sondertruppe.«

Gegen halb fünf soll die Ratssitzung beendet sein. Wir stellen uns vor die Tür, wollen »unsere Ratsfraktion« abholen. Die Demonstration ist beendet, nur noch ein paar Punker stehen herum, es ist alles ruhig.

Vereinzelt kommen schon Ratsmitglieder heraus. Der offizielle Teil ist beendet, es gibt aber noch einen Sektempfang. Rainer Vogels Frau kommt zu uns. Sie ist von einer Fotografin angesprochen worden, ob wir Republikaner seien. Als sie bejahte, habe die Frau ganz erstaunt gesagt: »Das sind ja ganz normale Menschen!« Als Rainer Vogel später die Geschichte nochmal erzählt, fügt er hinzu: »Die Antifas sind so dumm, daß sie alle normal aussehenden Menschen für Gleichgesinnte halten!«

Wir fahren mit den Ratsmitgliedern nach Rodenkirchen, um im kleineren Kreis den Einstand im Rat zu feiern.

Ich nehme Heiner Roosen und Willi Cronenberg im Auto mit. Willi, Oberleutnant der Reserve, berichtet von früheren NPD-Veranstaltungen in Bremen und Oldenburg, wo es viel Krawall gab. »Das waren noch Zeiten! Wir sollten mit ein paar Mann in die Landesgeschäftsstelle gehen und da mit ein paar Jungs aufräumen!« Dann redet er über »Führungsmaßnahmen« und darüber, daß ein Führer seinen Leuten mit gutem Beispiel vorangehen müsse. Er schwärmt von den Kampferfahrungen seines Vaters in den zwanziger Jahren: »Mit 15 Mann, Keil bilden und dann reinstürmen in die Menge, da kommst du überall rein!«

In dem Lokal in Rodenkirchen sitzen schon die anderen. Alle haben Teller mit Jägerschnitzeln vor sich. Die Ratsmitglieder sind stolz auf ihr erstes Auftreten. »Da sollten doch tatsächlich für 80000 Mark neue Bauwagen für die Zigeuner bezahlt werden. Weil die die alten kaputtgemacht haben!«

Markus Beisicht sagt: »Und ich bin dann nur hingegangen und habe gesagt: wir schließen uns den Ausführungen der CDU voll und ganz an! Da haben die vielleicht dumm geguckt!«

Offensichtlich haben sie direkt von Anfang an versucht, näher an die CDU heranzukommen, bzw. solche Initiativen zu starten, die auf ein gemeinsames Abstimmungsverhalten mit der CDU hinauslaufen.

Demnächst soll per parlamentarischer Anfrage geklärt werden, wieviel Geld in den letzten fünf Jahren für Roma und Sinti ausgegeben wurde.

Es gab einen Dringlichkeitsantrag, einen Verein gegen den sexuellen Mißbrauch von Kindern, »Zartbitter e. V.«, finanziell zu unterstützen. Manfred Rouhs hat für die Republikaner gegen diesen Antrag gesprochen. Ute Rottler, Ratsmitglied und Juristin, charakterisiert den Verein so: »Die machen Agitation in Kindergärten für die freie Entfaltung der Sexualität im Kindesalter!« Ich habe keine Ahnung, wie sie auf eine solche Charakterisierung kommt.

Rainer Reusch ist ganz stolz, weil er einmal »Rote Ratte« gerufen hat. Ein Grüner habe »brauner Scheißhaufen« gesagt, den hätte Manfred Rouhs so provoziert. Sie lachen und spinnen weiter: »Rouhs soll den immer weiter provozieren, damit der Grüne dann ausrastet und ein schlechtes Bild macht.«

Die Republikaner sollen sich als seriöse Partei darstellen, die Grünen will man als Chaoten vorführen. Sie witzeln über die grüne Ratsfrau, die gegen den Angriff auf »Zartbitter« geredet hat: Die hat sich immer so an das Mikro geklammert, das sah so aus, als ob sie sich einen Schwanz in den Mund stecken wollte!« Die Männer lachten laut los. »Ja, das müssen wir mal öffentlich machen, die muß den Spitznamen »Schwanzschluckerin« kriegen. Das ist lustig!«

Die Republikaner sind eine reine Männerpartei. Auch von den wenigen Frauen in der Partei wurde das Thema »Frauenpolitik« in meiner Zeit niemals angesprochen. Das Frauenbild der tonangebenden Männer ist archaisch. In erster Linie hat die Frau als Ehefrau und Mutter für das Wohl der Familie dazusein. Eine Frau »darf« auch einen Beruf ausüben, aber nur, wenn sie ihre Familienpflichten nicht vernachlässigt. Die jüngeren Frauen im Kölner Kreisverband werden allgemein nur wenig akzeptiert, auch wenn sie als

Ratsmitglieder oder stellvertretende Kreisvorsitzende Funktionen haben.

Wochenende.

Mit meiner Freundin gehe ich im Volksgarten spazieren, ich erzähle von den letzten Tagen, erzähle, wie ich immer mehr reinrutsche, mehr mitbekomme. Langsam kennen mich alle, ich bin einer der Ihren. Das Schwierigste ist allerdings immer noch, mich auf die ganze Argumentation einzustellen, mitzudiskutieren und entsprechende rechte Argumente zu bringen.

Dabei merke ich, daß sich meine Wahrnehmung verändert hat. Seit fünfzehn Jahren gehe ich hier spazieren, aber zum erstenmal fällt mir bei unserem Spaziergang auf, wieviele Ausländer hier im Park sind. Ich registriere jeden einzelnen: dort die türkische Familie, den Schwarzen mit der Rastafrisur, den Araber, die Asiatin. Auch auf dem Spielplatz fallen mir die vielen türkischen Kinder auf.

Und natürlich registriere ich auch alle »Linken«, jedenfalls die, die »so aussehen«, die »Chaoten«. Ich erschrecke. Was wird sich noch in meiner Wahrnehmung, in meinem Denken verändern? Kann man sich unbeschadet eine längere Zeit so einer Situation aussetzen, ohne sich partiell dem anzugleichen?

Das ganze Deutschland soll es sein

Montag, 23. Oktober

Nur wenige haben sich heute im Keller in der Roonstraße versammelt. Rainer Vogel ist auch noch nicht da. »Der kommt später, es ist noch Fraktionssitzung.« Alle sind über das nachlassende Interesse etwas enttäuscht, und so verläuft der Abend ziemlich schleppend. Als Einleitung berichtet jemand triumphierend, daß die »Kölnische Rundschau« seit einiger Zeit die Republikaner nicht mehr »rechtsradikal«, sondern nur noch als »rechtsgerichtet« bezeichnet. So macht man sie langsam hoffähig. Dann geht es natürlich wieder um Deutschlandpolitik.

An der Wand steht eine Tafel, dort hat jemand angeschrieben:

> Ziel: mehrere deutsche Teilstaaten: BRD/DDR/ Österreich/Schweiz?
>
> Ziel: Deutschland in den Grenzen von – 1914/1937/ 1938/1940?
>
> Ziel: Deutscher Sprach- und Kulturraum, Deutsches in Europa?

Das erste Ziel, die Beibehaltung mehrerer »deutscher Teilstaaten«, wird natürlich abgelehnt. Und auch das zweite Ziel ist lediglich die »realpolitische«, pragmatische Perspektive – aufgemotzt durch Großmachtsträume.

Letztlich ist allen Anwesenden klar, daß man das gesamte Gebiet des »deutschen Kultur- und Sprachraums« in ein zukünftiges »Deutsches Reich« integrieren will. Und die Grenzziehung eines Großdeutschen Reiches, von dem hier offensichtlich alle träumen, bedeutet: wir wollen folgende »deutsche Gebiete« wiederhaben, der erste Schritt ist gewissermaßen, daß man öffentlich darüber redet: Ostpreußen, Schlesien, Sudetenland, Österreich, Südtirol, dazu Teile von Dänemark, Belgien, Elsaß-Lothringen. Allerdings zwickt erneut das Problem Aussiedler. In der Diskussion kommen wieder Vorurteile gegen die DDR-Übersiedler auf. Ein ehemaliger DDR-Bürger wehrt sich gegen den Vorwurf, die Aussiedler seien keine Deutschen, sondern Wirtschaftsflüchtlinge. »Wir sind Deutsche. Guckt Euch doch mal das Grundgesetz an. Allerdings kommen dann irgendwelche Polen und weisen dann nach, daß sie mal eine deutsche Urgroßmutter gehabt haben. Das ist nicht in Ordnung!« Auch innerhalb der Partei zeichnen sich neue »Hackordnungen« ab, die in der Bevölkerung in diesen Wochen entstehen. Die Forderung nach Wiedereingliederung der »polnisch besetzten Gebiete« steht unvermittelt neben Arroganz und Fremdenhaß gegenüber »deutschstämmigen« Polen, die in die Bundesrepublik kommen. Es geht hoch her.

Als die Diskussion etwas durcheinandergeht, ergreift Max das Wort und versucht, die Diskussion zu leiten: »Wir sind hier nicht im Polnischen Parlament, wo alle durcheinander reden und einer dem anderen ins Wort fällt, hier herrscht Disziplin und Redeordnung!«

Als Schlußwort gewissermaßen liest ein junger Mann noch eine kurze Meldung aus der WELT vor: Zum ersten Mal hätten irgendwelche Vertreter einer Institution die Möglichkeit gehabt, die Akten von Auschwitz einzusehen. In den Todesbüchern seien 74000 Namen verzeichnet. »Angeblich hat man ja in Auschwitz über eine Million Menschen umgebracht. Es ist wieder einmal erwiesen, daß die ganzen KZ-Geschichten Lüge sind.«

Mittwoch, 25. Oktober

Wieder Auseinandersetzungen mit dem Landesverband. Es gibt Schwierigkeiten mit der Mitgliederzahl und dem neuen konkurrierenden Kreisverband. Der Kölner Kreisverband hat nach ihren Angaben 280 Mitglieder, während der Landesverband behauptet, es seien nur knapp hundert. Der zweite Kölner Kreisverband sei zwar satzungswidrig, sagt Rainer Vogel, aber der Landesverband würde die eben anerkennen. Willi Cronenberg fährt am Montag nach München, um dies alles mit der Geschäftsführerin dort zu klären. Er wird alle Beitrittserklärungen mitnehmen – meine ist dann auch dabei. Hoffentlich bekomme ich dann bald meinen Mitgliedsausweis. Danach lade ich die beiden zu einem Kaffee ein. Willi Cronenberg erzählt: bis zum Mai war er freiberuflich bei einem Verlag tätig, hat über Wehrtechnik, neue Waffen, Militär und Sicherheit geschrieben. Dann sei er wahrscheinlich wegen seiner Republikaner-Mitgliedschaft entlassen worden bzw. hätte keine weiteren Aufträge bekommen. Gemeinsam mit Rainer Vogel soll er jetzt bei der Fraktion fest angestellt werden. Rainer Vogel als Fraktionsgeschäftsführer, Willi Cronenberg wird Fraktionsassistent. Wir kommen auf die Finanzen zu sprechen. »Das Problem ist«, sagt Rainer Vogel, »der Kreisverband ist groß und hat kein Geld, und die Fraktion ist klein und hat viel Geld. Also müssen wir versuchen, die Gelder von der Fraktion in den Kreisverbands-Topf zu bekommen.«
Ich erzähle von meinen beruflichen Aktivitäten und Erfahrungen. Lange Jahre habe ich in der Erwachsenenbildung ge-

arbeitet. Als ich davon erzähle, fragen mich die beiden, ob ich meine Erfahrungen nicht im Kreisverband einbringen könne. Ich soll, so die Idee, Seminare für die Funktionsträger der Partei machen, sie in Rhetorik, öffentlichem Auftreten und Kommunikation schulen. Diese Seminare soll ich einmal monatlich durchführen. Und dann kommt der finanzielle Clou: ich soll dafür aus der Fraktionskasse bezahlt werden und einen Teil des Geldes dann »zurückspenden« in die Kasse des Kreisverbandes. Ich soll also als eine »Geldwaschanlage« fungieren.

Auch hier scheint man sich schnell den »korrupten Altparteien« anzugleichen.

Abends ist wieder »Kommunalpolitischer Arbeitskreis«. Die Fraktion, klagt Markus Beisicht, wird an allen Ecken und Enden von der Verwaltung behindert. Die Möbel und das Türschild sind noch nicht da, um jede Kleinigkeit gäbe es große Auseinandersetzungen. Er erzählt hier den Parteimitgliedern genau das Gegenteil von dem, was mir Willi heute morgen gesagt hat über die großzügige und zuvorkommende Arbeit der Verwaltung. Aber den Mitgliedern gegenüber wird eine Märtyrerrolle gespielt. Rainer Reusch berichtet, daß es weiterhin Versuche der »Altparteien« gibt, die Republikaner aus allen Ausschüssen rauszuhalten. Um das zu verhindern, wollen sie jetzt drohen, mit allen möglichen Geschäftsordnungstricks die Ratssitzung bis in die Nacht zu verlängern. »Dann brauchen die für jeden Tagesordnungspunkt eine Stunde!« Ob das als Drohung ausreicht? Von der Basis gibt es Unmut. Ein Mann meldet sich und beschwert sich. Er ist etwa fünfzig Jahre, hager, stellt sich als Handwerksmeister vor und redet mit stark kölschem Tonfall. Er klagt über die schwere Situation in Ehrenfeld. Er kenne da alle Leute, habe wirklich viel Wahlkampf gemacht, und dann kommen seine Leute an und fragen: »Wer ist Markus Bauer? Wer ist Manfred Rouhs?«, die beiden gewählten Bezirksvertreter. »Die kennt kein

Mensch. Wie kann man solche Leute aufstellen, die keiner kennt. In Ehrenfeld müssen Ehrenfelder kandidieren!« Markus Bauer lebe außerdem in Bochum und habe nur eine »Briefkastenadresse« in Köln.

Der Ehrenfelder ist zudem sauer, daß der neugewählte Bezirksvertreter Markus Bauer zur konstituierenden Sitzung der Bezirksvertretung nicht anwesend war, sondern in der Türkei im Urlaub. Markus Beisicht merkt, wie die allgemeine Stimmung ist, und jetzt hat er einen Punkt, wo er die Unruhe befriedigen kann. »Wieso fährt der überhaupt in die Türkei, ich dachte, der wäre in Griechenland. Als ich das erfuhr, habe ich Anweisung gegeben, den sofort aus dem Urlaub zu holen!« Stimmt natürlich kein Wort, aber er sonnt sich in dem Gefühl, eine solche »Anweisung« geben zu können. Dann kommt noch der Nachsatz: »Wie kann der überhaupt in der Türkei Urlaub machen?«, aber Rainer Reusch wirft sofort ein: »Schönhuber macht da auch Urlaub.«

Um die Stimmung wieder in andere Bahnen zu leiten, fordert Markus Beisicht alle auf, Anregungen für die weitere Politik zu geben. Vor allem das Roma-Sinti-Problem erregt die Gemüter:

– »Vor einem Jahr erst haben die neue Wohnwagen bekommen. Jetzt haben die die kaputtgemacht und kriegen von der Stadt neue.« –

– »Wenn ich meine Möbel kaputtgemacht habe, kriege ich ja von der Stadt auch keine neuen Möbel!« –

– »Die Zigeuner haben ganz dicke Autos, alles Mercedes, Opel Admiral und solche Wagen. Ich habe das gesehen, die sind damit total durch den Morast gefahren und haben die kaputtgefahren. Und jetzt gibts neues Geld von der Stadt!« – »Diese jungen Typen sind über und über mit Goldketten behängt und haben dicke Bündel Bargeld dabei.«

Jetzt sind alle wieder sehr erregt. Die Ratsfraktion will so schnell wie möglich einen Antrag auf sofortige Räumung aller besetzten Häuser stellen. Vor allen Dingen will man versuchen, die CDU auf eine gemeinsame Linie mit den Republikanern zu bringen. »Die müssen da ja mit uns abstimmen. Und damit müssen sie gegen sich selbst stimmen, denn bisher haben die mit der SPD gemeinsam die Ausgaben für die Zigeuner bewilligt.«

Donnerstag, 26. Oktober

Die »Reservistenkameradschaft Köln Altstadt Jan von Weerth« hat zu einem Vortragsabend eingeladen. Vorsitzender ist Willi Cronenberg, Oberleutnant der Reserve. Das Thema des Abends: »Die verlorenen Weltkriege als Problem der politischen und militärischen Eliten. Ein Beitrag zur Historisierung der deutschen Geschichte.« In der Einladung heißt es: »Als Referent konnte Dr. Hans-Dietrich Sander gewonnen werden. Dr. Sander wurde 1928 geboren. Er studierte Germanistik, Philosophie und Theaterwissenschaften. Er geriet kurzzeitig unter den Einfluß von Bertolt Brecht. Nach Trennung und Übersiedlung von Ost-Berlin in den Westen arbeitete er für die »Welt«, die »Zeitbühne« und »Criticon«. Buchveröffentlichungen: »Marxistische Ideologie und allgemeine Kunsttheorie«, »Der nationale Imperativ«, »Die Auflösung aller Dinge«... Nach dem Vortrag ist ein kameradschaftliches Beisammensein mit Unterhaltung, Gesang und Bier vorgesehen«. (Sander war außerdem Chefredakteur der vom Verfassungsschutzbericht als rechtsextremistisch eingestuften »Deutschen Monatsblätter«, davon steht in der Einladung aber nichts.)
Der Vortrag findet am üblichen Ort, im Keller in der Roonstraße, statt. Ungefähr 15 Männer sind da, darunter einige Gesichter, die ich noch nicht kenne. Als erstes werde ich gefragt: »Wo hast du denn gedient?« »Ich bin Obergefreiter der Reserve, war bei einer Panzerbrigade im Stabsdienst.« Das stimmt nur zum Teil, denn ich habe es nicht weiter als bis zum

Gefreiten gebracht, weil wir damals eine »Soldatengewerkschaft« gegründet haben. Mir gegenüber sitzt ein sehr großer und breiter Mensch, er stellt sich als »OGiG«, also »Obergefreiter im Generalstab« vor, worauf er offensichtlich sehr stolz ist. Ein braungebrannter Mittvierziger mit intellektueller Brille kommt herein und stellt sich zackig als Oberstleutnant vor.
Sander hat einen ungeheuer langweiligen Vortragsstil. Er liest die ganze Zeit mit langsamer, schleppender Stimme, fast ohne jegliche Betonung, vom Blatt ab. Über eine Stunde schlägt er sich doch tatsächlich mit dem Problem herum, daß und wie man den 2. Weltkrieg hätte gewinnen können. Der Gesamttenor: Deutschland wurde so stark, daß es zweimal in Kriege verwickelt wurde und die dann verlorengingen. Damit sind die Eliten untergegangen, heute herrschen die Parteibonzen, Seilschaften, Klüngelei, Eliten hätten keine Chance.
Beim anschließenden geselligen Beisammensein fällt zum Glück der Gesang aus.
Ein blonder junger Mann, den ich von den Republikaner-Veranstaltungen kenne, er ist Stabsunteroffizier der Reserve, ist ganz heiß aufs Praktische. Er fragt Willi Cronenberg, ob wir denn mal am Wochenende schießen könnten. »Ja«, so Willi Cronenberg, »das kann man mal machen. Wir als Reservisten dürfen auf den Schießplatz und dürfen auch kleine Manöver durchführen.«
Ich bin überrascht. (Einige Wochen später lese ich in einem lokalen Anzeigenblatt in Bayern einen Aufruf für den Aufbau eines »Reserve-UnteroffizierKorps aller Waffengattungen«. Darin wird für eine Ausbildung an Maschinenpistolen und Panzerfaust geworben.)

Zwanzig Jahre nationale Arbeit

Freitag, 27. 10.

Eine lange angekündigte Veranstaltung: der »Arbeitskreis für Deutsche Interessen« hat auch den »lieben Kamerad Theodor Schomers« zu seiner 20-Jahr-Feier eingeladen.

Seit zwanzig Jahren trifft sich die »Montagsrunde« unter wechselnden Namen.

Auf der Einladung stehen die Namen des Kreises und die Jahreszahlen: u a.

NEC 1969 Nationaleuropäisches Centrum

NCK 1974 Nationales Centrum Köln

DK 1983 Deutscher Klub

VFJ 1985 Verein zur Förderung unabhängiger Jugendbewegung und jetzt ab 1988 Arbeitskreis für Deutsche Interessen.

Der Raum ist umgeräumt, die Tischtennisplatte steht zusammengeklappt in der Ecke, die Stühle sind zu Sitzreihen zusammengestellt. Zwanzig bis dreißig Personen sind bereits im Raum, ich sehe viele ältere Leute. Unter anderem ist auch der alte Engländer da und Rainer Vogels Mutter. Auch zwei Burschenschafter mit ihren Mützen und bunten Bändern sind anwesend.

Rainer Vogel, der jetzige Leiter der »Montagsrunde«, eröffnet den Abend, begrüßt die Anwesenden. Unter den Gästen sind Abordnungen verschiedener studentischer Burschenschaften, so »Liberten« aus Aachen, der Verein Deutscher Studenten und ein Vertreter der flämischen Organisation »Voorpost«. Dann gibt er Rüdiger M. das Wort, der einen

interessanten historischen Rückblick über zwanzig Jahre rechtsradikaler Tätigkeit gibt.
1969 hat Rüdiger M. das »Nationaleuropäische Centrum« in Köln gegründet. »Damals waren die meisten von uns aktiv in der NPD. Ich selbst war Kreisvorsitzender der NPD hier in Köln, und wir waren hier, gerade nach dem »verlorenen Bundestagswahlkampf«, bestrebt, die aktiven Kameraden weiter bei der Stange zu halten, und das losgelöst von der Partei. Wir wollten auch über das parteipolitische Denken hinaus zumindest in unserem Kreis den Versuch machen, andere Perspektiven mit einzubringen, zum Beispiel die europäische Frage.« So gab es damals einen sehr guten Kontakt zu faschistischen Gruppen in Italien und Frankreich. Aktiv betätigte sich der Montags-Kreis in der »Aktion Widerstand« (»Brandt an die Wand«).
»Ich selbst bin damals, als es darum ging, der NPD endgültig den Todesstoß zu versetzen, in Machenschaften des Verfassungsschutzes Nordrhein-Westfalen einbezogen worden. Beim Parteitag in Wertheim hat mich ein V-Mann des Verfassungsschutzes, der sehr aktiv in der NPD als Ordner-Leiter für Nordrhein-Westfalen Nord war, ich war Ordnerleiter Süd, in eine Organisation gezogen, deren politischen Grundlagen wir ja in unserem Kreis zugestimmt haben, nämlich der EBF, »Europäischen Befreiungsfront«. Dieser Mann ist von einem Ministerialdirigenten vom Verfassungsschutz geführt worden, wie ein späterer Prozeß bewiesen hat. Er hat mit Pistolen herumgespielt und diese bei uns eingeschleust. Ich bin bei dem Prozeß freigesprochen worden. Seitdem haben wir auf solche Leute bis heute ein ganz, ganz wachsames Auge, und in all diesen Jahren hat solch ein Typ bei uns nie wieder Fuß fassen können.
»Wir hatten auch schon damals Schwierigkeiten mit jungen Leuten, die voller Enthusiasmus mehr tun wollten, als sie eigentlich tun sollten. Wir hatten hier in Köln einen Kamera-

den, der eine ganze Meute anführte, 20–25 junge Leute, die dann spontan hier in die Stadt zogen und in Kneipen randaliert haben. Wir mußten diese Entwicklung stoppen und haben uns dann von ihnen getrennt. Leider hat dieser Kamerad diese ganzen Lehren, die wir gezogen hatten, nicht befolgt und ist ins rechtsextreme Fahrwasser abgetrieben. Dann haben wir uns mit der Führungsfrage beschäftigt. Wir haben hier in unserem Kreis jede übertriebene Demokratisierung abgelehnt. Unser natürliches demokratisches Verhalten bestand darin, daß sich aus unserem Kreis der Leiter mehr oder weniger herauskristallisierte. Als ich 1974 von Köln wegzog, hatte ich schon eine ganz Zeit lang einen verantwortlichen Stellvertreter. Wir haben damals natürlich auch Kontakt zu verschiedenen anderen Organisationen gesucht, z. B. dem Volksbund deutscher Ring. Dort habe ich 1972 die ANR (»Aktion Neue Rechte«) vorgestellt und Rainer Vogel kennengelernt.
Er hat sich so eingeführt, daß ich gar nicht anders konnte, als ihn zum Leiter oder Nachfolger zu ernennen. Wir haben nicht darüber abgestimmt.« (Die ANR, von der Rüdiger M. hier redet, war ein Sammelbecken für alle Rechten, die sich enttäuscht von der NPD abwandten und diese als »bürgerlich schlappe Gartenlaubenpatrioten« ablehnten).
»Wir haben aber auch erkannt, daß man als Einzelkämpfer oder als nur lokal gebundene Gruppe auf Dauer irgendwie in der Luft hängt. Wir haben uns umgesehen, wir haben hin- und herüberlegt, diskutiert, wir haben sogar das Wagnis unternommen, in die etablierten Parteien reinzusehen, aber oh Schreck, das war wirklich nichts, voller Grausen haben wir uns wieder abgewandt. Und weil in der NPD, bzw. in der JN Bestrebungen da waren, den dortigen festgefahrenen Kurs zu ändern, da haben wir gesagt, das wollen wir unterstützen, irgendwo wollen und müssen wir uns binden, und das war dann damals mein zweiter Eintritt in die NPD. Wir haben das

Domizil gewechselt, den Namen in »Nationales Centrum Köln« geändert und sind dann voll in die Arbeit in der NPD bzw. JN eingestiegen. Rainer Vogel hat es geschafft, binnen kurzem da Organisationsleiter und später JN-Bundesvorsitzender zu werden. Wir haben versucht, etwas zu verändern.

Die Partei hat aber nicht mitgespielt, die starren Betonklötze in der NPD haben sich verweigert. Auch die JN, die diese Reformbewegungen, will ich mal sagen, in der NDP vorantreiben wollte, ist gescheitert. Gescheitert ist auch der Bundesvorsitzende, und es ist die Frage, ob diese Leute von damals, z. B. Rainer Vogel, der jetzt aktiv bei den Republikanern mitmacht, nicht auch heute wieder scheitern. Allerdings glaube ich, daß heute wahrscheinlich mehr Chancen da sind.

Wir haben dann den Verein zur Förderung unabhängiger Jugendbewegung gegründet, aber der ist auch gescheitert. In so einem Haus wie hier, das mitten im Zentrum und nicht weit von ganz neuralgischen Punkten liegt (hier am Rathausplatz steht ja die Synagoge), können wir nur Gruppen haben, die auch ein gewisses Verantwortungsgefühl haben.

Wir hatten hier Gruppen wie den Sturmvogel, die sich dieser Verantwortung verweigert haben, nur weil wir z. B. gesagt haben, eine Kluft könnt ihr hier in dieser Gegend nicht tragen. Unser Grundsatz war, der Fuchs jagt nicht vor dem eigenen Bau. Ich möchte hier erklären, daß ich mein möglichstes tue, diesen Montagskreis als Sondereinheit an der politisch rechten Flanke zu erhalten, wenn es sein muß als Reserve oder als Rückzugsstätte, wenn es mal nicht so klappt, wie sich das manche vorstellen. Wir waren 20 Jahre lang politisch im nationalen Sinne aktiv, viele sind nicht mehr aktiv, sind weggegangen, aber wenn man sich wiedertrifft, ist sofort wieder eine Verbindung da. Es ist nichts verlorengegangen...

Ich möchte mit einem Appell schließen. Verhalten wir uns so, daß wir uns auch in den kommenden 20 Jahren noch in die Augen sehen können und uns, egal wo wir dann organisatorisch und politisch stehen, immer noch nicht den kameradschaftlichen Händedruck verweigern.«

Anschließend gibt es eine kulturelle Einlage. Die Frau von Rainer Vogel singt zusammen mit Martin zwei Lieder zur Gitarre. Ich kenne das Lied: »Wer jetzige Zeiten leben will« – das haben wir in linken Kreisen auch gesungen, wenn es auch für uns einen anderen Sinn hatte.

Martin, der sie begleitet, ist Leiter des Deutschen Pfadfinderbundes Westmark – Schwarzer Adler. Rainer Vogel stellt ihn mir vor: »Martin ist ein ganz alter Freund, ist schon 1978 mit uns zu NPD-Treffen gefahren.« Er ist ein typisches Beispiel dafür, wie die rechten Organisationen es immer verstanden haben, intensive Jugendarbeit zu machen. Darum haben sich die Linken eigentlich nie gekümmert.

Dann spricht Rainer Vogel. Seine politische Analyse der augenblicklichen Situation der nationalen Rechten bedient sich ausschließlich militärischer Metaphern:

»Die Lage: zu wenige, ohne Zusammenhalt operierende, mit allzu leichtem Gepäck und zu schwacher Feuerkraft ausgestattete, versprengte eigene Kräfte wurden, sind und werden vom politischen Gegner in schwerste Kämpfe verwickelt. Allzu häufig fehlte, fehlt und wird fehlen Nachschub an Gedanken, Strategien und Operationsplänen. Darüber hinaus konnte die Etappe den Verlust an Mannschaften, Offizieren und Gerät nur schwer und selbst unter größten Anstrengungen niemals ausreichend ersetzen. Die momentane Gefechts- und Nachschubsituation wird wesentlich von den Reserven, die nachzuschieben sind, bestimmt. Erst ein befriedigender Nachschub eröffnet Aussicht auf entscheidende geistig-politische Umfassungsschlachten und Sicherung einer zukunftsträchtigen Neuformulierung einerseits, einer Neuorganisa-

tion der deutschen Dinge andererseits. Die Parole muß bei solcher vermittelter Gefechtslage lauten: Hilf Dir selbst, dann helfen Dir Deine deutschen Götter...« Vor allem »der Nachschub« fehlt also, obwohl die Republikaner ja im Moment bei den Wahlen Erfolge haben.
»In Kenntnis der Lage, daß die deutsche Debatte lange Zeit schlief, haben wir Montage erlebt, wo wir mit fünf Mann um den Tisch saßen. Nichtsdestotrotz war die Arbeit zu keinem Zeitpunkt tot. In den 70ern haben wir uns dazu entschlossen, solange in die deutsche heimliche Glut zu blasen, bis Feuer wird...«
Dann verweist er stolz darauf, daß die Montagabend-Diskussionen in den zwanzig Jahren außer an Feiertagen noch nie ausgefallen sind.
»Was wesentlicher ist, es gibt wieder Hoffnung für die deutschen Dinge. Schlachtentscheidend aber wird die Fähigkeit vieler einzelner Deutscher sein, Deutschland und den deutschen Dingen wieder dienen zu lernen. Dann, der Mathematiker formuliert das ausschließend, dann und nur dann ist mir um Deutschland, das Reich der Mitte, nicht bange.«
Der gemütliche Teil des Abends beginnt. Ich komme mit einem der beiden Burschenschafter der Libertas ins Gespräch. Ein sehr junger Mann, pickelig, mit feinem dunklen Anzug. Quer über der Brust trägt er seine Verbindungsfarben und über der Nickelbrille seine Studentenmütze. Wir reden auch über die Studentenverbindung, der mein Großvater angehörte. »Ja, damals waren das noch andere, bessere Zeiten.« Ich stimme dem zu, ja, der sei damals auch beim Freikorps gewesen. »Heutzutage ist bei den meisten Verbindungen nichts mehr los, das sind fast alle unpolitische Feiervereine«, bedauert er.
Rüdiger M. erzählt mir, daß er in seinem Vortrag gar nicht alle Vereinigungen erwähnt habe, »da fehlen die ganzen Zeiten von Jugendschaft und Vertriebenenverbände. Ich kam nach Köln und habe erst den Kreisverband der ›Deutschen Jugend

des Ostens‹ (DJO) gemacht, das war mir aber nicht politisch genug, dann kam ich mit der Deutschen Reichspartei (DRP) in Kontakt. Da war ich zwar nie Mitglied, aber aus der ist ja dann mit der Gesamtdeutschen Partei die NPD entstanden.«

Als ich Rüdiger M. zum erstenmal traf, dachte ich: »Wie kommt der denn hierhin!« Mitte vierzig, leger, aber korrekt gekleidet, mit angegrautem Vollbart, Pfeifenraucher. Ein gemütlicher, sympathischer Mensch. Er ist Ingenieur und arbeitet bei der Stadtverwaltung. Seine Redebeiträge trägt er ruhig und sachlich vor. Aufgrund seiner langen politischen Erfahrung beteiligt er sich sehr gerne an Strategiedebatten. Er steht nicht an vorderster Front, man sieht ihn nur selten auf den politischen Veranstaltungen, denn er mag die Republikaner nicht so sehr. Sie sind ihm zu legalistisch, zu parlamentarisch ausgerichtet, nicht energisch genug. Er wendet sich auch gegen die Ausgrenzungsbestrebungen der Republikaner gegen NPD, DVU usw. 1969 hat er den »Montagskreis« gegründet. Sein wichtigstes Anliegen ist der Zusammenhalt aller rechten Gruppen.

Rüdiger M. ist nicht der Mann, der sich auf die parlamentarische Ebene einlassen will. Ich habe das Gefühl, er träumt von der starken, straff militärisch organisierten, schlagkräftigen Truppe, die einheitlich marschiert, zuschlägt und die Macht erobert.

Aber er ist nicht bereit, dafür auch seine bürgerliche Existenz und seine berufliche Karriere zu gefährden.

Daher hält er sich in der Öffentlichkeit zurück, kommt nur im Schutze größerer öffentlicher Veranstaltungen. Als im Herbst die Meldung durch die Presse geht, daß der Verfassungsschutz die Republikaner in NRW beobachten will und ein eventuelles Parteiverbot in der Luft liegt, formuliert er ein paarmal seine Befürchtungen, berufliche Schwierigkeiten zu bekommen.

Martin kommt dazu, wir reden über bündische Jugend, Wandervogel. Die meisten der Jüngeren kommen aus dieser Richtung. Ich merke, wie wichtig die Jugendbewegung auch heute wohl noch für den Nachwuchs aller rechten Organisationen ist. 1933 hat die Hitlerjugend die Formen der bündischen Jugend aufgegriffen und damit viele Jugendliche durch Abenteuer, Wochenend- und Großfahrten, Lagerleben, Lieder und Gemeinschaftserleben usw. fasziniert. Heute kümmern sich die demokratischen Parteien und Organisationen überhaupt nicht mehr darum. Die rechten Gruppen dagegen, die immer noch an diesen Formen der bündischen Jugend anknüpfen, haben so hervorragende Werbemöglichkeiten bei der Jugend.
Wir stehen noch eine Weile herum und trinken ein Bier, plaudern. Ein merkwürdig zusammengesetzter Kreis: Die jungen Akademiker, auch die Burschenschafter mit Mütze und Band, stehen mit dem Referenten zusammen. In der Ecke sitzen an der Bar einige jüngere Männer im gleichen Alter, denen man ihre Arbeiterherkunft ansieht.
Einige tragen schwere Stiefel, das ist wohl die »Kampfabteilung«. In kleineren Gruppen plaudern die älteren Damen und Herren. Die Herren im Straßenanzug, die Damen im Kleid oder Kostüm.
Dazwischen die »jung-dynamischen« Republikaner, die kommenden »Politprofis«. Alles in allem »Menschen wie du und ich«.

Schlammschlachten

Freitag, 3.11.
Morgens treffe ich mich mit Sabiene Münch. Ich will ihr bei ihrer Arbeit als Bezirksvertreterin helfen. Wir sehen die Post durch, überlegen, welche Anträge sie stellen könnte. Mit Rainer Vogel und Willi Cronenberg reden wir über die Auseinandersetzungen mit dem Landesverband. Die Kämpfe werden härter. Gestern ist Schönhuber in Nordrhein-Westfalen gewesen. Man hat sich in der Landesgeschäftsstelle zusammengesetzt. Außer stundenlangen gegenseitigen Beschimpfungen ist aber wohl nichts rausgekommen. Es sieht im Moment nicht so besonders gut für Köln aus: Manfred Rouhs soll in den nächsten Tagen aus der Partei ausgeschlossen werden. Plötzlich scheinen sich die Machtverhältnisse wieder gedreht zu haben.
Mir fällt ein Papier in die Hände, das der Landesvorstand am 25.10.1989 an alle Bezirks- und Kreisvorsitzenden geschickt hat, weil er sich für verpflichtet halte, über »Drahtzieher und Hintermänner« zu informieren.

»*Rainer Vogel:* Der Geschäftsführer der Kölner Ratsfraktion ist ein besonderer Fall. Nachdem er sich zwei Jahre lang in wüsten Beschimpfungen gegen die Republikaner und deren Bundesvorsitzenden Schönhuber erging, stieg er vor kurzem selbst noch einmal in den Ring, so Originalton Vogel. Als Denker und Lenker hinter den Kulissen spielt er seine bei der NPD erworbenen Fähigkeiten voll aus. Als NPD-Aktivist war er von 1979 bis 1983 Bundesvorsitzender der NPD-Jugend JN, und, bevor er diese wegen finanzieller Veruntreuungen in beträchtlicher Höhe verlassen mußte, auch Mitglied im Bundesvorstand der Bundespartei. Wer diesen Angaben keinen Glauben schenkt, lese die Verfassungsschutzberichte zu Beginn der achtziger Jahre. Im Hinterhof der Roonstr. 49 schuf er sich ein Zentrum nazistischer Ideologie, wo sich bei viel Bier alles trifft, was in der rechtsradikalen Szene Rang und Namen hat. Bevor er das lukrative Amt des Fraktionsgeschäftsführers übernahm, befüllte er nächtens – als mittlerweile 40jähriger Jurastudent – die »stummen Verkäufer« der Bildzeitung im Kölner Stadtgebiet.

Wilhelm Cronenberg: Der Ex-Kreisvorständler der Kölner NPD ist heute Kreisgeschäftsführer der Kölner Republikaner. Cronenberg war verwickelt in Waffengeschäfte und eng verbunden mit Eckart Weil, einem rechtsterroristischen Gewalttäter. Weil, der in West-Berlin ein Attentat auf einen sowjetischen Wachsoldaten verübte, floh unter Hilfe von Cronenberg und Vogel, die ihn versteckten und mit dem nötigsten versorgten. Weil wurde gefaßt und hielt dicht...

Rainer Reusch: Der amtsenthobene Schatzmeister des KV Köln I läßt sich als stadtbekannter Miethai in seinen zahlreichen Prozessen von seinen Anwälten als ›Christ mit abgeschlossenem Philosophiestudium‹ feiern. Als ehemaliger Links-FDPler bietet er sich überall dort an, wo er ein lukratives Pöstchen wittert.

Manfred Rouhs: Der ehemalige Landesvorsitzende der NPD-Jugend in NRW machte vor wenigen Jahren negative Schlagzeilen, als er mit der Fahne seiner Partei das Rednerpult des Leverkusener Stadtrates stürmte.

Fritz Ring, Joachim Weier: Zum politischen und weltanschaulichen Hintergrund dieser beiden Kölner Ratsherren

hat der Landesvorstand in seiner jüngsten Erklärung ausreichend Stellung bezogen.
Mark Scharfenberg, Birgit Golombek: Der Bezirksvertreter in Mülheim und die völkisch angehauchte Ratsfrau sind Aktivisten der ›Sturmvögel‹, einer nicht weniger radikalen Abspaltung der einschlägig bekannten Wiking-Jugend.«

Soweit das Papier des Landesverbandes, dessen Vorwürfe alle Angesprochenen bestreiten. Beide Fraktionen, die »alten Kämpfer« und die »Modernen«, bekämpfen sich also in der Hauptsache mit Enthüllungen.
Jetzt hat Schönhuber wohl »angeordnet«, wie die Sache geklärt wird.
Jedenfalls gibt es eine »Vereinbarung« von der Besprechung am 2. November, die besagt:
»– Ring und Weier von der »Autofahrerpartei« werden nicht in die Partei aufgenommen.
– Vogel wird nahegelegt, die Partei zu verlassen, – Ausschlußverfahren gegen Reusch, Rouhs, Bauer und ... laufen weiter,
– Golombek, Scharfenberg und Cronenberg sollen eidesstattliche Erklärungen abgeben, daß die Vorwürfe nicht stimmen,
– Markus Beisicht und seine Freundin Gabriele Schlaeper sollen eine Loyalitätserklärung abgeben.«
Danach sieht es so aus, als hätten die Kölner keine besonders guten Karten, obwohl sie Schönhuber selber angeblich auf ihrer Seite haben, wie Markus Beisicht immer wieder betont. (Die geforderten Erklärungen werden abgegeben. Über die Hintergründe einer eidesstattlichen Versicherung erfahre ich später mehr.)
Abends ist Kreismitgliederversammlung. Die erste, die ich miterlebe. Anscheinend finden sie nicht sehr häufig statt. Ich

habe sowieso den Eindruck, daß die Mitglieder nicht besonders einbezogen werden. Was geschieht, wird im kleinen Kreis (d. h. Fraktion und einige besonders auserwählte Vertraute von Markus Beisicht) entschieden, bzw. von Markus Beisicht alleine bestimmt. Die heutige Kreismitgliederversammlung muß durchgeführt werden, um die Direktkandidaten für den Landtag zu wählen. Damit alles ordnungsgemäß vor sich geht und das auch ausreichend dokumentiert ist, hat Beisicht ein älteres Parteimitglied beauftragt, die ganze Versammlung auf Video aufzunehmen. Der steht auch gewichtig mit zwei Kameras, einem Stativ und einer Lampe da. Es sind fünfzig bis sechzig Parteimitglieder gekommen. So viele habe ich hier noch nie gesehen.

Nach einem kurzen Bericht über die Arbeit der Fraktion beginnt der Wahlgang. Der Kreisvorstand hat einen Vorschlag erarbeitet, wer kandidieren soll. Und dann gibt es eine Überraschung. Als der Kreisvorstand Sabiene Münch als Direktkandidatin für den Bereich Innenstadt vorschlägt, meldet sich ein etwa vierzig Jahre alter Mann, dunkle Haare und Schnäuzer. Er stellt sich als Walter Heller, »Polizeihauptkommissar und Diplomverwaltungswirt« vor. Er will auch kandidieren. Großes Tuscheln, denn den Mann hat bisher noch niemand gesehen. Ja, er sei seit einem halben Jahr Mitglied, bestätigt er auf eine Nachfrage.

Aber er wird nicht gewählt, obwohl seine Kandidatur doch bei einigen Eindruck gemacht hat, denn er bekommt zwanzig Stimmen. Auch im Bezirk Ehrenfeld gibt es eine Gegenkandidatur. Der Schlossermeister Ewald wirbt für sich, indem er zusagt, im Falle seiner Wahl zum Direktkandidaten alle Wahlkampfmaterialien selber bezahlen zu wollen. Aber dieser massive Hinweis hilft ihm auch bei der Gegenkandidatur in einem anderen Wahlkreis nichts. Der Kandidat von Nippes, Joachim Meyer, stellt sich vor mit den Worten: »Ich habe im Kommunalwahlkampf drei Infostände auf der Neußer Str.

gemacht, zwei davon standen im Express. Und außerdem habe ich die ganzen Unterschriften im Altersheim gesammelt.« Und dann gibt es noch einen energisch auftretenden Kandidaten. Er ist klein und untersetzt, aber sehr agil, hat graue Haare und rennt ständig mit einer Zigarre im Mund herum. Meistens trägt er einen Trachtenanzug. Er redet sehr temperamentvoll und laut und ist wohl sehr von sich und seinen Qualitäten überzeugt. Auch er möchte gerne Landtagskandidat werden und bewirbt sich mit den Worten:

»Ich war fünfzehn Jahre in der CDU, war in der Gewerkschaft, im Betriebsrat, im Gesamtbetriebsrat und im Konzernbetriebsrat.« Wie kommt der hierhin? Nachher erzählt mir jemand seine Geschichte: er war bei der Gewerkschaft angestellt und hat die Stelle verloren. »Jetzt hat er den dicksten Knüppel genommen, den er gegen die Gewerkschaft finden konnte – und das sind die Republikaner. Er wollte schon Spitzenkandidat für die Kommunalwahl werden. Nicht nur hier hat er sich beworben, sondern wohl auch an Schönhuber einen Brief geschrieben und sich für hohe Funktionen angeboten, sogar als Parteivorsitzender würde er zur Verfügung stehen.«

Danach steht die Wahl von fünf weiteren Delegierten für den nächsten Bundesparteitag an. Heiner Roosen, der neben mir sitzt, und ich beschließen, uns gegenseitig vorzuschlagen. Und wir werden auch gewählt. Ich bin jetzt also ordentlicher Delegierter für den nächsten Landes- und Bundesparteitag.

Auffallend ist das totale Fehlen jeglicher demokratischer Strukturen – wenn nicht gerade noch das Wahlgesetz bestimmte Verfahren vorschreibt. Zunächst einmal entscheidet Markus Beisicht natürlich. Darüber hinaus wird im kleinsten Kreis entschieden.

Montag, 6. November

Beim heutigen Treffen ist eines der Themen Kultur und Medien. Rainer Vogel redet über die Notwendigkeit der »kulturellen oder ideologischen Hegemonie«. Die »Linken« haben praktisch die »Kulturhoheit«. »Alle Liedermacher, alle diese Bereiche, alles sind Linke. Warum gibt es keine rechten Liedermacher?« Keiner kann Beispiele geben für »rechte Kultur«. Rainer Vogel nennt zwar einige Namen, darunter den Bildhauer Arno Breker, er empfiehlt Bücher, Romane, z. B. Jochen Fernau: »Halleluja« des weiteren Spengler, Sombart. Aber das ist es schon fast. Und bei der Musik hört es ganz auf. Die »Neue deutsche Welle« vom Anfang der achtziger Jahre wird erwähnt, aber die ist ja auch schon lange vorbei. Was hört man in diesen Kreisen sonst für Musik, frage ich mich. Im Laufe der Zeit stelle ich fest, daß es offensichtlich keine spezifischen musikalischen Richtungen gibt, die die Republikaner bevorzugen. Einige Wochen später entdecke ich in der Zeitschrift »Der Republikaner« Anzeigen, in denen Liedkassetten eines »rechten Liedermachers« angeboten werden. Außerdem finden sich dort auch Heino-Lieder im Angebot. Fred hört immer irgendwelche rechten »Kampflieder«.

Vor allem Rainer Vogel sieht, wie wichtig Kultur ist: »Musik, Lachen, Erotik, Volkstanz, das sind kulturelle Traditionen, die müssen wir bewahren. Es müssen ja nicht die BDM-Gruppen sein, aber da gibt es wirklich gute Sachen.«

Immer wieder staune ich über die allgemeine »Kulturlosigkeit« in dieser Partei. Niemand erzählt von Veranstaltungen, Filmen, Büchern, Musik, es gibt anscheinend kein Interesse am kulturellen Leben. Auch in der Diskussion zeigte sich, daß außer Rainer Vogel niemand das Thema besonders wichtig fand.

Anschließend gehe ich mit Rainer Vogel noch ein Bier trinken. Langsam hat er soviel Vertrauen zu mir, daß er mir auch

Internes erzählt. »Das ist so wie mit Rainer Reusch: der hat für den Wahlkampf 15000,–DM gegeben und sonst nichts getan. Kein einziges Flugblatt hat er verteilt, nichts. Nur wichtig machen will er sich. Ratsherr wollte er werden.«
Ich merke, daß er sehr darunter leidet, aufgrund seiner NPD- und JN-Vergangenheit nicht in den Rat zu dürfen und/oder zu können. Andere kommen und kaufen sich die Pöstchen, und Leute wie er dürfen die Drecksarbeit des Wahlkampfes machen.

Dienstag, 7. November

Ich statte der Fraktionsgeschäftsstelle einen Besuch ab, um mit Willi Cronenberg oder Rainer Vogel einen Kaffee zu trinken.
Mittlerweile weiß ich, daß ich hier in einer Stunde mehr Internes als an den Abenden bei den offiziellen Mitgliederversammlungen oder dem »Kommunalpolitischen Arbeitskreis« erfahre. Dort wird lediglich ein Teil der Informationen an die Mitglieder, »an das Fußvolk« weitergegeben. In dem Punkt mache ich die gleichen Erfahrungen wie früher in linken politischen Organisationen. Das ist wahrscheinlich bei den meisten Parteien der Fall. Der Unterschied ist allerdings, daß diese Form der »Elitebildung« hier nicht schamhaft abgeleugnet, sondern offen gerechtfertigt wird: Die Menschen sind ungleich in ihren Fähigkeiten, also sind gleiche Rechte, z. B. auf Information, unsinnig und schwächen die Organisation.
In der Fraktionsgeschäftsstelle herrscht Hektik. Rainer Reusch ist da. Im schicken grauen Anzug, am Handgelenk die goldene Rolex-Uhr, dezent nach einem Herren-Parfum duftend, läuft er herum wie der große Chef. Er ist sauer. Schon vor drei Wochen habe er Willi Cronenberg die Artikel für die »Domspitzen« gegeben.
Und der habe es seitdem nicht geschafft, die Artikel zu über-

arbeiten. Willi Cronenberg hört sich das an und meckert zurück. Als Rainer Reusch wutentbrannt den Raum verläßt, erzählt er mir, was los ist. Die Artikel von Rainer Reusch seien eben alle nicht zu gebrauchen. Laut liest er allen Anwesenden eine Stelle vor.

»Hier, da fängt Rainer Reusch ganz dramatisch an: ›Es ist unglaublich, was im Rathaus am Wahlabend geschah.‹ Und dann kommt das Unglaubliche im nächsten Satz: ›Markus Beisicht und Rainer Reusch betraten mit 6 Mann Leibwache vor 18.00 Uhr das Rathaus und setzten sich vor die Monitore.‹ Das ist doch zum Totlachen!« Ein paar Sätze später: »Im Vorraum lagen Punker auf dem Boden und bewarfen sich besoffen mit Bierdosen.« Willi Cronenberg gibt mir die Texte und bittet mich, alle sprachlichen und stilistischen »Macken« anzustreichen. Die will er dann bei der Fraktionssitzung vortragen.

Die handgeschriebenen Entwürfe von Rainer Reusch sind ein Mittelding zwischen Schulaufsatz und Agitationsschrift, die vor allem vor Selbstdarstellung triefen.

Eine Kostprobe:

»Markus Beisicht und Manfred Rouhs hielten dann ihre ersten Redebeiträge, die sehr sachlich zum Thema, gut vorgetragen wurden. Währenddessen gab Rainer Reusch vor dem Sitzungssaal dem NDR ein telefonisches Interview...«

Während ich redigiere, merke ich, daß ich versuche, den Text nicht zu sehr zu verbessern. Da es Willi Cronenberg sowieso nur um formale und stilistische Probleme geht, beschränke ich mich darauf. Dann sollen die dümmsten inhaltlichen Stellen ruhig drinbleiben.

Deutschland, einig Vaterland

Mittwoch, 8. November

Ich fliege mit einer Kollegin zu einem Filmfestival nach Helsinki. Nachts um ein Uhr erreicht mich durch ein Telefongespräch die Nachricht von der Öffnung der Mauer. Tausend Kilometer entfernt, fernab von allen Fernseh-Sondersendungen, erscheint uns die Nachricht absolut unwirklich. Mit den Finnen diskutieren wir über die Entwicklung, über die Gefahr des Nationalismus. Alle rufen plötzlich nach Wiedervereinigung. Ich denke an unsere Montagsgespräche. Werden die Republikaner nun weiter nach oben getragen, oder wird ihnen das Thema geklaut?
Werden wir alle Republikaner? Oder haben die Republikaner nur Wahrheiten gespürt, die alle anderen erst jetzt entdekken?
Ich bin gespannt auf die Diskussion am nächsten Montagabend.

Montag, 14. November

Erster Termin nach der Öffnung der DDR-Grenzen. Als ich gegen acht Uhr die Treppe in den Keller herunterkomme, ist der Raum bereits ziemlich voll. Erst als Rainer Vogel mit der Glocke läutet, setzen sich alle. Rainer Vogel begrüßt und eröffnet offiziell den Abend. Das macht er immer ganz formvollendet und steif. Das Thema ist natürlich »Mitteldeutschland«.
Einige berichten, wie sie die Nachricht erreicht hat und was

sie in den Medien, vor allem in den Live-Sendungen des Fernsehens, mitbekommen haben. Heiner Roosen berichtet von Freunden, mit denen er telefoniert hat. Die waren angetrunken, haben alle gefeiert. »Als gute Rechte haben die natürlich auf der Mauer vor dem Brandenburger Tor gestanden.« Da standen wohl auch die Berliner Republikaner.

Es folgt eine hitzige Diskussion über die Wiedervereinigung. Natürlich sind sich alle einig, daß sie die Wiedervereinigung wollen. »Kohl und die CDU wollen gar nicht die Wiedervereinigung, die wollen die Deutschen an Europa verkaufen. Und dann haben wir das Europa der großen Konzerne.« So ähnlich könnten auch Linke diskutieren. In der Ablehnung des EG-Binnenmarktes mit allen seinen Konsequenzen sind sich Linke und Rechte einig, wenn auch aus unterschiedlichen Gründen. Rainer Vogel holt etwas weiter aus. »Man muß sich einmal vergegenwärtigen, was in den Tagen um den 9. November geschehen ist. Heute haben wir in den Zeitungen gelesen, daß die Westmächte durchaus wußten, daß die Öffnung der Mauer bevorstand. Und dann kann doch keiner erzählen, daß die Bundesregierung das nicht gewußt hat.« Er wirft dem Bundeskanzler Kohl vor, daß der es zu einem solchen Zeitpunkt vorgezogen habe, nach Polen zu fahren. »... weil er in Annaberg – ausgerechnet in Annaberg, reden wollte. Und als das losging, in der Nacht, da wäre der Platz des deutschen Bundeskanzlers in Berlin gewesen. In Berlin, am Brandenburger Tor. Stellt Euch mal vor, der wäre wirklich dagewesen. Und seine Sicherheitsbeamten hätten es wirklich geschafft, ihn auf die Mauer raufzukriegen. Und der wäre auf der anderen Seite wieder runtergekommen und wäre dann einfach durchs Brandenburger Tor marschiert. Dann wären hunderttausend Westberliner mit ihm nach Ostberlin marschiert. Dann hätten wir vielleicht bereits heute die Wiedervereinigung.« Alle sind über diese Perspektive begeistert. Sie hoffen auf den großen Volkstribun, der die Massen, der die

Deutschen aus Ost und West, nein, aus der Bundesrepublik und Mitteldeutschland, zur Wiedervereinigung führt. Aber einig ist man sich natürlich darüber, daß Helmut Kohl ein solcher Volkstribun nicht ist. Rainer Vogel ist noch nicht am Ende, er redet sich in Rage, und dann wird er immer sehr eloquent und staatsmännisch. Er macht den Eindruck, als beherrsche er die staatspolitische, philosophische und historische Dimension des Themas.

Die Hauptdebatte geht um die Frage: was ist Mitteleuropa? »Die Welt hat sich in den letzten Tagen gewaltig geändert. Die Franzosen müssen sich dran gewöhnen, daß das Zentrum Europas nicht Paris, sondern Berlin ist. Die Zukunftsperspektive ist Mitteleuropa mit dem Zentrum Berlin in einem starken Deutschland!«

Dann geht es wieder um die Diskussion in der DDR. Heiner geht die Entwicklung viel zu langsam. Er ist dafür, jetzt massiv die Wiedervereinigung durchzusetzen. Jemand meint: »Jetzt, wo Rußland soviel Schwierigkeiten hat, werden die auch nichts mehr gegen einen Einmarsch machen.« – »Da will ich auf jeden Fall dabeisein, wenn die Bundeswehr in Mitteldeutschland einmarschiert!« kommt sofort die Reaktion von Heiner. Er ist 24 Jahre alt und studiert Jura. Jetzt überlegt er aber, das Fach zu wechseln und will vielleicht in den Versicherungsbereich. Er kommt von der Jungen Union, die war ihm aber »zu schlapp«. Heiner ist ein Draufgänger. Groß und breit, meistens sportlich gekleidet. Er betont oft seine Dienstzeit bei der Bundeswehr, er war Feldjäger und ist sehr für action zu haben.

Er meint auch, die verantwortlichen Politiker in der DDR müßten unbedingt hart bestraft werden. Rainer Vogel und andere wenden sich prinzipiell dagegen. Man könne nicht nachher richten, was zum Zeitpunkt der Tat gesetzeskonform gewesen sei. Das sei eben dieses unmenschliche sozialistische System. Entsprechend müsse man ja auch z. B. nach der Wie-

dervereinigung unseren Politikern den Prozeß machen, daß sie die ganze Zeit gegen die Wiedervereinigung gehandelt hätten. Heiner wehrt sich massiv gegen diese Argumentation. »Das ist hier etwas anderes, die haben Blut an den Händen.«
Ich wundere mich, wieso Rainer Vogel und ein paar andere so prinzipiell gegen eine Bestrafung sind. Dann aber kommt ein Schlußargument, das deutlich macht, um was es geht. »Nein, ein Nürnberger Prozeß ist genug gewesen.«
Gegen halb zehn wendet sich die Diskussion wieder den Niederungen der Kommunalpolitik zu. Rainer Vogel berichtet von der Ratssitzung, die er als großen politischen Erfolg wertet. Zumindest, was das faktische Zusammenwirken mit der CDU angeht. Immer noch haben die anderen Ratsparteien versucht, die Republikaner aus den Ausschüssen rauszuhalten, in denen die eigentliche Arbeit gemacht wird.
Bei der entscheidenden, geheimen Abstimmung im Rat ging es wirklich um jede Stimme. Die Republikaner mußten zu ihren eigenen sieben Stimmen auf jeden Fall mindestens eine Enthaltung eines anderen Ratsmitgliedes haben, um in den Ausschüssen vertreten zu sein. Auch eine ungültige Stimme hätte genügt.
Und dann kam die große Überraschung: die Republikaner bekamen neun Stimmen für ihre Liste, dazu drei Enthaltungen und eine ungültige Stimmabgabe, die nach der vorhergegangenen Prozedur wohl auch nicht zufällig zustande gekommen sein können.
Also insgesamt sechs heimliche Republikaner-Wahlhelfer!
Durch das Ergebnis bekommen die Republikaner zusätzlich auch einen Ausschußvorsitzenden.
Wir reden über Vorurteile und darüber, wie sich die Linken die Rechten vorstellen. »Die denken, wir laufen alle wie braune Haufen rum, mit Stiefeln, Reithosen und Uniform. Und die Frauen deutsch-germanisch mit geflochtenem Zopf und langen Röcken. Und wenn man diesen Erwartungen

nicht entspricht, sind die geplättet. Dann kommen die Leute und sagen: die sehen ja aus wie ganz normale Menschen!« Natürlich wollen die Republikaner schon deswegen vom äußeren Erscheinungsbild weg.
»Deshalb ärgern sich die Linken im Rat am meisten über Ute Rottler. Weil die diesem Bild überhaupt nicht entspricht. Die könnte eine Grüne sein vom Äußeren. Die hatte einen ganz engen Rock an, hinten geschlitzt, und einen langen Ohrring. Die sind richtig sauer, wenn die die sehen.«
Als Fraktionsvorsitzender hat Markus Beisicht eine Ehrenkarte für irgendein wichtiges Fußballspiel bekommen. Ein junger Mann mit Krawatte und Anzug schlägt vor, die Ehrenkarte einer »deutschen Familie« zur Verfügung zu stellen, »mit vier Kindern oder so. Auf jeden Fall etwas, was man publizistisch ausschlachten kann.«
Nachher fahren wir wieder nach Deutz in die Kneipe. Es ist mittlerweile selbstverständlich geworden, daß man mich anspricht und auch in die inoffiziellen Aktivitäten einbezieht. Mein Auto ist mit sechs Personen besetzt. Ich nehme an, daß auf dem kurzen Stück keine Polizeikontrolle zu befürchten ist. Die Stimmung ist gut. Peer fängt an zu scherzen: »Wenn die Polizei kommt, sage ich zu dir: Siehst du, das geht nicht gut, wenn man besoffen mit einem geklauten Auto fährt.« Willi Cronenberg, der neben mir sitzt, ergänzt: »Und ich sage, hoffentlich merken die nichts von den Maschinenpistolen im Kofferraum.« Er ist sichtlich amüsiert von der Vorstellung. »Das wäre was, jetzt 'ne Ladung Knarren dabei!« Aber Rainer Vogel bremst ihn sofort sehr ernst: »Du immer mit deinen Waffengeschichten!« Es ist wahr, Willi Cronenberg redet oft und gerne von Waffen, Militär und seiner Zeit als Oberleutnant.
Beim Kölsch wird über den Kreisvorstand gemeckert. Alle sind unzufrieden. »Erst müssen einige Leute da weg, sonst läuft da gar nichts.« Rainer Vogel erläutert mir: »Der Kreisvorstand besteht aus zwanzig Personen, von denen manche

nur dumm rumreden und nichts tun.« Insgesamt scheint im Moment die Arbeit nicht besonders effektiv zu sein. Die eigene Republikaner-Zeitung, »Domspitzen«, großartig angekündigt für Oktober, ist immer noch nicht raus. Es gibt wohl weiterhin Ärger mit Rainer Reusch. Aber keiner will auf meine Nachfrage mit der Sprache raus.

Auch die Auseinandersetzung mit dem Landesverband geht weiter. Jetzt hat sich die Bundesschiedskommission eingeschaltet und Ladungen an verschiedene Leute verschickt. Aber dagegen will man vorgehen, denn »die Bundesschiedskommission gibt es eigentlich nicht, weil man auf dem letzten Bundesparteitag vergessen hat, die zu wählen«. – »Wer bestellt die nächste Runde?«

Rainer Vogel hat noch ein Anliegen. »Du könntest als sachkundiger Bürger der Republikaner in den Schulausschuß.« Dann fragt er noch: »Kannst Du Dich beruflich so weit vorwagen und ein Amt übernehmen?« Ich sage, daß mich das sehr interessiert und daß ich beruflich wohl keine Probleme bekommen werde.

Dann sind die »offiziellen Probleme« abgehakt, und die Gespräche schweifen ab. Ich rede mit Rainer noch einmal über meine Wandervogel-Erfahrungen. Über die sechziger Jahre auf der Burg Waldeck. Im Nerother Wandervogel, dem ich damals als Fünfzehnjähriger angehörte, gab es eine starke nationale, deutschtümelnde, traditionelle Strömung. Aber es gab auch einzelne Gruppen, die liberaler und fortschrittlicher waren, zu denen ich (zufällig) gehörte. Ab 1964 wurden die Chanson- und Folklore-Festivals auf der Burg Waldeck durchgeführt. Unsere Gruppe war eine der wenigen, die das Festival unterstützten und daran teilnahmen. Der Großteil der Nerother aber, ich erinnere mich gut, bekämpfte die Bewegung. Das ging von verbalen Auseinandersetzungen bis hin zu Schlägereien und Sabotageaktionen (so wurden einmal sämtliche Stromkabel durchschnitten). Die alten Geschichten

kommen mir jetzt zugute, denn ich kann so tun, als sei ich als Nerother selbstverständlich gegen dieses »linke Festival« gewesen. »Da traten alle diese linken Sänger auf: Degenhardt, Wader, Süverkrüp.« Auch Rainer Vogel kommt aus der bündischen Jugend, war allerdings wohl von Anfang an am rechten Rand. Wir reden über Großfahrten, Fahrtenleben und finden so manche Gemeinsamkeit. Liegen hier gemeinsame (romantische) Quellen von rechten und linken politischen Strömungen?
Ich fahre nach Hause. Denke nach über den Abend, die Gespräche und die einzelnen Menschen.

Mittwoch, 15. November
Im Café erzählt Willi Cronenberg von seiner Biografie: Nach dem Abitur ist er zur Bundeswehr gegangen und wurde Berufssoldat. Warum er da aufgehört hat, sagt er nicht, auf jeden Fall hat er sich danach selbständig gemacht und eine Import-Export Firma in Brüssel gegründet. Sein Vater war früher Geschäftsführer bei einer großen belgischen Waffenfabrik gewesen. »Der hatte viele Verbindungen, und die haben wir genutzt.«
Außerdem hat er mir erzählt, daß er Spezialist für Waffen- und Militärtechnik ist und über diese Themen bis zum letzten Jahr geschrieben hat. Dann aber habe es ein ganz dickes Geschäft mit China gegeben, und das sei danebengegangen, so daß sie alles Geld verloren hätten. Danach kam er nach Köln zurück und wurde Organisationsleiter bei der Gerling-Versicherung.

Mittwoch abend, 15. November

»Kommunalpolitischer Arbeitskreis« in der Brüsseler Straße. Auf einem der Tische liegt eine Seite aus dem EXPRESS mit der dicken Überschrift:

»SCHIKANIERT REP-RATSHERR SEINE MIETER?« Restaurant Davidis: Er wollte uns zwingen, nur Wein von ihm zu kaufen.«
Es geht um Rainer Reusch, der diesem Artikel zufolge seine Mieter »massiv unter Druck setzt... Es geht um das Weinhaus ›Davidis‹ in der Friesenstraße... das Haus gehört dem Republikaner Reusch sowie dessen Anwalt Winfried Kurz. Doch Reusch begnügt sich nicht damit, Miete zu kassieren. Er will das Restaurant mit Wein beliefern – und zwar ausschließlich mit Wein aus dem eigenen Kontor. ›Davidis‹-Chef Klaus Herrmann ist empört: ›In einem Anhang des Mietvertrages wurde ich gezwungen, Getränke von Reusch abzunehmen... Reusch hat zum Teil zu 100 Prozent überhöhte Preise gefordert.‹«

Natürlich wird darüber geredet. Die meisten tun die Vorwürfe aber als »weitere Hetze gegen Republikaner« ab. Nur Rainer Reusch nimmt zu dem Artikel keine Stellung.
Rainer Vogel leitet die Sitzung, da Markus Beisicht »von der Fraktion beauftragt wurde, beim Fußballspiel auf der Ehrentribüne anwesend zu sein. Das ist politisch sehr wichtig. Er hat eine Freikarte, und es ist ja auch kein Geheimnis, daß er sich auf das Spiel sehr gefreut hat.«
Eine kleine ältere Frau, die immer sehr resolut wirkt, will zunächst wissen, was denn mit Rainer Reusch sei. Da sei einmal der Artikel im Express, und dann habe sie gehört, daß er zurückgetreten sei. Der Express-Artikel wird nochmal herumgereicht. Rainer Vogel berichtet: »Ich kann soviel sagen, Rainer Reusch ist als stellvertretender Fraktionsvorsitzender

zurückgetreten. Warum, das kann ich nicht sagen, das muß Rainer Reusch selber sagen, wenn er da ist. Ich kann sagen, daß und warum *ich* nicht mehr Fraktionsgeschäftsführer bin, sondern Fraktionsassistent. Aber zu Rainer Reusch kann ich nichts weiter sagen.« Heidrun, die Lehrerin, will wissen, warum Rainer Vogel nicht mehr Geschäftsführer ist. Er redet und redet und gibt schließlich doch keine Antwort. Sehr geschickt, denn keiner merkt etwas bzw. keiner fragt weiter nach. Was ist da los?

Vielleicht erfahre ich anschließend beim Bier etwas.

Rainer Vogel hat weiter das Wort.

Es geht um den sachkundigen Bürger, der aber, so Rainer Vogel, »nach der Gemeindeordnung eine Qualifikation haben muß. Es reicht also nicht für den Sozialausschuß, daß Willi Cronenberg Vater von vier Kindern ist, er muß zusätzliche Qualifikationen haben.« Die allgemeine Enttäuschung ist spürbar, denn es waren wohl etliche scharf darauf, ein »Amt« als »sachkundiger Bürger« zu besetzen. Rainer Vogel holt zu einer weiten gesellschaftspolitischen Erklärung aus. »Wir leben nicht im Negerkral, in dem es nur um Essen und Trinken und Feuermachen geht, sondern in einer Gesellschaft, wo alle Qualifikationen spezialisiert sind und ein Ingenieur nichts mehr vom Fach des anderen Ingenieurs versteht. Und deshalb müssen auch solche Spezialisten in die Ausschüsse. Allgemeinbildung und gesunder Menschenverstand helfen da nicht weiter.«

Dann verkündet er, daß die Fraktion acht Arbeitskreise gebildet hätte. Dazu nennt er die von der Fraktion ernannten Arbeitskreisleiter. »Das sind dann entweder die Ratsmitglieder oder die sachkundigen Bürger in den Ausschüssen.« Nach den verschiedenen Ausschüssen kommt er zum AK Schule: »Den Arbeitskreis Schule leitet Theodor Schomers, Diplom-Pädagoge und erfahren in Schule, Erwachsenenbildung und Medienpädagogik.« Ich erhebe mich kurz, alle sehen mich

an. Das Plenum geht weiter. Thema: Entwicklung in der DDR. Auf dem letzten CDU-Parteitag wurde eine Deutschlandkarte verteilt, als offizielle Deutschlandkarte der CDU, da war nur die BRD drauf, nicht Österreich, nicht die DDR, geschweige denn Deutschland in den Grenzen von 1937.
Und schon ist die »Diskussion« bei den »guten alten Zeiten«. Ein älterer Mann springt auf, reißt die Hand zum Hitlergruß. »Mit diesem Gruß und dann hier das Parteiabzeichen«, er klappt symbolisch das rechte Jackettrevers um. »Nein, nein, das Parteiabzeichen wurde links getragen«, verbessert ihn ein anderer, der offensichtlich gut Bescheid weiß. Alle lachen, aber manche der Jüngeren schütteln den Kopf.
Die ältere Frau will sich darüber beschweren, daß das Republikaner-Ratsmitglied Birgit Golombek, die bei einer Talkshow im WDR eingeladen war, auf die Frage, was die Republikaner denn zu den DDR-Übersiedlern sagen, geschwiegen habe. »Die wußte nicht, daß im Grundgesetz steht, daß auch die DDR-Bürger Deutsche sind und hat gesagt, für sie seien das auch Wirtschaftsflüchtlinge und Asylanten. Das geht doch nicht. So etwas muß man doch wissen!« Andere, die die Sendung gesehen haben, verteidigen sie.
In dieser Frage geraten die Republikaner in die Klemme zwischen Fremdenressentiment und Nationalismus. Verlieren sie deswegen die nächsten Wahlen? Auf jeden Fall sind sie u. a. deswegen nicht mehr in der Offensive.
Mit Markus Beisicht, Sabiene Münch und Rainer Vogel gehe ich noch ein Bier trinken. Wir treffen uns nur einige hundert Meter weiter in einem großen Gewölbekeller, in dem sich in verschiedenen Räumen, ziemlich verschachtelt, ein »Bierhaus« befindet.
Ich erfahre, warum Rainer Reusch nicht mehr stellvertretender Fraktionsvorsitzender ist, als Markus Beisicht Rainer die Situation zusammenfaßt. »Ist doch ganz einfach: Rainer Reusch hat einen Putschversuch unternommen und ist auf die

Schnauze geflogen. Und deshalb ist er als Stellvertreter zurückgetreten.« Markus Beisicht schlägt Sabiene Münch vor, als sachkundige Bürgerin in den »Grünflächenausschuß« zu gehen. »Das wäre doch genau das richtige für Dich!« Sie will nicht so richtig, doch er kontert: »Aber das ist sehr lukrativ« und reibt Daumen und Zeigefinger aneinander.
Dann erzählt er aus seinem Parteileben. »Was ich schon alles erlebt habe in den vier Jahren in der Partei, das geht auf keine Kuhhaut.« Markus Beisicht schwelgt in Erinnerungen. »Weißt Du noch, als ich eingetreten bin. Das war am 20. April. Da haben wir gefeiert. Und waren nachher in diesem Puff am Rhein.« Rainer Vogel unterbricht ihn: »Das war kein Puff, das war eine Kneipe im Rotlichtviertel, höchstens ein bißchen in die Richtung.« Auf der Feier zu Hitlers Geburtstag war also Markus Beisicht, heute Kreisvorsitzender der Republikaner, nicht nur anwesend, es war auch das symbolische Datum seines Parteibeitritts. »Ja, damals war Karl Denkewitz, der liebe Karl, mein bester Freund. Der war da Organisationsleiter von Schönhuber. Und heute sind wir die großen Feinde, bekämpft er uns Kölner bis aufs Messer.«
Sie reden über die eidesstattlichen Erklärungen, die nach der Vereinbarung mit dem Landesvorstand und Schönhuber abgegeben werden müssen. Birgit Golombek und ihr Freund Mark Scharfenberg sollen an Eides Statt versichern, daß sie nie Mitglied im »Sturmvogel« waren, wie es ihnen in dem Denunziationsschreiben des Landesverbands vorgeworfen wurde. Der »Sturmvogel – Deutscher Jugendbund« ist eine Abspaltung der »Wiking-Jugend«. Sie wurde 1987 von Rudi Wittig gegründet, nachdem dieser sich für eine engere Zusammenarbeit mit der FAP (Freiheitliche Arbeiter Partei, laut Michael Kühnen »die bekannteste Truppe im nationalsozialistischen Lager« und »politische Vorhut auf dem Marsch in das Vierte Reich«) aussprach und es in der Wiking-Jugend zur Spaltung kam. Mark Scharfenberg und Birgit Golombek sol-

len, so der Vorwurf des Landesvorstandes, »Aktivisten« gewesen sein.
Und Markus Beisicht macht sich Sorgen, daß die beiden wahrheitswidrig eine eidesstattliche Erklärung unterschrieben haben könnten. Ich höre, wie Rainer Vogel zu Markus Beisicht sagt: »Du kannst ganz beruhigt sein. Ich habe mich vergewissert. Es gab da keine Mitgliedsausweise oder -karteien. Da kann keiner was nachweisen. Außerdem, wenn jemand mal eine Wochenendfahrt mitgemacht hat, ist der ja noch lange kein Mitglied gewesen.«
Später bekomme ich Unterlagen, die den Vorwurf – jedenfalls gegen Mark Scharfenberg – belegen:
In einem Rundschreiben des »Sturmvogel – Deutscher Jugendbund« vom 19.4.1988 – unterschrieben von Rudi Wittig wird unter den »Anschriften des Bundes« auch »Mark Scharfenberg (Quex)« aufgeführt. Und es wird bekanntgegeben, daß auf dem »3. Thing« Birgit (sie wird ohne Nachnamen aufgeführt) verantwortlich ist für »Hemden/Blusenschnitt«.
Die Einladung zur Wanderung in der Lüneburger Heide im Februar 1988 hat der »Horst Köln – Horstführer Mark Scharfenberg« unterschrieben. (s. Anhang)

Montag, 20. November

Auch heute abend, zehn Tage nach Öffnung der Grenzen, ist die deutschlandpolitische Situation das Hauptgesprächsthema.
Rainer Vogel stellt den ganzen Prozeß der Wiedervereinigung in einen größeren historischen Zusammenhang. »Kriegsziel in beiden Weltkriegen war, das Zentrum in Europa zu zerschlagen, die deutsche Wirtschaftsmacht zu zerschlagen. Und dabei haben die einen Profit gemacht wie noch nie. Jetzt steht das ›Vierte Reich‹ vor der Tür, und Deutschland wird mächtiger als je zuvor.«
Darüber, was alles zu einem Deutschland, zu diesem »Vierten

Reich« gehört, gibt es keinen Zweifel. »Österreich ist natürlich auch dabei. Aber da brauchen wir gar nicht drüber zu reden, das machen schon die Touristen. Eines Tages ist dann Österreich einfach dabei.« Und auch über die »deutschen Ostgebiete« hat Rainer Vogel klare Vorstellungen: »Wenn wir erst an der Oder stehen, dann sehen wir, was wir den Polen noch klauen können. Dann lassen wir eben mal zwei oder drei Panzerarmeen Salut schießen, und dann sehen wir weiter.«

Neben Rainer Vogel sitzt Max. Sein etwas merkwürdiges Äußeres mit schwarzen Schaftstiefeln, Reithose und schwarzem Pullover wird heute noch durch ein Monokel verstärkt. Es hängt an einer Kette um den Hals. Dann und wann nimmt er es hoch und klemmt es sich in das rechte Auge.

Als Reaktion auf seine körperlichen Gebrechen schätzt er alles, was er eigentlich nicht kann: Militär, Reiten, auf die Jagd gehen. Von einem Republikaner wurde er einmal als »Bomben-Max« bezeichnet, weil er immer »Knallkörper« mit sich führt. Trotz seiner Behinderung kann er sich durchaus wehren. In den letzten Jahren hat er nach Erzählungen einen sozialen Aufstieg vollbracht. Vorher bewegte er sich unter den Stadtstreichern und jobbte manchmal. Mittlerweile versucht er, ein Jurastudium zu absolvieren. Oft tritt er mit Anzug und Krawatte auf. Am liebsten aber trägt er seine Reithose und Stiefel.

Bei den Mitgliedern ist er in keiner Weise anerkannt. Man belächelt ihn. Er redet ungeheuer umständlich und geschwollen, versucht, sich »gewählt« auszudrücken.

Heute abend liest er eine Rudolf-Augstein-Kolumne aus dem Spiegel vor. Unter der Überschrift »Sagen, was ist« schreibt Augstein von der Selbstverständlichkeit des deutschen Strebens nach Wiedervereinigung. »Es mag von Bonner Seite aus taktisch klug sein zu erklären, die Deutschen wollten gar keine Wiedervereinigung oder Neuvereinigung und sie zögen in jedem Falle ein vereinigtes Europa einem vereinigten

Deutschland vor. Taktisch klug mag das sein. Aber die Wahrheit ist es nicht.« Rainer Vogel verweist darauf, daß Augstein schon seit längerem von Wiedervereinigung spricht. »Der hat die Dinge beim Namen genannt, wenn er auch ein gespaltenes Verhältnis zu zwölf Jahren deutscher Geschichte hat.«
»Der Spiegel hat sich in der letzten Zeit verändert, die Propaganda von der multikulturellen Gesellschaft ist tot, jetzt geht es wieder um deutsche nationale Politik.«
Augstein wird dann anschließend genau umgekehrt als Beleg dafür herangezogen, daß man nach außen hin nicht alles sagen soll, was man denkt.
Es klingelt. Jemand fragt durch die Türsprechanalge »Wer da?«. Es ist Martin, der Pfadfinder. Er bringt einen Artikel aus der »WELT am Sonntag« von gestern mit, den er vorliest. Es ist ein Nachdruck aus der britischen Sonntagszeitung »Sunday Times«. Unter der Überschrift »Das Vierte Reich wird kommen – und schneller, als viele glauben« wird dort die Vision einer grundlegenden Veränderung Europas gezeichnet. Nach dem Zusammenbruch des sowjetischen Reiches wird das wiederauferstehende Deutschland »Lokomotive beim Aufbau freier Marktwirtschaften in Osteuropa« werden. Das wiedervereinigte Deutschland, »das Vierte Reich, wird das Ende der NATO bedeuten. Die Sowjetunion wird als Supermacht im heutigen Sinne aufhören zu existieren. Die USA werde die einzige Nation mit weltweitem militärischem und wirtschaftlichem Einfluß und Radius sein. Und Deutschland wird die dominierende europäische Wirtschaftsmacht werden, etwa so, wie Japan den pazifischen Raum beherrscht. Das läßt eine Frage offen, die offenbar noch niemand zu stellen wagt: Wo eigentlich bleibt dann England?«
Alle lachen schadenfroh. England ist weg, die Franzosen sind weg, die Russen sind sowieso weg. Was bleibt, ist in Europa Deutschland, Deutschland über alles! Da ist sie, die

Vision des kommenden großdeutschen Reiches. Von der Maas bis an die Memel, von der Etsch bis an den Belt? Oder noch weiter?
Von allen wird betont, daß man das ja nur hier im internen Kreis sagen dürfe. Wie hebt Franz Schönhuber immer wieder beschwörend hervor: »Wir sind Legalisten!« – will heißen: nach außen vertreten wir Republikaner nur das, was gesetzeskonform ist.

Dienstag, 21. November
In der Fraktion ist Hektik. Ich erfahre von Fred, daß die Parteiräume in der Brüsseler Straße gekündigt sind, »angeblich weil zwei Monatsmieten nicht bezahlt sind. Muß sofort geräumt werden.« Heute abend findet eine außerordentliche Kreisvorstandssitzung statt. Es wird hektisch herumtelefoniert, um alle zu erreichen.
Nachdem ich mit Willi Cronenberg die Fraktionsräume verlassen habe, um mal wieder mit ihm Kaffee trinken zu gehen, erzählt er über einen Parteifreund, der ihm Sorgen mache. »Der hat Probleme mit dem Alkohol. Der säuft nachts bis vier Uhr durch und kommt immer erst mittags zur Arbeit. Das liegt auch daran, daß der nur 'ne halbe Niere hat, verträgt halt nicht soviel. Wie manche Rassen, Neger z. B. und manche skandinavische Völker.«
Ich frage Willi Cronenberg, warum denn Rainer Vogel nicht mehr Fraktionsgeschäftsführer ist. »Rainer hat eine zu braune Vergangenheit. Schönhuber meinte, er solle das nicht machen, soll lieber in die zweite Reihe. Außerdem hat er vor zwei Wochen einen Unfall gebaut, ist besoffen vor einen Mast gefahren. Dann hat er Fahrerflucht begangen, hat aber, weil er so besoffen war, nicht gemerkt, daß er sein Nummernschild verloren hat. Na ja, und dann haben sie ihn natürlich sofort gehabt. Hat zunächst alles geleugnet, aber da war wohl nichts zu machen. Auch die Presse hat davon Wind bekommen und rief

einen Tag nach seinem Rücktritt an – das war natürlich gut, daß Markus Beisicht sagen konnte: der ist nicht mehr Geschäftsführer.«

Da Willi Cronenberg keine offenkundige »Vergangenheit« hat, haben sie die Posten gewechselt. Rainer Vogel ist also nur noch Fraktionsassistent und Willi Cronenberg ist Geschäftsführer, »bei Beibehaltung der Bezüge«, wie er betont.

Wahrscheinlich gibt es noch einen weiteren Grund: in der »Vereinbarung« der Kölner mit dem Landesverband steht unter Punkt 2: »Herrn Vogel wird nahegelegt, die Partei zu verlassen.« Wahrscheinlich soll Rainer auch dem Landesverband gegenüber in die »zweite Reihe« zurücktreten.

Montag, 27. November

Montag nachmittag in Leipzig. Das wunderschöne Kino, in dem das Programm der Dokumentarfilmtage läuft, liegt in der Innenstadt. Kurz vor fünf am Nachmittag gehe ich zum Karl-Marx-Platz. Dort findet die Montags-Demonstration statt. Um 17.00 schließen montags in Leipzig alle Geschäfte. Eine halbe Stunde später fährt keine Straßenbahn mehr. Überall in der Stadt hasten Menschen vorbei, die einen, weil sie noch nach Hause kommen wollen, andere, weil sie die Kundgebung und Demonstration mitmachen wollen. Es ist sehr kalt. An den Straßenrändern liegen Schneereste. Gestern hat es etwas geschneit. Dann peitschte wieder Regen durch die Straßen. Zum Glück ist es heute etwas freundlicher. Schon eine halbe Stunde vor Kundgebungsbeginn sind die großen Lautsprecher aufgebaut, jemand spricht probeweise ein paar Worte, das berühmte »Eins, zwei, drei...« dann wird laute Musik gespielt. Musik liegt in der Luft, ein Hauch von 1. Mai-Demonstration. Die Atmosphäre wird freundlicher. Es ist, als wärme die Musik ein wenig.

Jetzt sperren ein paar Volkspolizisten die Straße, die den Platz kreuzt, für den Verkehr. Immer mehr Menschen strömen vor die Lautsprecher. Einige Transparente sind zu sehen. Gegen sechs Uhr ist der Karl-Marx-Platz fast voller Menschen. Von hinten kommt eine größere Gruppe, vorneweg eine schwarz-rot-gelbe Fahne mit der Aufschrift »Deutschland, einig Vaterland«. Ich schließe mich ihnen an, stelle mich direkt an das Transparent. Es wird eng. Unmöglich zu sagen, wieviele Menschen jetzt hier versammelt sind. Hunderttausend, hundertfünfzigtausend? Die Kundgebung beginnt. Zunächst geben die Veranstalter bekannt, daß hier nach Anmeldung jeder reden dürfe, man habe sich aber auf eine Redezeit von fünf Minuten geeinigt. Buh-Rufe neben mir. »Jetzt fängt das schon wieder an, daß die alles reglementieren! Davon haben wir die Nase voll.« Dann sprechen die Vertreter verschiedener politischer Gruppen.

Die Menschen um mich herum rufen enthusiastisch »Deutschland, Deutschland!« Ich komme mit einem älteren Ehepaar ins Gespräch, sage, daß ich aus der Bundesrepublik bin. Sie freuen sich über den Besuch, fragen aber direkt: »Warum macht Ihr in der BRD denn keine Demonstrationen für die Wiedervereinigung?«

Neben mir unterhalten sich zwei junge Männer über die BRD, das Einkaufsparadies. »Da kommst du in ein Geschäft rein, und da ist alles da. Wirklich alles, was du dir denken kannst. Fleisch und Gemüse und Blumen. Mitten im Winter. Alles was du willst!« Sie sind voller Begeisterung. Ich kann sie verstehen.

Ein Redner nach dem anderen, immer wieder von Beifall und Sprechchören unterbrochen. Jetzt spricht ein Vertreter einer linken Gruppe. Er stellt sich vor und fängt an mit dem Satz »Wir sind gegen eine Wiedervereinigung...« Das ist zuviel.

Hunderttausend Menschen rufen immer wieder »Deutschland, einig Vaterland! Deutschland, einig Vaterland! Deutschland, einig Vaterland!« Verzweifelt versucht der Redner, gegen die Sprechchöre anzukommen und seine Argumente anzubringen. »Deutschland, einig Vaterland! Deutschland, einig Vaterland!« tönt es ihm entgegen. Und dann »Aufhören! Aufhören!« Es geht nicht, man will nicht hören, was er zu sagen hat. Die Woge des Wiedervereinigungsgefühls fegt alle Einwände und Widerstände beiseite. Ein Fernsehteam aus der Bundesrepublik kommt zu der Gruppe. »Sie haben hier ein Transparent ›Deutschland, einig Vaterland‹«, fragt der Reporter einen der Männer, die das Transparent halten. »Wissen Sie eigentlich, daß in der Bundesrepublik sechs Millionen Menschen arm sind, viele keine Arbeit haben?« Ein Sturm der Empörung setzt ein. »Das stimmt gar nicht. Ich war selber in der BRD. Jeder bekommt dort Arbeit, der Arbeit haben will. Die Arbeitslosen wollen ja gar nicht arbeiten. Die kriegen soviel Arbeitslosengeld und leben in Freuden.« – »Außerdem können die Arbeitslosen ja hier in die DDR gehen. Hier werden Arbeitskräfte gebraucht.«

Ich gehe im Demonstrationszug mit. Ab und zu bleibe ich am Rand stehen, lasse die Menschen an mir vorbeilaufen, lese die Transparente. Die spürbare ungeheure Kraft der Emotionen, der überall erwachende Nationalismus, der sich hier Bahn bricht, erschreckt mich. Wäre ich wirklich Republikaner, ich müßte begeistert sein.

O du fröhliche

Mittwoch, 29. November

Die Ratsmitglieder Manfred Rouhs und Rainer Reusch sind vom Bundesvorstand aus der Partei ausgeschlossen worden, meldet die Presse. Sabiene sagt mir nebenbei, daß auch Max und Markus Bauer ausgeschlossen sind. Über die beiden wird aber nicht geredet.

Jürgen Heydrich, der Bezirksvertreter in Lindenthal, der heute den »Kommunalpolitischen Arbeitskreis« leitet, gibt bekannt, daß Manfred Rouhs und Rainer Reusch rechtliche Schritte gegen den Ausschluß einleiten werden. Fraktion und Kreisvorstand haben beschlossen, daß beide auf jeden Fall weiterhin Fraktionsmitglieder sind. Jürgen Heydrich legt übrigens sehr großen Wert auf seinen akademischen Titel und stellt sich auch selber immer als »Dr. Heydrich« vor.

Es wird verkündet, daß die Ausschüsse gebildet worden sind. Aber es scheint da noch einiges nicht klar zu sein, denn Willi Cronenberg sagt sofort, daß sich die Zusammensetzung noch ändern wird.

Alle drängen sich um die Posten. Sei es aus Selbstdarstellungsgründen oder wegen des Geldes, obwohl es ja nur relativ wenig Sitzungsgeld gibt.

Stolz wird bekanntgegeben, daß die Republikaner jetzt auch einen Ausschußvorsitzenden stellen, und zwar im Ausschuß »Öffentliche Einrichtungen und Abfallwirtschaft« – das wird natürlich Markus Beisicht sein.

Im Moment scheint die Waage wieder zugunsten der Kölner auszuschlagen. Neuester Stand der Dinge:
Der zweite Kreisverband wurde vom Landesschiedsgericht aufgelöst.
Willi Cronenberg berichtet aus der Arbeit der Geschäftsstelle: »In den letzten beiden Tagen sind vier Leute aus der DDR gekommen, zwei junge Männer und ein Ehepaar, die wollten Informationen über die Republikaner, wollten die Satzung und das Parteiprogramm, weil sie in der DDR einen Republikaner-Kreisverband gründen wollen.« Ich berichte von meinem Besuch in Leipzig, von der Stimmung auf der Montagsdemonstration. Das, was mir in der DDR Sorge macht, muß ich jetzt in meinem Bericht als positive Perspektive, als »Hoffnung für die nationalen Kräfte« darstellen. Leider muß ich nichts erfinden, denn die Situation ist meiner Meinung nach wirklich für die Rechten ziemlich günstig.
Dann folgen noch ein paar Informationen:
Willi Cronenberg kündigt eine Weihnachtsfeier an. »Wir haben in den letzten Wochen sehr viel Arbeit gehabt. Aus diesem Grund hat die Fraktion in den letzten Wochen den Kontakt zu den Mitgliedern verloren. Wir werden daher am nächsten Samstag eine Weihnachtsfeier durchführen.«
Der ganze Abend bestand im wesentlichen aus Berichten, Ankündigungen und allgemeinen Aufrufen. Ich kann nicht verstehen, daß die Parteimitglieder mit dieser Art von »demokratischer Meinungsbildung« zufrieden sind. Es gibt keine Kontroversen, keine Diskussionen, keine politischen Einschätzungen. Die Mehrheit der Mitglieder (»das Fußvolk«, wie sie oft von den Mitglieder des ›engeren Führungskreises‹ genannt werden) wird nicht gefragt und wird nur zur Arbeit, z. B. im Wahlkampf eingesetzt. Ansonsten sind sie eher ein störender Faktor. Diese Meinung führt auch dazu, daß kaum ein Ratsmitglied es für nötig hält, auf den wöchentlichen Sitzungen zu erscheinen und mit den Mitgliedern zu reden.

Beim anschließenden Bier in der Kneipe geht es wieder um Deutschlandpolitik. Frau E., eine etwas ältere Frau, Sekretärin von Beruf, wehrt sich vehement gegen einen Volksentscheid nur in der DDR. »Wenn die 16 Millionen Bürger der DDR sich gegen die Wiedervereinigung entscheiden, dann gilt das doch nicht für die 60 Millionen Deutschen aus der BRD auch. Das geht uns doch auch etwas an, da müssen wir alle abstimmen. Und dann gilt das Gesamtergebnis.«
Überall »Feinde«: »Ich habe letztens auf der Straße den Bednarz gesehen, den von MONITOR. Sagen Sie mal, ist der eigentlich Jude? Also ich glaube schon, der hat so ein typisches Judengesicht.« Neben ihr sitzt Heidrun, die Sportlehrerin, Anfang vierzig, mit langem blonden Haar. Sie trägt meistens Jeans und einen Pullover, immer sportliche Sachen. Aufgefallen ist sie mir bereits mehrere Male, weil sie als Teilnehmerin von Republikaner-Veranstaltungen, z. B. am Mauenheimer Hof, einen Juso-Anstecker trug. Zuerst habe ich mich gefragt, was will die denn hier. Nach und nach wurde mir klar, daß sie solche und andere Anstecker als Tarnung benutzt. In ihrer Handtasche trägt sie immer eine ganze Kollektion von Ansteckern verschiedener linker Gruppen mit sich, um nicht aufzufallen, wenn sie deren Veranstaltungen besucht. Heidrun ruft auch häufig bei den Rundfunkanstalten an, um sich als »einfache Zuschauerin« wegen irgendwelcher Sendungen zu beschweren. Einmal hat sie beim WDR angerufen, sich als SPD-Wählerin ausgegeben und gefordert, man solle Schönhuber doch einmal einladen, »damit der sich entlarvt«.
Heidrun zeigt mir eine Zeitschrift: »CODE – Exclusives aus Politik und Wirtschaft« und empfiehlt mir darin ein Interview mit dem britischen »Historiker« David Irving. »Das ist ein sehr guter Artikel. Der hat bewiesen, daß es in den KZ's überhaupt keine Gaskammern gegeben hat!« Ich kann nur irgendwie nicken und Interesse heucheln.
Willi Cronenberg erzählt wieder von der Auseinanderset-

zung in der Partei. Es geht um die Vorwürfe gegen ihn in dem Brief des Landesvorstandes.

»Der Landesverband hat den NPD-Vorsitzenden gefragt, ob ich Mitglied gewesen bin, und der hat ja gesagt. Stimmt aber nicht. Ich war zwar fünf Jahre dabei, aber ich bin nie Mitglied gewesen. Ich habe einen Antrag auf Mitgliedschaft gestellt, aber der ist nie behandelt worden. Meine Frau, die war Mitglied, aber da kann ich ja nichts zu.«

Zum Vorwurf, er sei an Waffen- und Drogengeschäften beteiligt, meint er, er sei an einer Firma beteiligt gewesen, und sein Freund und Partner sei Geschäftsführer bei einer belgischen Waffenfabrik gewesen.

Man habe einmal in der Nähe des Firmengeländes in Antwerpen in einem Container aus dem Libanon Rauschgift gefunden, aber damit habe er nie etwas zu tun gehabt.

Dann geht er auf den Vorwurf ein, er und Rainer Vogel hätten gemeinsam »einen rechtsterroristischen Gewalttäter« versteckt. »Also das war so: Weil war nicht auf der Flucht, sondern hatte Hafturlaub, und wir haben ihm Unterkunft gegeben. Außerdem hatte der was gemacht, was für mich auch nichts Schlimmes ist: der hatte das SEW-Büro in Berlin angesteckt.« Im Brief des Landesvorstandes hatte es geheißen, er habe ein Attentat auf einen sowjetischen Wachsoldaten verübt. Eckart Weil ist wegen beider Delikte verurteilt worden.

Ich frage danach, wie sich denn der Parteivorsitzende Franz Schönhuber bei der ganzen Auseinandersetzung in Nordrhein-Westfalen verhält.

»Schönhuber ist doch senil«, antwortet Willi Cronenberg, schränkt aber seine heftige Antwort sofort ein. »Aber das sage ich hier. Das würde ich jederzeit dementieren, wenn jemand behauptet, ich hätte das gesagt.« »Der rafft das nicht, sitzt weit weg in München und hat keine Ahnung, was läuft. Jeder erzählt ihm was anderes. Und der hat sowieso nur Interesse am Medienrummel.«

Montag, 4. Dezember

Rainer Vogel und Willi Cronenberg sind sehr unzufrieden mit der Bezahlung durch die Fraktion. Beide bekommen 2500,– DM. Willi rechnet mir vor, daß er 800,– Mark weniger verdient, als wenn er Sozialhilfe bekäme. Rainer bekommt 1300,– Mark ausbezahlt. »Davon kann ich gerade die Miete bezahlen«, klagt er. Jetzt wollen sie eine Erhöhung ihrer Gehälter beantragen.

Die Auseinandersetzung mit dem Landesverband schlägt immer höhere Wellen. Die Parteiausschlüsse, die gegen die Kölner laufen, sind vom Bundesschiedsgericht beschlossen. Wie Willi Cronenberg sagt, »haben die aber kalte Füße gekriegt« und die Beschlüsse nicht herausgeschickt. Offensichtlich weiß keiner, was eigentlich los ist.

Alle wollen wegen des Geldes Mitglieder der Ausschüsse werden. Willi Cronenberg hat Pläne für eine Parteikarriere. Er will auf dem Landesparteitag für die Landesliste kandidieren, also Landtagsabgeordneter werden. Die Idee ist ihm gekommen, als er auf einem Treffen mit einigen Kreisvorsitzenden eine Rede gehalten hat und viel Applaus bekommen hat. Jetzt will er gegen Jürgen Heydrich kandidieren. Mit Rainer Vogel hat er sofort verhandelt, was dieser für die Unterstützung seiner Kandidatur verlangt. »Alles, was du mehr als 6000,– DM bekommst«, hat Rainer Vogel gefordert. Aber darauf will Willi Cronenberg nicht eingehen. Ich merke, welch wichtige Rolle bei all diesen Spielereien und persönlichen Strategien das Geld spielt. Aber wahrscheinlich ist das bei den anderen Parteien genauso.

Freitag, 8. Dezember

Noch immer ist der Streit zwischen Landesverband und Köln in vollem Gange. Auf Rainer Vogels Schreibtisch finde ich eine Entscheidung des Bundesschiedsgerichts, das feststellt, »daß die durch den Landesverband NRW ausgesprochenen

›Sofortigen Ordnungsmaßnahmen‹ weiterhin Gültigkeit haben«. Senkt sich die Waage wieder in Richtung Landesvorstand?
Die Fraktion hat noch andere Sorgen. Die geplante Weihnachtsfeier kann nicht im »Ratskeller« stattfinden. Die Stadt verweigert die Räume. Große Ratlosigkeit.
Wir reden nochmal über die Ausschußbesetzung. Willi Cronenberg will jetzt in den Schulausschuß. Ich soll mit ihm zusammen als »sachkundiger Einwohner« allerdings nicht stimmberechtigt, auch in den Schulausschuß und soll den Arbeitskreis Schule leiten. Aber damit bin ich nicht einverstanden. Am besten ist es wohl, wenn ich mit Markus Beisicht darüber rede.

Eine Weihnachtsfeier

Sonntag, 10. Dezember

Auf dem Alter Markt, am Rande der Kölner Altstadt, ist Weihnachtsmarkt. Dichtgedrängt stehen die Holzbuden mit Weihnachtsschmuck, kleineren und größeren Geschenkartikeln. Es riecht nach Bratwurst und Reibekuchen. In der Luft liegen Weihnachtsmusik und Glühweinduft. Tausende von Menschen drängeln sich durch die kleinen Gassen zwischen den Buden. Vor dem »Ratskeller« sind plötzlich andere Töne zu hören. »Nazis raus!« – »Nazis raus!«.

Dreißig bis vierzig junge Leute haben den Eingang vom Ratskeller besetzt, um die Weihnachtsfeier der Republikaner zu verhindern. Sie sind meist schwarz gekleidet, haben karierte Palästinenser-Halstücher umgebunden. Sie haben Weihnachtslieder umgetextet. Ich höre u. a. »O Tannenbaum, o Tannenbaum, der Nazi hängt im Weihnachtsbaum«. Ich gehe zweimal auf und ab, bis ich ein bekanntes Gesicht »von uns« sehe. »Wir feiern in der Fraktionsgeschäftsstelle«, begrüßt einer der jüngeren Republikaner mich und einige andere Gäste, die auch in der Nähe warten. Ein hagerer Mann, Mitte vierzig, ist empört über die Demonstration. Immer wieder betont er, daß man die Polizei holen und auf freiem Eintritt bestehen solle. Oder, noch besser, wir sollen zur Selbsthilfe greifen. »Ich war Fallschirmjäger. Mit ein paar Mann machen wir die fertig. Da reichen fünf, sechs Mann. Die machen wir fertig.« Ich bin froh, daß die anderen nicht darauf eingehen und ihn besänftigen.

Wir gehen die paar hundert Meter zur Fraktion. Ich komme mit einer Frau ins Gespräch, die auch zur Weihnachtsfeier geht. Sie ist geschminkt und vollbehängt mit Schmuck. Als uns eine Passantin mit Pelzmantel entgegenkommt, ruft sie lauthals: »Mörder!« Sie gehört dem Vorstand irgendeines Tierschutz-Vereins an. Sie erzählt, daß gerade eine Aktion gegen das Tragen von Pelzmänteln bevorsteht. Später erfahre ich, daß es wohl sehr gute Kontakte dieses Vereins zu den Republikanern gibt. Fast der gesamte Vorstand soll auf der Weihnachtsfeier anwesend gewesen sein.
Es sind schon einige Gäste da, alle relativ feierlich angezogen. Auf einem Schreibtisch steht ein Faß Bier. Nebenan im großen Versammlungsraum ist ein kaltes Buffet aufgebaut.
Sabiene Münch steht in der Ecke und ist für den Glühwein verantwortlich. In kleineren Gruppen kommen immer neue Gäste, viele ältere Leute, die an der aktiven Parteiarbeit nicht mehr teilnehmen, aber bei solchen Festen eben da sind. Bestimmt fünfzig Leute verteilen sich auf die drei Büroräume.
Draußen vor der Türe ist mittlerweile etwas los. Die Demonstranten vom Ratskeller sind uns gefolgt. Sie sind schon in den Hausflur eingedrungen und schlagen gegen die Türe. Drinnen herrscht einige Aufregung. Markus Beisicht läuft hektisch durch den Raum und beruhigt alle. »Keine Sorge, wir haben alles unter Kontrolle. Ich habe Anweisung gegeben, die Polizei zu rufen.« Nach zehn Minuten rückt die Polizei an. Wir haben von unserem Logenplatz an den Fenstern einen guten Überblick. Die Demonstranten, die ins Haus eingedrungen sind, werden herausgedrängt. Mehr tut die Polizei aber zum Leidwesen der Republikaner nicht. Der Eingang bleibt weiter blockiert. Markus Beisicht gibt einen kurzen Jahresrückblick auf 1989: »Wenn mir jemand im Januar gesagt hätte, daß ich am Ende des Jahres Franktionsvorsitzender im Rat der Stadt Köln sein würde, den hätte ich für verrückt erklärt.«

Die Polizei kommt, ist betont zurückhaltend, was sehr negativ registriert wird. »Die haben jetzt alle Angst, nachdem sie wegen des ›Mauenheimer Hofs‹ einen auf den Deckel bekommen haben. Die räumen auch den Eingang nicht, obwohl da noch eine Menge Leute von uns stehen, die reinwollen.«
Markus Beisicht stellt mir den alten Engländer vor, den ich ja bereits einige Male montags abends getroffen habe. »Er ist ein politischer Asylant, 1939 von England nach Deutschland emigriert.« Er ist wohl ein überzeugter Nazi gewesen, der unbedingt in Deutschland leben wollte. Markus Beisicht lacht: »So haben wir auch Asylanten in unseren Reihen.« Neben mir steht Manfred Rouhs mit einem jüngeren Mann mit kurzgeschnittenem Haar und Vollbart zusammen. Es ist Markus Bauer, der Bezirksvertreter in Köln-Ehrenfeld, der sich aber nie bei einer Versammlung in Köln blicken läßt. Die beiden reden über den Parteiausschluß von Manfred Rouhs. »Ich bin gar nicht so traurig, eine Zeitlang ohne diese Partei leben zu müssen«, meint Manfred Rouhs, und Markus Bauer antwortet: »Das war uns ja von Anfang an klar, als wir reingingen, daß in dieser Partei manches schwierig ist.«
Ich komme mit den beiden ins Gespräch. Markus Bauer ist ein sympathischer Mensch. Er studiert an der Uni Bochum Geschichte. Als ich ihn frage, ob er in Köln wohnt, meint er: »Offiziell ja, wegen der Bezirksvertretung, aber meistens bin ich in Bochum.« Er gehört zu einer politischen Strömung, die bei den Republikanern seltener anzutreffen ist, zu den sogenannten »Nationalrevolutionären«, und ist Herausgeber der Zeitschrift »Der Aufbruch«.
Wir reden über die politische Lage, die Entwicklung der deutsch-deutschen Verhältnisse. Ich staune: Markus Bauer vertritt Ansichten, die ich hier noch nie gehört habe. Zum Bau der Mauer: »Der Westen hat intensiv versucht, die DDR ökonomisch auszubluten, indem massiv Fachkräfte abgeworben wurden. Deshalb mußte die DDR die Mauer bauen.«

Auch die weitere Perspektive sieht er anders als bei den Republikanern üblich. Ich höre keine deutsch-nationalen Parolen oder gar Träume von einem großdeutschen Reich. »Die DDR darf jetzt auf keinen Fall das westlich-kapitalistische System der BRD übernehmen, sondern muß langsam versuchen, andere Wege zu finden.« Das sind ganz neue Töne, in manchen Fragen, besonders in seinem Antiamerikanismus und seinem Antiimperialismus, könnte er glatt ein Linker sein. Er bezieht sich auf Otto Strasser und den »Nationalbolschewismus«.
Markus Bauer erzählt, daß er mit dem linken Hochschullehrer Arno Klönne einen Briefwechsel geführt hat. Der habe sich mit ihm sehr differenziert auseinandergesetzt. Offensichtlich ist er durchaus bereit, sich auf einen Dialog mit Andersdenkenden einzulassen. Sabiene Münch kommt zu uns. Sie hat das Buch von Claus Leggewie über die Republikaner gelesen und meint, seine Einschätzungen seien im wesentlichen richtig. Sie hebt besonders hervor, daß Leggewie genau zwischen Neonazis und Republikanern differenziert.
Markus Bauer lacht: »Ja, der wurde in einem Antifa-Info, das an der Uni Bochum verteilt wurde, ziemlich angemacht für seine differenzierte Art.«
Draußen vor der Tür stehen immer noch dreißig bis vierzig Demonstranten. Die Polizei fordert uns auf, nicht aus dem Fenster zu sehen, um nicht weitere Auseinandersetzungen zu provozieren. Der Eingang bleibt besetzt. Die Polizei räumt nicht. Der ehemalige Fallschirmspringer will wieder runter, um sich zu prügeln. Man redet darüber und ist sich einig, daß mittelfristig ein Ordnerdienst gebraucht wird, der die Republikaner-Veranstaltungen selber sichert. Ein älterer Mann meint: »Ja, ich glaube, wir müssen das wirklich bald so machen wie in den zwanziger Jahren!«
Willi Cronenberg ist noch müde von der gestrigen Weihnachtsfeier bei seinem Verein der Sportschützen. »Das sind auch alles Republikaner«, meint er.

Die Stimmung steigt, es wird viel getrunken, und das deftige Buffet ist wirklich gut. Mir fällt auf, daß ein diffuses Gemeinschaftsgefühl dann besonders stark ist, wenn »draußen« der »Feind« steht.

Ansonsten ist es mit der Solidarität und dem Zusammengehörigkeitsgefühl innerhalb der Partei nicht weit her. Mißtrauen und Konkurrenz aller gegen alle dominieren.

Das ist sicherlich auch der Grund dafür, daß man zwar einiges über die Parteimitglieder und ihr Verhalten in der Partei weiß, aber nur sehr wenig Informationen über die Menschen, über ihre persönlichen Beziehungen, ihre Vorlieben und Abneigungen hat. Auch mich hat nie jemand darauf angesprochen, was ich in meiner Freizeit mache, mit wem ich mich treffe, wie ich lebe. Ich glaube, keiner weiß, wie der andere seinen Sonntag verbringt. Jeder mißtraut jedem. Denn das, was ich dir heute erzähle, kannst du morgen vielleicht gegen mich verwenden. Also ist jeder immer auf der Hut, nur keine Schwäche zeigen, sich nur keine Blöße geben.

Heute allerdings tut es gut, hier oben im Warmen zu stehen, versorgt mit Essen und Trinken, und sich schadenfroh vorzustellen, wie die Demonstranten unten frieren.

»Da unten steht fast der gesamte Uni-ASTA, die kenne ich alle«, meint Markus Beisicht. Dann erzählt er aus seiner aktiven Zeit als Vorsitzender des Ringes Freiheitlicher Studenten (RFS).

Er hat wohl einen merkwürdigen Humor. Laut lachend erzählt seine Freundin Gabriele Schlaeper, daß Markus Beisicht öffentlich allen »roten Ratten« gesagt habe: »Für Dich habe ich auch schon einen Baum ausgesucht!«

»Ja«, bestätigt Markus Beisicht lachend, »für jeden Linken ist schon ein Baum gewachsen.«

Daß Markus Beisicht den Worten auch Taten folgen läßt, merke ich, als ich zufällig ein Gespräch mitbekomme zwischen ihm und zwei jungen Männern. Ich höre, daß er den beiden den Auftrag gegeben hatte: »Da trifft sich der Kreisverband II, das sind nur vier Leute. Geht doch mal da hin und macht die platt!«

Montag, 12. Dezember

Ich rufe Markus Beisicht an und erkläre ihm, daß ich es problematisch finde, wenn einer Mitglied im Schulausschuß ist und der andere den Arbeitskreis leitet. Halb hat mich auch der Ehrgeiz gepackt, halb will ich testen, wie weit ich gehen kann. Vor allem aber kann ich als Mitglied im Schulausschuß an den Fraktionssitzungen teilnehmen, als Arbeitskreisleiter nicht. Ich will auch in den Schulausschuß. Mir ist es etwas komisch, daß ich mich so um einen Posten drängele, aber er scheint das für ganz normal und selbstverständlich zu halten. »Ja, der Schulausschuß ist sehr wichtig. Da wärest Du schon der richtige Mann«, meint er. Er habe, sagt er, darauf spekuliert, daß Rainer Reusch einen Ausschuß abgibt. »Aber der schmollt zur Zeit und will keinen abgeben. Natürlich geht das auch um Geld«, räumt er ein. Dann fällt ihm die Patentlösung ein: »Komm doch am Mittwoch zur erweiterten Fraktionssitzung, da werden wir das klären!« Und schon ist das Problem wieder weggeschoben und vertagt, eine bei ihm beliebte Problemlösung.

Montag abend ist wie immer Treffen in der Roonstraße. Es fällt mir immer schwerer, alle Termine wahrzunehmen. Langsam, fast schleppend gehe ich die Treppe in den düsteren Keller runter. Nur sechs Personen sitzen um den Tisch herum. Einer der Anwesenden entwickelt seine politischen Vorstellungen: die Republikaner dürfen nicht so an alten Parolen kleben, sie müßten sich neue Feindbilder schaffen. Das »Feindbild«, das er den Republikanern vorschlägt: die internationalen Konzerne. Er erläutert Beispiele internationaler Verflechtungen der Großkonzerne. Da habe er ungeheuer wichtiges Material, das würde er zur Verfügung stellen. Auch Rüdiger stimmt dem zu: »Das ist richtig. Da gab es auch einen richtigen Begriff für: Plutokratie. Den hat einer gebraucht, der klein war, dünn und hinkte, aber die reinen und sauberen Republikaner verwenden ja solche Begriffe nicht.«

Triumphierend hält Peer ein paar Zeitungsausschnitte hoch und liest eine Meldung vor: »DKP stößt VVN in die Pleite« – Jetzt, wo die finanzielle Unterstützung durch die DDR weggefallen ist, haben die linken Organisationen und Verlage große Schwierigkeiten. Natürlich freut das hier alle.

Ich berichte noch einmal von meinem DDR-Besuch, vor allem von der Leipziger Montagsdemonstration.

Ich stelle die Frage: wo waren die Republikaner? In der »Jungen Freiheit« finde ich einen Artikel, aus dem ich jetzt kurz vorlese. Überschrift: »Die deutsche ›Rechte‹ ist wie gelähmt: verschläft sie den nationalen Frühling?« und »Republikaner treten nicht in Erscheinung«. Dort heißt es: »Und die Republikaner? War man in der Münchener Sandstraße bisher nicht faul mit der großspurigen Ankündigung von Demonstrationen gegen die Wiederwahl des Bundespräsidenten oder das Ausländerwahlrecht, so war von einer auch nur kleinen Kundgebung für das Selbstbestimmungsrecht des deutschen Volkes nichts zu hören oder zu lesen (erst am 1. November fand sich eine verschüchterte Gruppe von REP-Anhängern vor dem Reichstag in Berlin ein – Schönhuber und Neubauer sollen dagewesen sein ..., die sich jedoch alsbald von einigen Chaoten vertreiben ließ)... Ist die »neue deutsche Rechte« am Ende bereits innerlich so zerstritten, daß sie politisch gar nicht mehr handlungsfähig ist?«

Alle sind sich einig, daß jetzt dringend und massiv die Gründung der Republikaner in der DDR betrieben werden muß.

»Die ganze Situation ist für die Republikaner eine Katastrophe«, meint Rainer Vogel.

Das große Problem sei, beklagt er, daß die Republikaner seit einiger Zeit von den Medien totgeschwiegen würden. »Die Presse berichtet überhaupt nicht mehr, die spielen nicht mehr mit. Negative Meldungen sind nicht schlecht für uns, auf jeden Fall muß man von uns hören, über uns reden. Totschweigen, das schadet uns.«
Am Ende des Abends spricht mich Peer an und meint, ich solle doch Mitglied im Reservistenverband werden. Das sei eine wichtige »Vorfeldorganisation«, denn da könne man wichtige Leute, die zu den Republikanern nicht kommen könnten zu Vorträgen einladen. Beispielsweise hohe Offiziere der Bundeswehr, die mit den Republikanern sympathisieren.
Zwischendurch denke ich über den Namen »Theo« nach. Der andere, fremde Name hilft mir auch bei der Distanzierung von meiner Rolle. Schrecklich der Gedanke, ich würde hier auch mit Michael angeredet. Das hier ist eben Theo, der denkt so und ist hier Mitglied, nicht ich.

Mittwoch, 13. Dezember

Ich gehe zur erweiterten Fraktionssitzung. Willi Cronenberg sitzt an dem langen Tisch und sortiert verbissen zwei große Stapel Post. Rainer Vogel arbeitet an seinem Schreibtisch. Jochen Weier begrüßt mich freudestrahlend. Ich merke, irgendetwas ist los, die Luft ist spannungsgeladen. Jochen Weier überfällt mich praktisch und erzählt mir irgendwelche Sachen aus dem Schulausschuß, bis Willi Cronenberg eingreift: »Ist das denn jetzt schon gelaufen? Noch soll ich ja in den Schulausschuß. Theo hat zwar Markus angerufen, aber…« Aha, daher weht der Wind. Er fühlt sich aus dem Ausschuß gedrängt. Da ich nicht in irgendwelche Streitereien und Eifersüchteleien geraten möchte, greife ich das sofort auf. Ich sage Willi Cronenberg genau, was ich mit Markus Beisicht besprochen habe und versichere ihm, daß ich nur dann in den

Schulausschuß will, wenn er einen anderen bekommt. Er ist sichtlich beruhigt.
Markus Beisicht kommt dazu: »Manfred Rouhs will einen Ausschuß abgeben.« Na gut, dann klärt sich das Problem ja friedlich. Interessant ist mal wieder, daß keine allgemeine Diskussion über das Problem stattfindet oder etwa die Fraktion darüber diskutiert, wer welchen Ausschuß am besten übernehmen soll. Markus Beisicht erzählt, er habe heute den ganzen Tag mit Ekkehard Voigt zusammengesessen, der von Schönhuber als neuer Landesvorsitzender in NRW vorgesehen ist. »Voigt wird nächste Woche am Mittwoch in Köln sprechen, alle Delegierten zum Landesparteitag aus dem südlichen NRW sind eingeladen. Das ist für uns eine große Auszeichnung, daß Voigt in Köln spricht.«
Offensichtlich sieht es für Köln im Moment wieder gut aus. Aber das kann sich ja erfahrungsgemäß sehr schnell ändern.
Auch das »Problem Rouhs«, wie Markus Beisicht sich ausdrückt, sei »fast geklärt«, damit meint er den Parteiausschluß.
Mit Schönhubers Hilfe soll jetzt wohl der Ausschluß wieder rückgängig gemacht werden.
Zweiter Tagesordnungspunkt: der Streit mit Rainer Reusch hat sich weiter gesteigert. Reusch hat heute zwei Briefe (per Einschreiben mit Rückschein) an Markus Beisicht geschrieben:
In dem ersten Brief (»Sehr geehrter Herr Beisicht!«) fordert er die Rückzahlung eines »Darlehens von 35 000,– DM im Zusammenhang mit dem Kommunalwahlkampf«.
Im zweiten Brief legt er sein Amt als Schatzmeister nieder und setzt einen Termin zur Übergabe der Unterlagen.
Willi Cronenberg berichtet von einem Telefongespräch, in dem Rainer Reusch für die nächste Ratssitzung droht, gegen die Vorschläge für die Besetzung der Ausschüsse zu stimmen,

wenn ihm das Darlehen nicht zurückbezahlt werde. Diese Vorschläge müßten aber einstimmig beschlossen werden. Sonst hätten die Republikaner in fünf Ratsausschüssen keine Mitglieder mehr. Markus Beisicht tobt vor Wut. »Der fliegt aus der Fraktion raus!« Er befürchtet für die Fraktion größere Schwierigkeiten, wenn Rainer Reusch sich an die Medien wendet. Vielleicht sogar das Auseinanderbrechen der Fraktion, denn Rainer Reusch hat den im Augenblick aus der Partei ausgeschlossenen Manfred Rouhs wiederholt angesprochen, eine eigene Fraktion zu gründen.
Die geforderte Summe sei hinten und vorne falsch und wird angezweifelt. »Reusch wollte fünf- oder zehntausend Mark spenden.« Rechne man noch die vom Landesvorstand gezahlten 16000,– DM dazu, bliebe ein Restbetrag von 12000,– DM. »Und jetzt erst habe ich erfahren, daß unsere Leibwache im Rathaus über zehntausend Mark gekostet hat! Davon wußten wir nichts, und es gab auch keinen Beschluß, dafür so viel auszugeben.« Markus Beisicht dreht alle Informationen, wie sie ihm in den Kram passen. Auf der Weihnachtsfeier war er noch sehr stolz über eine so teure Leibwache. Auch die Räume für die Kreisgeschäftsstelle (auf die die Partei so stolz war), habe Rainer Reusch eigenmächtig gemietet. Markus Beisicht erzählt empört, daß »Reusch sich finanziell bereichern und mit der Fraktion kungeln wollte«. Er wollte wohl monatlich von ihr 8000,– DM haben und dafür bestimmte Arbeiten übernehmen.
Es wird auch über die Möglichkeit diskutiert, ihn aus der Fraktion oder Partei auszuschließen. Aber Markus Beisicht hat Angst, daß Rainer Reusch bestimmte Dinge in die Öffentlichkeit trägt. Markus Beisicht: »Ich habe keine Lust, dafür eventuell in den Knast zu gehen.« Was weiß der alles? Wovor hat Markus Beisicht Angst?
Als erste Strafaktion wird beschlossen, daß Rainer Reusch seinen Platz im Rat neben Markus Beisicht räumen muß.

Dort soll Manfred Rouhs Platz nehmen, und Rainer Reusch wird auf einen Platz in der letzten Reihe abgeschoben.
Durch die internen Auseinandersetzungen entsprechend aufgeladen, geht es nun zur Vorbereitung der Ratssitzung.
Man will etwas dagegen unternehmen, daß die Verwaltung den Republikanern die städtischen Räume verweigert und so die Weihnachtsfeier im »Ratskeller« verhinderte. Jetzt sollen bei allen Personalwahlen in der nächsten Ratssitzung geheime Wahlen beantragt werden, um die Sitzung um Stunden zu verlängern.
»Wir müssen endlich mal zeigen, daß wir auch anders können und unsere Drohungen wahrmachen.«
In drei Ausschüssen sollen die Vertreter der Republikaner ausgewechselt, bzw. neu benannt werden. Neue Besetzung im Schulausschuß: Theodor Schomers.

Montag, 18. Dzember
Das letzte Mal »Arbeitskreis für deutsche Interessen« in diesem Jahr. Schon beim Betreten des Kellerraums ist spürbar, daß heute ein besonderer Tag ist. Weiße Papiertischtücher bedecken die Tischtennisplatte, Kerzen sind angezündet, einige Tannenzweige liegen auf dem Tisch. An der Bar steht ein Topf auf einem kleinen Elektrokocher. Es duftet nach heißem Rotwein. Dieter steht dort und braut eine Feuerzangenbowle.
Martin, der Pfadfinder, kommt und hat seine Gitarre mitgebracht. Mit Begeisterung singen alle die alten Lieder von den »verlorenen deutschen Gebieten«, übers Sudentenland, Pommern, Ostpreußen und Schlesien.

»Höre, Rübezahl, was wir dir sagen,
Volk und Heimat, die sind nicht mehr frei,
schwing die Keule wie in alten Tagen,
schlage Hader und Zwietracht entzwei«

Dann folgen das Ostpreußenlied »Land der dunklen Wälder« und »Flamme empor«.
Aber auch Länder der Bundesrepublik kommen zu ihrem landsmännischen Recht:

»Aus der Väter Blut und Wunden wächst der Söhne
Heldenmut.
Niedersachsen soll's bekunden: für die Freiheit
Gut und Blut!
Fest wie unsre Eichen halten allezeit wir stand,
wenn Stürme brausen übers deutsche Vaterland.
Wir sind die Niedersachsen,
sturmfest und erdverwachsen.
Heil Herzog Widukinds Stamm!«

Langsam zeigt die Feuerzangenbowle ihre Wirkung. Daniel will immer »Die Fahne hoch« und andere SS-Lieder singen, aber die anderen steigen nicht darauf ein. Auch Markus Beisicht ist schon sichtlich angeheitert. »Laß uns doch mal das singen«, sie schwelgen in Erinnerung, reden über alte NPD-Zeiten. Aus voller Kehle schmettern sie ein Lied mit irgendeiner schwarzen Fahne, die emporsteigt – »ein altes JN-Kampflied«, wie sie mir erklären. Dann folgt ein Lied aus der Zeit der »Aktion Widerstand«, die sich 1970 gebildet hat. Sie war ein Zusammenschluß aller möglichen rechtsradikaler Organisationen, die auf Transparenten u.a. forderte: »Willy Brandt – an die Wand!« und »Fegt ihn weg, den roten Dreck!«
Markus Beisicht will noch mehr »Kampflieder« singen, aber die anderen schwenken um auf besinnlichere Klänge, Lieder der bündischen Jugend, deutsche Volkslieder, schöne, alte Lieder.
Viele der Lieder kenne ich aus Wandervogelzeiten. Erinnerungen an meine Jugend steigen hoch, an Abende am Lager-

feuer, an Fahrten und Zeltlager. Ich merke, daß ich mich wohl fühle an diesem Abend. Gleichzeitig bin ich durcheinander und erschreckt über diese Entdeckung.

Mittwoch, 20. Dezember

In meinem Briefkasten finde ich drei Briefumschläge mit dem Absender »Die Republikaner«. Zweimal erhalte ich aus München die Einladung als Delegierter für den Bundesparteitag und den Entwurf des neuen Parteiprogramms. In dem anderen ein Brief mit meinem Parteiausweis.

Am Nachmittag gehe ich zur Fraktionssitzung. Aber die fällt aus. Rainer Vogel meint, »die feiern alle schon Weihnachten«.

Auf dem Tisch liegt die Zeitung von heute. Unter der Überschrift »Vier Abweichler der CDU halfen Reps in den GEW-Aufsichtsrat« heißt es da: »Vier Mitglieder der CDU gingen offensichtlich der eigenen Fraktion von der Fahne und wählten die Liste der Republikaner. Joachim Weier sitzt nun für sie im GEW-Aufsichtsrat... Daß die Abweichler aus der Union kamen, daran hatte selbst in der CDU niemand einen Zweifel. Wer sie waren, darüber gab es nur Vermutungen und Verdächtigungen.«

Markus Beisicht wirkt nervös. Heute abend ist die Versammlung mit Ekkehard Voigt. Seine eigene Karriere ist eng mit dem positiven oder negativen Abschneiden von Voigt verbunden. Steigt Voigt auf, kann auch Markus Beisicht Karriere machen, stürzt Voigt, stürzt er auch.

Gegen sieben Uhr kommt auch Ekkehard Voigt. Er geht mit Markus Beisicht und einigen Delegierten aus Mettmann essen. Wir fahren schon nach Rodenkirchen.

Rainer Vogel und Gabriele Schlaeper fahren mit in meinem Wagen. Auf unserem Weg kommen wir auf der Rheinuferstraße am Haus der Burschenschaft »Germania« vorbei. Es ist ein großes altes Haus, nur zwei Fenster sind erleuchtet. Rai ner Vogel meint: »Da ist nichts mehr los, die haben nur noch vier Aktive«, und Gabriele Schlaeper ergänzt: »Da soll sogar ein Wehrdienstverweigerer dabei sein.« Die Burschenschaft »Germania« hat eine alte Tradition und hängt eng mit den Kölner Republikanern zusammen. Bereits 1950 gegründet, forderte die »Germania« ein großdeutsches Reich mit Österreich und Südtirol. 1977 waren die »Germanen« wesentlich an der Gründung des »Ringes freiheitlicher Studenten« beteiligt, aus dem viele Kölner Republikaner kommen, z. B. Markus Beisicht, Gabriele Schlaeper und Manfred Rouhs. Kurz vor der Rodenkirchener Brücke biegen wir nach links zum Rheinufer ab. Am Ufer liegt ein Restaurant-Boot, auf dem die Versammlung stattfindet.

Wir sind die ersten, da die anderen noch bei ihrer »Schnitzeljagd« sind. Als Treffpunkt war zunächst die Bezirksvertretung in Lindenthal angegeben worden. Dort sollte die Versammlung auch ursprünglich stattfinden, dann aber wurde die Raumzusage doch zurückgezogen. Nun werden alle Teilnehmer aus Sicherheitsgründen von einem »Posten« zu einer Tankstelle auf der anderen Rheinseite geschickt. Dort wartet jemand, der ihnen dann den wirklichen Versammlungsort bekanntgibt. Willi Cronenberg ist ganz stolz auf sein »Indianerspiel«, die anderen dagegen sind sauer, so quer durch die Stadt geschickt zu werden. Willi Cronenberg verteidigt sich: »Immerhin ist das die erste überregionale Veranstaltung in Köln, die nicht von den Linken gestört wurde!«

So klar war die Wegbeschreibung aber wohl doch nicht, denn noch gegen halb elf treffen verärgerte Teilnehmer auf dem Boot ein, die den Weg nicht gefunden oder den Anschluß an der Tankstelle verpaßt haben. Im hinteren Teil des Bootes ist ein großer Versammlungsraum. Der Raum ist hell und freundlich. An den Seitenwänden einige Tische, an denen sich jetzt alle in kleinen Gruppen zusammensetzen. Am großen Tisch am Kopf des Raumes sitzt die Versammlungsleitung.

Auf dem Tisch steht natürlich neben dem Blumenstrauß die Tischfahne. Die darf bei keiner Versammlung fehlen. Um Ekkehard Voigt herum haben sich die Wortführer – oder solche, die es werden wollen, gruppiert. Markus Beisicht, Gabriele Schlaeper und Jürgen Heydrich sitzen auch dort.
An meinem Tisch sitzen zwei junge Männer, die sofort mit Türkenwitzen loslegen. »Bei uns in der Nähe hat heute nacht wieder ein Türkenhaus gebrannt!«
Einer grinst und droht scherzhaft mit dem Zeigefinger.
»Na, na, was hast du da wieder gemacht« – aber der junge Mann wehrt lachend ab. »Nein, das war ich wirklich nicht«, antwortet er mit gespielter Empörung. In seinem Grinsen wird deutlich, daß so etwas aber durchaus denkbar wäre. Sein Nachbar legt noch einen drauf: »Leider ist dabei ein Türke draufgegangen!« – »Ja, wirklich schlimm!« Alle lachen.
Markus Beisicht hält die Begrüßungsrede. Angeberisch spricht er von einer Bombendrohung, die es gegeben habe, weshalb der Versammlungsort verlegt werden mußte. Es stimmt kein Wort davon. Mein Nachbar flüstert mir zu: »Das ist ein Fehler, so etwas zu erfinden. Wenn der Wirt das mitkriegt, bekommen wir hier keinen Raum mehr, dann hat der Angst.«
Dann stellt sich der Kandidat für den Landesvorsitz, Ekkehard Voigt, vor. Mit geübter Redefertigkeit erläutert er seinen beruflichen und politischen Werdegang. Voigt ist Berufsoffizier (Oberstleutnant) und war zehn Jahre Bundestagsabgeordneter der CSU und Landesvorsitzender des »Wehrpolitischen Arbeitskreises«. Im Bundestag war er stellvertretender Vorsitzender des Verteidigungsausschusses. 1983 hat er gemeinsam mit Franz Handlos und Franz Schönhuber die Republikaner gegründet. Nach Auseinandersetzungen ist er dann ein Jahr später wieder ausgetreten und hat sich irgendwie auch in der FDP engagiert. Voigt geht auch auf den

Streit in NRW ein und fordert den »neuen Aufbruch«, um bei den Landtagswahlen im Mai erfolgreich abschneiden zu können. Rhetorisch geschickt beschreibt er die Aufgaben, die auf den Landesverband in den nächsten Monaten zukommen und stellt sich als denjenigen dar, der diese Aufgaben am besten meistern kann.
Nach seiner Rede kommen ein paar Fragen, ob er denn nicht eigentlich Bundestagsabgeordneter werden wolle, ob er demnächst wieder einmal die Partei wechseln wolle, wie damals, wie das mit seinem Ratsmandat in Sonthofen sei usw. Voigt antwortet zum großen Teil sehr ausweichend. Eigentlich ist jedem klar, daß er im wesentlichen seine Karriere als Bundestagsabgeordneter im Auge hat und der Landesvorsitz NRW nur das Sprungbrett darstellt. Aber dann geht der Streit los. Die Fronten sind klar, auf der einen Seite die Kreisverbände Köln und Mettmann, auf der anderen Seite der Landesvorstand und seine Truppen.
– »Wieso hat der Landesvorstand die Mitgliedsanträge von Köln nicht weitergegeben?«
– »Sie haben die Unterlagen nicht eingereicht!«
– »Wir haben schon vor vier Wochen alles gemeldet!«
– »Sie lügen!«
– «Unverschämtheit! Wir haben 280 Mitglieder!«
Der Streit tobt weiter. Auch Voigt gerät zwischen die Fronten und wird gefragt, wie er mit dem alten Landesvorstand zusammenarbeiten werde. Ein Kölner fragt ihn, wie er zur Zusammenarbeit mit ehemaligen NPD-Mitgliedern stehe.
»Ich grenze niemanden aus. Ich werde mit allen Leuten, die guten Willens sind, gut zusammenarbeiten!«
Später meint Manfred Rouhs ganz erleichtert zu Markus Beisicht:
»Der hat überhaupt keine Berührungsängste. Da haben wir nichts zu befürchten.« Damit meint er offensichtlich seine NPD-Vergangenheit.

Die Versammlung geht bis nach ein Uhr. Offensichtlich ist keine Einigung möglich. Am Schluß weiß eigentlich niemand, wie das Kräfteverhältnis beim kommenden Landesparteitag sein wird. Die Fronten sind sehr verhärtet.
Mit einigen anderen fahre ich noch in die Altstadt, ein Bier trinken. Wir gehen in »Die Keule«, ein Prominentenlokal in der Altstadt. Hier bekommt man bis nachts um drei Uhr etwas zu essen. Hier trifft sich auch die Kölner Prominenz. Wir setzen uns in eine Nische. Unaufgefordert bringt der Kellner uns ein Bier.
Meine »Parteifreunde« schimpfen über ihren Kreisvorsitzenden. »Es ist absolut peinlich, wie Gabriele und Markus dem Voigt in den Arsch kriechen. Voigt hier, Voigt da. Die wollen sich total anbiedern. Das war ja auch schon peinlich, daß die neben ihm am Tisch saßen. Und typisch, der Heydrich setzte sich auch sofort dazu. Auch die anderen Typen, widerlich, wie die jetzt um Voigt herumwieseln.« Natürlich wird noch einmal die gesamte Diskussion des Abends besprochen. »Markus lügt«, meint einer zu mir, »der behauptet seit längerem einfach, daß wir 280 Mitglieder haben. Stimmt aber gar nicht. Und das weiß der ganz genau.« Wir haben doch noch Hunger und bestellen uns gemeinsam eine Käseplatte. Neue Lage in der Fraktion. Ute Rottler, eine der beiden Republikaner-Frauen im Rat, geht aus Köln weg, weil ihr Mann irgendwo in Süddeutschland eine Stelle bekommt. Jetzt rückt Manfred Zeise von der DAFIG (das ist die »Deutsche Autorfahrerinteressengemeinschaft«, die mit den Republikanern koaliert hat) nach. »Weißt du, was das heißt?« fragen sie mich. »Wenn der Reusch weg ist, steht es drei zu drei, Republikaner und DAFIG. Und das heißt, Rouhs und Golombek bestimmen die Ratsarbeit. Denn Markus tut ja sowieso nichts.« Jetzt, wo sie mir vertrauen, zeigen sie deutlich, was sie wirklich von ihrem Kreis- und Fraktionsvorsitzenden Markus Beisicht halten.

Weihnachtspause

Ich habe vierzehn Tage Luft. Für meine »Parteifreunde« bin ich auf einer Nordseeinsel und mache Urlaub.

In Wahrheit habe ich mich in ein kleines, schönes Fachwerkhäuschen am Rande des Westerwaldes zurückgezogen, das mir ein Freund zur Verfügung gestellt hat.

Ich notiere meine Erfahrungen. Dabei leben alle meine Erlebnisse, alle Gespräche, alle Versammlungen wieder auf. Immer wieder mache ich zwischendurch Pause, reiße das Fenster auf, gehe an die frische Luft. Spaziergänge dienen mir dazu, langsam etwas Abstand zu gewinnen. Das Haus liegt in einem kleinen Dörfchen, direkt am Hang gelegen. Ringsherum Wälder und Felder.

Ich erlebe bei den Republikanern das, was ich auch in linken Organisationen in meiner Studentenzeit erlebt habe: da ist eine kleine Gruppe, die die Wahrheit für sich gepachtet hat. Wir wissen, was die Welt im Innersten zusammenhält, sprich wie die Welt aussieht und wie die politischen Zusammenhänge funktionieren. Draußen stehen die Feinde, das sind hier die Linken, allen voran die Chaoten und die Gewerkschaften. Eine solche Mitgliedschaft kann eine große psychologische Entlastung von Selbstverantwortung sein.

Und es macht ja auch Spaß, Politik zu machen, etwas zu bewirken, Indianerspiele, Anträge, politische Strategien und Taktiken zu entwickeln.

Zunehmend fällt mir meine aktive Rolle schwer. Ich bin »Täter«. Ich bin ja nicht nur da, um Augen und Ohren aufzusperren, um etwas herauszubekommen, sondern muß aktiv mitmachen.

Ein neues Jahr – ein neuer Mann

Zu Beginn des Jahres eine neue Lage im Kölner Rat. Rainer Reusch ist nach seinem Parteiausschluß nun seinerseits aus der Partei und Fraktion ausgetreten. Jetzt sind nur noch sechs Ratsmitglieder übrig.

Mittwoch, 3. Januar
Erste Fraktionssitzung im neuen Jahr. Als ich die Fraktionsräume betrete, spricht mich Willi Cronenberg an. Er will mit mir und anderen nach Leipzig zur Montagsdemo fahren.
Im Nebenraum sitzt Ute Rottler mit Max zusammen und formuliert einen Schriftsatz. Max wird vom Landesvorstand vorgeworfen, er soll in seiner Wohnung »Türkenschläger« ausgebildet haben. Er weist das empört von sich: »Ich mit meinen beiden Prothesen!«
Markus Beisicht hat am Nachmittag eine Pressekonferenz gegeben. Er hat zur überraschenden Wahl eines Republikaners, Jochen Weier, in den GEW-Aufsichtsrat und natürlich auch zum Austritt von Rainer Reusch aus Partei und Fraktion eine Erklärung abgegeben. Um den geht es auch in der Fraktionssitzung. Rainer Reusch ist stellvertretender Ausschußvorsitzender im Kulturausschuß. Jetzt wollen sie irgendwie versuchen, ihm dieses Amt wegzunehmen. Markus Beisicht: »Lieber sorgen wir dafür, daß die SPD den kriegt oder besser noch die CDU, als daß Reusch den behält. Vielleicht kann man da was mit der CDU klüngeln. Na, mal seh'n.«

Er hat die Befürchtung, daß sich Reusch mit irgendwelchen eventuellen CDU-Abspaltern zu einer neuen Fraktion zusammenschließt. »Wenn bei der CDU die Köpfe rollen, kriegt Reusch vielleicht Verstärkung.« Aber dann kommt ein Nachsatz, der mich stutzig macht. »Aber vielleicht kriegen andere ja auch bald Verstärkung.« Das klingt so, als ob er wirklich irgendwelche Informationen in der Hinterhand hätte. Entgegen seiner sonstigen Art ist er hier merkwürdig zurückhaltend. Daß Rainer Reusch jetzt gegen die Republikaner schießt, ist für ihn »völlig klar. Der arbeitet an seiner demokratischen Rehabilitierung. – Ich habe sichere Informationen, daß der Reusch ab nächstes Jahr seinen Lebensmittelpunkt nicht mehr in Köln hat. Dann kann er nicht mehr Ratsmitglied sein. Ich werde das genau beobachten.« (Bei seinem Freund, Markus Bauer, dem Bezirksvertreter in Ehrenfeld, spielt das keine Rolle, der hat nur eine Wohnung in Köln, damit er hier Bezirksvertreter sein kann.)

Dann geht es unter die Gürtellinie. Es gebe, so wird gehetzt, ein Foto, das Rainer Reusch in einem Bordell mit zwei schwarzen Frauen zeige. »Gerade Reusch, dieser Rassist!« Auch die anderen steuern weitere Informationen zum Sexualleben von Reusch dazu. Ja, der sei in den Puff gegangen. Aber man habe auch gemunkelt, er habe es mehr mit Jungen. So wird hier über ehemalige Parteifreunde hergezogen.

Auch die Begründungen für den Parteiausschluß von Reusch durch den Landesvorstand, deren Unhaltbarkeit bisher für alle Kölner selbstverständlich war, hat Markus Beisicht den Pressevertretern weitergegeben.

»Ich habe aus dem Urteil zitiert, hier, ich vertrete nur Rechtspositionen, ich habe erzählt, daß das Schiedsgericht Reusch vorwirft, er habe mit dem Einsatz eines Rollkommandos gegen unliebsame Parteimitglieder gedroht. Dann steht da noch: ›Auch vor Anwendung von Gewalt werde er, Herr

Reusch, nicht zurückschrecken.‹ Am besten, wir sagen immer, Reusch war unser Rechtsaußen, sagen, daß der immer mit rassistischen Äußerungen aufgefallen ist. Außerdem kann der gar nicht aus der Partei austreten, weil er vorher schon ausgeschlossen war.« Rainer Reusch hat gegenüber der Presse auch die Ratsmitglieder Friedrich Ring und Jochen Weier und deren Verein »Wotans Wölfe« scharf angegriffen. Ich höre zum erstenmal von diesem ominösen Verein, der hinter der harmlos klingenden Autofahrerpartei steckt. Markus Beisicht sagt eindringlich zu den beiden: »Alles leugnen! Alles einfach leugnen! Da müßt ihr sagen, das ist rheinische Brauchtumspflege. Da sollen die mal was gegen sagen!«

Markus Beisicht beschreibt die Situation aller Landesverbände als ziemlich katastrophal. »Ich weiß, daß in Bayern Schönhuber und Neubauer ihre ganze Autorität in die Waagschale werfen müssen, damit das da ruhig bleibt. Die drohen überall nur noch mit Rausschmiß, um die Leute auf Linie zu halten. In Baden-Württemberg ist das auch so. Und im Saarland ist absolut der Teufel los. Da kämpfen die Republikaner mit einstweiligen Anordnungen und gerichtlichen Drohungen gegeneinander. Und das mitten im Wahlkampf. Wir müssen in NRW besonders aufpassen. So eine Machtenthebung wie in Niedersachsen, wo Schönhuber den Landesvorstand abgesetzt hat, das ist eigentlich schon ein Grund für ein Parteiverbot, denn das ist absolut undemokratisch.«

Man bekommt immer mehr den Eindruck, das »Projekt Republikaner« wackelt. Jetzt kommt zum Tragen, daß viele Republikaner aus anderen Gruppen und Beziehungen heraus kommen und die Partei lediglich als Instrument für ihre wahren Strategien benutzen. »Unsere Mitgliederentwicklung ist katastrophal. Wenn man bedenkt, daß die NPD in Köln 600 Mitglieder hatte und wir nur knapp die Hälfte!«

Donnerstag, 4. Januar

Kurz vor sieben Uhr bin ich in der Fraktion. Wir wollen von hier aus zum Vorbereitungstreffen zum Landesparteitag fahren. Gabriele Schlaeper tobt herum. Sie hat in der kleinen Küchenecke eine fast leere Flasche Weinbrand entdeckt. Sofort zeigt sie Markus Beisicht die Flasche. »So etwas will ich hier nicht sehen!« Gabriele Schlaeper ist noch ehrgeiziger als ihr »Verlobter« Markus Beisicht. Sie ist es, die ihn immer wieder antreibt und ihn auch unter Druck setzt, wenn er ihrer Meinung nach zu ›schlapp‹ ist. Engagiert redet sie von ihrer Tätigkeit als Assistenzärztin am Krankenhaus, erzählt, wie sie robust und rabiat mit den zimperlichen kranken Männern umgeht. Sie ist es auch, die den Streit zwischen Markus Beisicht und Rainer Reusch immer weiter geschürt haben soll, so daß kein vermittelndes Gespräch mehr zustande kam und der Streit sich immer weiter zuspitzte bis zum totalen Bruch. Im kleinen Kreis agiert sie immer wieder gegen einzelne Mitglieder, die Markus Beisicht gefährlich werden könnten. Sie weiß genau, was sie will und setzt das mit allen Mitteln durch. Auf mich wirkt sie wie eine verzogene, verwöhnte »höhere Tochter«, die wütend mit den Füßen aufstampft, wenn sie nicht sofort ihren Willen bekommt.

Ich rede mit Sabiene Münch, der Bezirksvertreterin im Bezirk Innenstadt. Sie will jetzt den Antrag stellen, daß beim städtischen Informationsbüro im Eigelstein-Viertel der türkische Dolmetscher gestrichen wird. Da dort so viele Ausländer leben, wollen SPD und Grüne, daß im Sanierungsbeirat auch Ausländer vertreten sind. Sabiene ist empört: »Das ist ja die schleichende Einführung des Ausländerwahlrechts!« Auch dagegen will sie stimmen. Wir haben noch etwas Zeit, und so gehe ich mit Rainer Vogel noch einen Kaffee trinken. Er klagt, daß er jeden Abend bis spät arbeite, immer irgendwelche Parteitermine habe, und das halte die beste Ehe auf Dauer nicht aus. Außerdem komme noch das Problem dazu, daß sein Gehalt so gering ist. »Wenn die nicht mehr zahlen, muß ich mir eine andere Arbeit suchen.« Ich frage mich, ob irgend jemand in der Fraktion eigentlich mitbekommt, wie es dem anderen geht. Ich habe den Eindruck, jeder hat nur sein eigenes Wohl im Kopf. Besonders der Fraktionsvorsitzende Markus Beisicht arbeitet nur an seiner Karriere, kommandiert herum, macht sich wichtig und kümmert sich nicht im geringsten darum, wie es den Menschen um ihn herum geht.

Als wir zurückkommen in die Fraktion, sitzen da Markus Beisicht und Jürgen Heydrich und warten auf Ekkehard Voigt.

Jürgen Heydrich, der Bezirksvertreter in Lindenthal, einem großbürgerlichen Stadtteil von Köln, ist Mitte fünfzig. Er wirkt wie ein Oberstudienrat oder höherer Beamter und legt, wie schon erwähnt, auf seinen Doktortitel großen Wert.

Er ist Dezernent in einem NRW-Landesinstitut und nach seinen Aussagen zuständig für alle Bibliotheken in NRW. Seine Redebeiträge wirken belehrend und überheblich. Er ist eher ein Vertreter einer rechtskonservativen Gesinnung. Bei den Mitgliedern macht er als Akademiker und durch sein Auftreten Eindruck, ist aber auch bei vielen durch seine »Chefallüren« unbeliebt.

Markus Beisicht ist sichtlich nervös. Wir fahren in die »Klosterschänke«, eine Vorortkneipe, in der die Versammlung stattfindet. An den Wänden alle möglichen Tiertrophäen: Rehgehörne, ein Hirschgeweih, ausgestopfte Dachse und verschiedene Vögel. Über dem Platz, den gleich die Versammlungsleitung einnehmen wird, thront der gewaltige Kopf eines Keilers. Dreckige orangene Vorhänge, mit Troddeln gebunden, hängen vor den Fenstern. Es ist jetzt bereits stark verraucht, obwohl der Ventilator dröhnt und vergeblich versucht, etwas Frischluft in den Saal zu blasen. Ekkehard

Voigt ergreift das Wort und hält eine programmatische Rede. Als Bundesorganisator für alle Wahlkämpfe war er gerade im Saarland. Jeder bekämpfe dort jeden. Dann geht er auf die Situation in NRW ein. »Nach verschiedenen Gesprächen, die ich geführt habe, hatte ich gedacht: o. k., jetzt haben es alle begriffen, daß wir nur vorwärts gehen können, wenn wir die Streitereien begraben und gemeinsam die politische Situation ausnutzen, um in die Parlamente zu kommen. Und jetzt erfahre ich, daß es weiter Schlammschlachten gibt. Auch gegen mich. Da gibt es Leute, die kommen aus den Schlammschlachten gar nicht mehr raus. Und dann gibt es Leute, die sagen nach vorne, wenn man mit ihnen spricht: Zusammenarbeit ist wichtig und sie seien dazu bereit. Und hintenherum höre ich dann: Wenn Voigt gewählt wird, boykottieren wir ihn. So geht das nicht! Das sind ja Berufsboykotteure, das gibt's ja gar nicht!«

Verschiedene Redner begründen danach, warum der Landesparteitag aus allen möglichen Gründen nicht ordnungsgemäß geladen und daher rechtlich anfechtbar ist.

Da wurden Delegierte nach Gutdünken eingeladen oder ignoriert, ganze Kreisverbände wieder ausgeladen oder erhielten keine Einladungen. Auch Voigt hat seine zurückhaltende »unparteiische« Stellung aufgegeben, die er noch vor Weihnachten demonstriert hat und hat sich voll auf die Seite der Landesvorstands-Gegner gestellt. Jetzt meint er auch, es sei wohl nur schwer möglich zu gewährleisten, daß alle diese Mängel behoben würden. Alles spitzt sich auf die Frage zu, ob man den Landesparteitag rechtlich verhindern soll oder nicht. Die meisten sind der Meinung, man solle ihn durchführen.

Voigt weist eindringlich auf die Besonderheit des Wahlgesetzes in NRW hin, das die Verfassungsmäßigkeit einer Partei als Voraussetzung für die Teilnahme an der Wahl setzt. »Da müssen wir in allem, was wir sagen und tun, dran denken. Und

Ekkehart Voigt – Der neue Landesvorsitzende mit Markus Beisicht

deshalb müssen wir auf jeden Fall darauf achten, daß alles rechtlich nicht anfechtbar ist.«

Samstag, 6. Januar

Schon um halb sieben bin ich wie vereinbart an der Fraktion, um zum Landesparteitag nach Hamm zu fahren. Erst um viertel vor sieben treffen auch noch andere Delegierte ein, und wir können nach oben in die Geschäftsräume gehen. Willi Cronenberg erzählt, daß er gestern abend schon zur Vorbereitung in Hamm war. »Wir müssen uns sehr beeilen. Der DGB hat für den Vormittag eine große Demonstration organisiert. Schräg gegenüber ist auch das Hösch-Gelände, da haben die sehr starke Truppen. Steinkühler selbst wird kommen. Wenn wir uns nicht beeilen, kommen wir nicht zum Parteitag rein.« Markus Beisicht tobt und flucht über die Unzuverlässigkeit der Leute, denn bisher sind erst sechs

Leute da. Auch Rainer Vogel fehlt noch. Ich versuche, ihn telefonisch zu erreichen, er meldet sich aber nicht.
Das Telefon klingelt. »Wir haben verschlafen. Sollen wir noch in die Fraktion kommen oder direkt nach Hamm fahren?« Markus Beisicht ist total aus dem Häuschen. »Diese Deppen in dieser Partei! Es ist nicht zum Aushalten!« Er tobt und schreit herum: »Warum ist der Vogel nicht da? Wenn der Vogel heute nicht kommt, schmeiße ich ihn raus!« Er kommt übrigens später nach, irgendwann am Mittag sehe ich ihn in Hamm. Aber auf meine Nachfrage, was denn losgewesen sei, kommen nur irgendwelche vagen Geschichten.
Wieder klingelt das Telefon. Jemand beschwert sich, daß er nicht abgeholt worden ist. Langsam ist das Chaos perfekt. Irgendwann fahren wir einfach los und warten auf niemanden mehr. »Sollen die sehen, wie sie alleine dahin kommen.«
Wir brausen im Konvoi über die Autobahn in den Tag hinein. Langsam wird es hell. Es ist glatt, die Streufahrzeuge sind unterwegs.
Markus Beisicht ist immer noch sauer. Immer noch ist nicht klar, ob wir überhaupt unsere Delegierten alle zusammenbekommen. »Das wird ein gewaltiges Nachspiel haben. Die erleben von mir ein solches Donnerwetter.«
Eine Ordnertruppe kontrolliert unsere Ausweise. Markus Beisicht ist sauer, weil auch er seinen Parteiausweis vorzeigen muß. »Das habe ich ja noch nie erlebt.« Er ist empört, daß man ihn nicht kennt.
Im Vorraum stehen einige Tische, um die sich die Ankommenden zur Anmeldung drängeln. Die erste Überraschung, wir kommen nicht rein. Für den Kreisverband Köln sind nur sieben Delegierte gemeldet, während der anscheinend doch immer noch existierende Kölner Kreisverband II acht Delegierte stellt. Große Debatten, der Bezirksvorsitzende wird geholt, und nach langem Hin und Her bekommen wir dann endlich doch unsere Delegiertenunterlagen und dürfen in den

Parteitagsdelegierte bei der Abstimmung

Saal. Wir finden einen Platz bei unseren »Verbündeten«, den Delegierten aus dem Erftkreis, direkt in der Nähe des Rednerpultes. Alles wartet, man redet miteinander, hier und da werden letzte Abstimmungen für den Ablauf getroffen. Jeder versucht, den einen oder anderen Delegierten für seinen Kandidaten zu gewinnen. Die Wahl des Versammlungsleiters wird die erste Kraftprobe. Sie entscheidet sich zugunsten der Voigt-Leute. Schon beginnen die Streitereien. Jemand will wissen, warum bestimmte Delegierte draußen stehen und nicht eingelassen werden. Es gebe da eine einstweilige Verfügung, wird gekontert. Die gilt aber nur so lange, bis ein Parteischiedsgericht im Amt sei, erwidern die anderen. Schließlich greift Schönhuber persönlich ein. Er beschwört die Delegierten, der Presse keine Möglichkeit zu geben, über die Selbstzerfleischung der Republikaner zu berichten. »Wir haben in diesem Jahr acht Wahlen, in drei Wochen treten wir im Saarland an.« Er habe selber dafür gesorgt, daß die Presse anwesend sein konnte, »weil wir im Gegensatz zu Herrn Schnoor, (der Innenminister von NRW, M. S.) der viel zu verbergen hat und uns kriminalisieren will, nichts zu verbergen haben«.

Aus Schönhubers Rede eine deutschlandpolitische Passage, die bereits auf die gewandelte Stimmung in der BRD-Bevölkerung gegenüber der Wiedervereinigung eingeht:

»Jede Hilfe, die nur denkbar ist, wollen wir unseren Freunden in der DDR geben. Aber diese Hilfe darf nicht auf dem Rücken der Ärmsten der Armen hier in der Bundesrepublik gemacht werden. Da sollen die Herren Kapitalisten mal zahlen, aber nicht der Arbeiter oder der Kumpel hier im Ruhrgebiet, der ist genug belastet, liebe Freunde.«

Schönhuber bereitet seine Anhänger bereits auf kommende Niederlagen vor:

»Ich habe einmal gesagt und ich bleibe dabei, die Partei wird nicht nur Siege haben, die Partei wird auch Niederlagen erleiden müssen. Und ich sehe meine Freunde noch stehen in Bremen nach 1,1 Prozent... und ich will Ihnen hier zum Bewußtsein bringen, damit Sie dann auch wissen, was in den nächsten Stunden in dieser Partei geschehen muß und geschehen soll. Dann kam Schleswig-Holstein. 0,6%. Und dann sagten viele, jetzt sind sie am Ende. Die Nachrufe in der deutschen Presse habe ich alle gesammelt, mit Trauerrand. Der Verrückte aus Bayern, endlich muß er das Handtuch werfen. Er warf es nicht. Und dann setzten wir alles auf eine Karte. Und dann kam Berlin. Dann kam das sogenannte Wunder an der Spree, und dieses Wunder an der Spree muß sich wiederholen als Wunder an der Saar, dort ist die erste Wahl, und ich muß es Euch buchstäblich einhämmern, in drei Wochen ist die nächste Wahl.«

Völlig überraschend kandidiert plötzlich einer der Kölner Delegierten, der Polizist Walter Heller, ebenfalls zum Landesvorsitzenden. Erst nach mehreren massiven Verstößen

Theo Schomers als Delegierter auf dem Landesparteitag in Hamm

von Markus Beisicht und anderen zieht er seine Kandidatur zurück. (Heller wird aber später noch von sich reden machen.)

Ich komme mit meinem Tischnachbarn, einem Delegierten aus dem Erftkreis, ins Gespräch. Er ist zwanzig Jahre, studiert an der Fachhochschule Kraftfahrzeugwesen. Er ist zu den Republikanern gekommen, »weil die die einzigen sind, die was gegen die Linken tun«. Die Fachhochschule sei »ein bolschewistisches Nest«. »Wenn da jemand für Deutschland ist, dann ist der für die gleich rechtsradikal.«

Er meint, daß es gut wäre, »wenn sich solche Leute wie Voigt durchsetzen. Das zeigt den Leuten, daß wir nicht rechtsradikal sind.« Die Stimmzettel werden ausgefüllt. Ich weiß nicht so richtig, wen ich wählen soll. Natürlich, als »Parteimitglied« ist mir völlig klar, daß Voigt der richtige Mann an der Spitze des Landesverbandes ist. Er ist erfahren und energisch und bringt als ehemaliger Bundestagsabgeordneter auch

einen »guten Ruf« mit. Aber ich habe keine Wahl, denn natürlich sehen alle Tischnachbarn genau, was der Nachbar auf seinen Stimmzettel schreibt.
Während die Stimmen ausgezählt werden, ist Mittagspause. Im Vorraum wird irgendeine Suppe ausgegeben. Ich gehe an die frische Luft. Draußen hat die Polizei immer noch das Gelände gesichert. In ca. fünfzig Metern Entfernung belagern meist junge Demonstranten das Lokal. Sie stehen hinter dem Drahtzaun. Jeder Republikaner, der sich etwa zu weit vorwagt, wird mit Eiern beworfen.
Die herumstehenden Delegierten sind sich einig: »Das sind sowieso alles Gammler, 80 Prozent davon Sozialhilfeempfänger. Die sollen erst mal arbeiten gehen. Da vorne, da sind die linken Lehrer mit ihren Schülern.«
Mit überwältigender Mehrheit haben die Delegierten Ekkehard Voigt mit 227 Stimmen zum neuen Landesvorsitzenden gewählt. Die Gegenkandidatin Etti Scherer bekam nur 67 Stimmen. Eine vernichtende Niederlage also. Niemand hatte damit gerechnet, daß Voigt mit so einem großen Vorsprung siegen würde. Lauter langer Beifall, lachende Gesichter bei den Siegern, etwas zögerndes Klatschen bei den Verlierern. Direkt neben uns sitzen die Delegierten aus Wuppertal, die für Scherer gekämpft haben. Ihre Niederlage führt dazu, daß einige von ihnen bald nach der Wahl ihre Sachen packen und nach Hause fahren.
Während der verschiedenen Wahlgänge und vor allem während der Zeit, die die Wahlkommission zum Auszählen braucht, sitzen wir herum und langweilen uns. Die jungen Typen, die in unserer Nähe sitzen, beginnen, sich Witze zu erzählen. Sie wirken alle wie junge dynamische kaufmännische Angestellte, Versicherungsvertreter. Einer tut sich besonders mit Türkenwitzen hervor. Am Nachmittag gehen Willi Cronenberg und ich in die Gaststube und bestellen uns einen Kaffee. An der Theke stehen einige der Ordner und

trinken Bier. Sie haben teilweise ihre Jacken geöffnet und ich sehe, daß sie mit Schlagstöcken bewaffnet sind. »Na, was ist draußen los?« wollen wir wissen. Sie erzählen, daß immer noch einige Demonstranten da sind. »Aber es kommt bald wieder Nachschub«, ergänzt ein großer Dicker, der wohl der Leiter der Truppe ist. Auf jeden Fall hantiert er immer wieder mit seinem Funkgerät rum. »Was heißt Nachschub?« wollen wir wissen. »Wir haben Nachrichten, daß in Hamm zweihundert Autonome randalieren und sich jetzt auf den Weg hierhin gemacht haben!« Die Nachricht von den heranrollenden Autonomen macht schnell die Runde. Überall stehen Gruppen zusammen und diskutieren. Es wird über Fluchtwege und Bewaffnung geredet. »Hoffentlich kommen wir hier heil raus!«

Der neue Landesvorsitzende Voigt schlägt einen Landesparteisekretär vor, einen Antiquitätenhändler aus Bonn. Der soll auch das Wahlkampfteam führen. Als er sich vorstellt und betont, daß er bisher keiner politischen Partei angehört hat, gibt es Buhrufe aus den Reihen der Delegierten. Neben uns höre ich jemanden rufen: »Das ist alles diese Voigt-Clique. CDU- und F.D.P.-Leute!« Ein Delegierter, der mir gegenüber sitzt, meint direkt: »Den wähle ich nicht!« Ich passe mich ihm an und schreibe ebenfalls ein »Nein« auf den Stimmzettel. Der Widerstand gegen diese »neuen Leute« scheint beträchtlich zu sein. Und tatsächlich, der vorgeschlagene Parteisekretär wird mit 123 Ja- gegenüber 156 Nein-Stimmen abgelehnt.

Jetzt haben aber alle genug und wollen heimfahren. Immer noch geht das Gerücht der herannahenden Autonomen herum. Im Vorraum wird erzählt, daß in einer Nebenstraße zwei Republikaner zusammengeschlagen worden sind. Der Parteitag ist beendet. Nach dem Singen des Deutschlandliedes verlassen wir die Halle. Willi Cronenberg und einige andere bewaffnen sich mit leeren Flaschen. »Nimm eine Colaflasche, die ist besser zum Zuschlagen«, rät mir einer. Am Nebentisch sehe ich, wie jemand seinen Parteifreunden seine Bewaffnung demonstriert. Er hat ein kleines Einweg-Feuerzeug in der Hand, nimmt es auseinander, und als er den Einsatz herumdreht und wieder aufsetzt, ist dort eine Klinge. Aus dem harmlosen Feuerzeug ist ein Stilett geworden.

»Zusammenbleiben in größeren Gruppen«, wird als Devise ausgegeben. Hinter den Absperrgittern der Polizei stehen einige Gruppen von Demonstranten. Viele junge Frauen mit Kindern sind dabei. Wir Kölner gehen zusammen zu unseren Wagen.

Aber wir erreichen unbehelligt die abgestellten Wagen und fahren zurück nach Köln. Im Wagen wird der ganze Tag noch einmal besprochen. Alle sind guten Mutes und meinen, mit dem großen Erfolg von Voigt sei der Grundstein gelegt für den Erfolg im Landtagswahlkampf in NRW. Ich denke auch, daß Voigt durchaus die Chance hat, die Partei so zu motivieren und zu organisieren, daß die Republikaner den Einzug in den Landtag schaffen könnten.

Montag, 8. Januar

Ich fahre wieder nach Leipzig, will mir die erste Montagsdemo in diesem Jahr ansehen. Aufgrund einiger organisatorischer Probleme verspäte ich mich und bin erst gegen 17.30 dort. In der Altstadt ist viel los. Hunderte von Menschen hasten von der Arbeit nach Hause. Auch die Cafés und Restaurants haben geschlossen. »Wir machen um 20 Uhr wieder auf«, bekomme ich von der Bedienung einer Bar zur Antwort. Also laufe ich weiter durch die Stadt zum Karl-Marx-Platz. Am Rande des Platzes stehen einige junge Burschen und verteilen Handzettel. Die NPD aus der Bundesrepublik. Dazu gibt es Aufkleber »Ein Herz für Deutschland«, die auch reißenden Absatz finden. Ich komme mit ein paar Leuten ins Gespräch. Sie arbeiten in der Küche eines der großen Interhotels. Ich erfahre, daß heute keine Kundgebung stattfindet. Trotzdem hat sich eine große Menschenmenge zur ersten Montagsdemonstration im neuen Jahr eingefunden. Es sind bestimmt wieder hunderttausend Menschen. Bereits kurze Zeit, nachdem ich auf dem Platz eintreffe, setzt sich die Menschenmenge in Bewegung und zieht über den breiten Altstadtring. Die Parolen sind heute mehrheitlich scharf gegen die SED gerichtet.

Am Hotel Stadt Dresden stehen zwei Wagen aus der Bundesrepublik. Republikaner. Sie verteilen Flugblätter. Die Menschen in der DDR sind so begierig auf Informationen, daß sie ihnen die Flugblätter aus der Hand reißen, Zeitungen sind noch begehrter. Auch Streichholzschachteln und Kugelschreiber mit REP-Aufdruck und Plakate mit dem Bild von Franz Schönhuber werden verteilt.

Mittwoch, 10. Januar

Markus Beisicht sucht dringend eine Fahrgelegenheit nach Düsseldorf. Dort ist gleich die Landespräsidiumssitzung. Ich biete mich an, ihn dorthin zu fahren. »Ja, das ist gut«, meint er. »Ach so, du bist übrigens jetzt Landesschulungsleiter. Ich habe heute mit Voigt gesprochen, und da hat er gesagt: ›Ihr habt da doch einen sehr guten Mann für die Schulungen, den Theodor Schomers.‹« Man kann in dieser Partei schnell Karriere machen.

Es gibt nur ein Problem. Gleich ist die Sitzung des Arbeitskreises Schule, die ich leite. »Ist doch egal«, meint Markus Beisicht. »Dann ruf die Leute eben kurz an und verschiebe die Sitzung.« Wenn es um seine Interessen geht, spielen andere Sachen keine Rolle. Na gut, ich bin auch daran interessiert, mit ihm nach Düsseldorf zu fahren.

Mit uns fahren Ute Rottler und Ulrich Wlecke, der neue Landesschatzmeister. Wlecke kommt wie Markus Beisicht aus dem RFS (Ring freiheitlicher Studenten). Er ist Jurist, arbeitet bei einer großen Bank. Mitte zwanzig, schlank, mit dünnem blonden Haar, leichten Geheimratsecken, immer im dunklen Nadelstreifenanzug und mit dünner Nickelbrille. Mit seinem Aktenkoffer, Mantel und Schirm entspricht er vollständig dem Bild des Bankers.

Er regt bei Markus Beisicht an, man solle doch einen »Bundesbruder« von ihm (also war er in einer Studentenverbindung) in den Landesvorstand kooptieren: den jetzigen Vorsitzenden des Republikanischen Hochschulverbandes (rhv), »der ist gut, der ist ganz auf unserer Linie«.

Gegen halb sieben sind wir in der Landesgeschäftsstelle. Sie liegt am Rande von Düsseldorf in einer Parterrewohnung in einem Einfamilienhaus. Auch Voigt ist bereits da und hat sein Arbeitszimmer in Beschlag genommen. Ab und zu ruft er irgend jemanden zu Einzelgesprächen in sein Zimmer. Ich setze mich in einen der beiden Sessel im Flur und warte. Auf dem Tischchen neben mir steht ein kleines blauweißes Spielzeugauto. Auf einem aufgeklebten Zettel steht: »Wie Kriminelle das Asylrecht mißbrauchen. 4414 Asylanten straffällig.« Vorne prangt ein großes D und ein Republikaner-Aufkleber. Auf der anderen Seite klebt auch ein Zettel mit der Frage: »Noch eine Million für Polen?«

Nebenan im Büro sind noch ein paar Leute, die miteinander reden. »Das ist der Vogel vom Wallraff«, höre ich plötzlich. Ich stelle mich wie zufällig an die Türe. »Das ist der Türkenverleiher aus ›Ganz unten‹. Der war Kreisvorsitzender am Niederrhein. Jetzt ist er wieder aus der Partei ausgetreten und hat sämtliche Mitgliederunterlagen behalten...«

Nach drei Stunden fahren wir zurück nach Köln. Auch Ekkehard Voigt fährt mit uns, worauf Markus Beisicht sehr stolz ist. Voigt wird in einem Kölner Hotel übernachten. Im Auto reden sie auch über Rainer Vogel und Willi Cronenberg. Markus Beisicht beschreibt Voigt deren Lebensläufe und den Zusammenhang mit der NPD. »Ja, der Vogel, der war mal

JN-Bundesvorsitzender. Dann macht der seit zwanzig Jahren irgendwo einen politischen Stammtisch«, spielt er dessen politische Erfahrung sehr runter. »Jetzt steht der in der zweiten Reihe. Und das weiß der auch, er hat im letzten Jahr gesagt, er stehe für ein Parteiamt nicht zur Verfügung.« Voigt ist beruhigt, er hat ja nichts gegen eine NPD-Vergangenheit, die Leute dürfen nur nicht in der Öffentlichkeit stehen. »Die dürfen nur nicht vorne stehen, in der zweiten und dritten Reihe ja.«

Mit Voigt und einigen anderen gehen wir in »Die Keule« in der Altstadt, das Stammlokal der Politprominenz in Köln.

»Hier auf Deinem Platz saß der alte Oberstadtdirektor Rossa immer. Und hier unser Oberbürgermeister Burger.«

Wir planen, was nach dieser Präsidiumssitzung geschehen muß, damit der alte Landesvorstand auch aus der Geschäftsstelle verschwindet. Heute abend ist bei der Sitzung von Voigt durchgesetzt worden, daß die Arbeitsverträge mit der »alten Mannschaft« sofort gelöst werden. Morgen früh soll Willi Cronenberg mit zwei anderen aus Voigts Wahlkampfteam nach Düsseldorf fahren und die Geschäfte übernehmen.

»Das ist ein Putsch«, meint Voigt. Bei Sahnehering und Grünkohl mit Mettwurst wird der »Putsch« in allen Einzelheiten geplant. Rainer Vogel weist mehrmals darauf hin, daß es das Wichtigste ist, zuerst einmal die Schlüssel auszuwechseln. Die beiden aus Voigts Wahlkampfteam sind sehr unsicher, trauen sich wohl nicht zu, mit fester Hand durchzugreifen. Willi Cronenberg geht los und schreibt in der Geschäftsstelle einen Brief, in dem Voigt die beiden zur »Machtübernahme« berechtigt.

Als er nach einer halben Stunde mit dem fertigen Brief wiederkommt, sagt keiner Dankeschön oder erwähnt diese schnelle Arbeit. »Ich ordne an, folgendes Wahlkampfteam wird eingesetzt«, heißt es in dem Schreiben ganz militärisch. Wenn Voigt nicht zu erreichen ist, soll Markus Beisicht weisungsbefugt sein. Nach Mitternacht wird es immer voller. Plötzlich geht die Türe auf, und eine ganze Karnevalsgesellschaft kommt herein. Die Männer tragen alle mehrere Karnevalsorden auf der Brust über ihren dunklen Anzügen und auf dem Kopf die unvermeidliche Karnevalsmütze. Die Frauen sind ziemlich geschminkt, haben meist kleine Pelzjäckchen über der Schulter und natürlich lange Abendkleider. Alle sind sichtlich angetrunken und ungeheuer heiter. Sie ziehen zum Glück weiter hinten ins Lokal.

»Ah, da sitzen ja die Herren Republikaner«, begrüßt uns plötzlich ein jüngerer Mann. Es ist Toni Kleefisch, der Fraktionsgeschäftsführer der SPD-Ratsfraktion. Er ist durchaus freundlich und tauscht so im Vorübergehen in zwei Sätzen mit Markus Beisicht ein paar Informationen über die morgige Ratssitzung aus. »Beantragt Ihr wieder geheime Abstimmung?« fragt er. »Ja, sicher, mal sehen, ob wieder ein paar CDU-Leute für uns stimmen«, meint Markus Beisicht siegesgewiß. »Wir werden die stundenlang wählen lassen.« Kleefisch verzieht das Gesicht. »Na ja, geheim ja, aber laßt uns doch im Block abstimmen, das könnt Ihr doch machen.«

Politiker unter sich.

Markus Beisicht stellt ihm noch den neuen Landesvorsitzenden vor, und dann geht Kleefisch mit einem freundlichen »Na, dann bis morgen. Einen schönen Abend noch!«

Markus Beisicht ist ganz in seinem Element. Er lacht und scherzt, erzählt Geschichten aus der Kölner Fraktionsarbeit und will vor Voigt glänzen. Wenn Voigt etwas sagt, greift Markus Beisicht das sofort bestätigend auf, auch wenn er kurz vorher genau das Gegenteil gesagt hat. Markus Beisicht entwickelt seine Vorstellungen über die Landesliste. Neben Ekkehard Voigt sieht er sich natürlich auf einem der ersten Plätze. Es folgen eine Reihe anderer Leute, aber es ist kein weiterer Kölner dabei. Dann aber, als ob ihm das gerade nebenbei einfällt, meint er plötzlich, es wäre doch gut, wenn

auch eine Frau auf der Liste wäre. Und da wäre doch seine Verlobte Gabriele Schlaeper die beste, die sei ja auch Vorsitzende des Frauenarbeitskreises. Aber Voigt geht nicht weiter darauf ein.
Markus Beisicht wirkt sehr angestrengt, immer auf der Hut, immer bemüht, das »Richtige« zu sagen.
Hält er eine Rede, z. B. vor der Mitgliederversammlung, sieht man, wie angespannt er ist. Die Schultern sind ein Stück hochgezogen, nach vorne gedrückt, meistens ist der rechte Unterarm angezogen und die Hand zur Faust geballt. Er will um jeden Preis Karriere machen, und ich habe den Eindruck, er würde dafür auch das Pferd wechseln, wenn ein neues mehr Karrierechancen bieten würde. Er sonnt sich in seinen Funktionen, seiner Wichtigkeit, mit der er z. B. in der Fraktion verkündet, er müsse »leider« am Dienstag zur Bundesvorstandssitzung. Besonders gerne redet er von seiner Karriere als »Berufspolitiker«.
Gegen halb eins sind alle müde. Ich bringe Willi Cronenberg und Rainer Vogel noch nach Deutz, und wir trinken schnell ein »Abschlußbier«.
Willi Cronenberg soll jetzt ein oder zwei Tage in der Woche in Voigts Wahlkampfteam in Düsseldorf arbeiten. Im Gespräch ist auch ein neues Wahlkampfbüro in Köln oder Bonn. Beide wirken etwas geknickt. Nach dem Sieg von Voigt werden jetzt überall neue Funktionen frei, werden Pöstchen verteilt. Aber sie haben da wohl keine Chance. »Wir müssen noch vier Jahre warten. Im Moment ist es wegen der NPD-Vergangenheit taktisch besser, etwas abzutauchen in die zweite Reihe. Das ist hart und eine lange Durststrecke, aber nicht zu ändern.« »Aber den Theo haben wir doch gut in Stellung gebracht«, meint Rainer Vogel, und beide lachen. »Am Kreisvorsitzenden vorbei direkt nach oben.« Markus Beisicht hält hier im Kreisverband den Daumen drauf. Er will der Größte sein und achtet sehr darauf, daß es da keine Konkurrenz gibt.

Rainer Vogel und Willi Cronenberg haben jetzt das Gefühl, einen ihrer Vertrauten »nach oben geschoben« zu haben. Nach dem Motto »die eine Hand wäscht die andere« denken sie, daß ich ihnen vielleicht irgendwann einmal nützen kann. So entstehen in der Politik »Seilschaften«, die sich gegenseitig helfen und in Funktionen hieven.

Freitag, 12. Januar

Schon um 14 Uhr fährt unser Bus am Bonner Verteiler ab. Gemeinsam mit den Delegierten aus dem Erftkreis fahren wir mit einem großen Reisebus nach Rosenheim zum Bundesparteitag. Den hinteren Teil des Busses haben die Erftstädter besetzt, wir zwölf Kölner Delegierte setzen uns nach vorne. Als der Bus hundert Meter nach der Abfahrt in einen kleinen Stau gerät, weil auf der Gegenfahrbahn ein Auto brennt, kommen gleich von hinten die entsprechenden Kommentare: »Super, ein Türkenauto brennt!« Lautes Lachen und Johlen unterstützt diese Interpretation.

Neben dem Fahrer sitzt ein hagerer älterer Mann mit blonden, ganz kurzgeschorenen Haaren. Am linken Ohr trägt er einen goldenen Ring. Sein dunkelblauer Anzug mit gleichfarbiger Weste, Schlips und Kragen natürlich, wirkt an ihm irgendwie fremd. Besonders durch seinen goldenen Ohrring sieht er mehr aus wie ein alter Seemann, und der Anzug paßt nicht zu diesem Bild. Direkt von Anfang an hat er das Bus-Mikrophon okkupiert. Offensichtlich hält er unsere Fahrt für eine Gesellschaftsfahrt und sich für den Entertainer. Er versucht immer wieder, alle durch laute Stimmungsmusik zu animieren. Dann schiebt er eine »Herrenabend«-Kassette mit Zoten in den Kassettenrecorder. Mehrfach versucht er, die beiden Kölner Frauen, die mit uns fahren, auf primitive Art anzumachen. Immer wieder protestieren wir gegen die laute Musik, betonen, daß wir uns unterhalten wollen, aber es ist sehr schwer, sich durch-

zusetzen. Wie der »Seemann«, beginnen auch die Erftstädter, Bier und Schnaps zu trinken.
Wir versuchen, uns trotzdem zu unterhalten. Die Bildzeitung von heute wird herumgereicht. Sie ist mit der Schlagzeile herausgekommen:
»Schönhubers DDR-Chef ein Stasi-Agent.« Ich bin gespannt, ob diese Meldung und der »DDR-Chef« auf dem Parteitag eine Rolle spielen. Ich bin fest davon überzeugt, daß Schönhuber auf jeden Fall einen oder mehrere DDR-Leute mit entsprechendem Spektakel auftreten läßt.
»Aber die DDR gibt es ja sowieso nicht mehr lange.«
Dann reden wir über die Arbeit in Köln und die gestrige Ratssitzung. Markus Beisicht hat da wohl eine sehr schlechte Figur gemacht. Bei seinem Auftritt gab es starke Proteste, da hat er aber nicht schlagfertig reagiert. »Der stand absolut hilflos da, während die uns niederbrüllten. Sogar die Verwaltung, die sich sonst meistens vornehm zurückhält, hat sich totgelacht. Das war eine absolute Katastrophe!« kommentiert mein Nachbar den Auftritt. »Dabei hat er die Rede gehalten, die er schon dreimal gehalten hat. Das war auch sehr schwach.« Er erzählt weiter: »Und dann hat er während der gesamten Ratssitzung kein Wort mehr gesagt.«
Heiner Roosen will wissen, wieso Rainer Reusch ausgetreten ist. »Der hat einfach die Nerven verloren«, erklärt Manfred Rouhs den Konflikt aus seiner Sicht. »Als der Landesvorstand uns ausgeschlossen hat, hat Schönhuber gesagt, als er bei einem SPIEGEL-Interview dazu gefragt wurde: Na, dann werden die eben ausgeschlossen! Weil er meinte, der alte Landesvorstand würde sich durchsetzen. Und da hat der Reusch die Nerven verloren. Jetzt ist nichts mehr zu machen.« »Ich habe das anders gemacht«, erzählt er weiter. »Ich habe mir gedacht, das ist ein Fehler, daß Schönhuber so denkt. Also steht die Frage, wie bringe ich ihn dazu, daß er etwas anderes denkt. Und das geht am besten über seine Frau.

Die ist sowieso intelligenter als er. Also habe ich die angerufen und ihr gesagt, wo ich die Gründe für den Parteiausschluß sehe und welche formalen Fehler beim Verfahren gemacht wurden.
Und dann hat die ihrem Mann gesagt, wie sie das sieht, und jetzt ist wieder alles klar.«
Bei Würzburg machen wir eine halbe Stunde Pause. Es ist inzwischen dunkel.
Im Bus ist es zum Glück etwas stiller geworden. Einige lesen, dösen vor sich hin. Nur unser »Entertainer« meint ab und zu, die Musik wieder lauter drehen zu müssen. Er ist absolut nervig. Heidrun bedauert, daß sie die Kassette mit den alten NPD-Liedern nicht mitgenommen hat. Die würde sie viel lieber hören als die Karnevals-Stimmungslieder. Auch Heino steht hier allgemein hoch im Kurs. »Also schwarzbraun ist die Haselnuß ist in der alten Form viel besser als die neue Version.« Alle sind gegen das »amerikanische Zeugs« in der Musik, wollen lieber »deutsche Sachen«. Nur Heiner Roosen mag am liebsten Marschmusik, »aber auch Pop-Musik, nichts spezielles.« Ich finde es merkwürdig, daß eigentlich keiner spezielle Musikinteressen hat oder irgendeine Musikgruppe favorisiert. Insgesamt scheint das Interesse dafür nicht sehr ausgeprägt zu sein.
Ich frage Willi Cronenberg, wie die »Machtübernahme« in Düsseldorf geklappt hat. Er ist sauer. Keiner hat durchgegriffen, keiner hat sich getraut, sich durchzusetzen. »Das sind vielleicht alles Flaschen!«
»Vor allem haben die den größten Fehler gemacht. Die haben die Schlösser nicht ausgewechselt«, wirft Rainer Vogel ein. »Ja, und nach einer Stunde waren die alle wieder weg, und am Nachmittag hat sich die gesamte alte Mannschaft wieder dort getroffen«, bestätigt Willi Cronenberg. »Ich habe zwei Ordner gefunden mit Parteiaustritten. Fast alle sind begründet mit der ungenügenden Kommunikation zwischen Landes-

und Kreisvorständen. Die Mitglieder wollen, daß man sich um sie bemüht, sich um sie kümmert.«
Erst nach zehn Uhr abends sind wir in unserem Hotel in Bernau am Chiemsee, ca. 20 km von Rosenheim entfernt. Zum Glück bekommen wir noch etwas zu essen, und alle freuen sich auf ein Bier. Hier gibts natürlich die großen Maßkrüge, und schnell habe ich die nötige Bettschwere.

Samstag, 13. Jannuar
In Bayern gehen die Uhren doch offensichtlich anders als in Nordrhein-Westfalen. Weiträumig ist die Halle in Rosenheim abgesperrt, und wir können ungestört unseren Bus auf dem Parkplatz abstellen. Einige hundert Meter weiter sehen wir in einer Nebenstraße Menschen und Transparente, die Demonstration.
Es sind anscheinend doch nicht so viele Demonstranten wie erwartet. Rainer Vogel meint: »Das ist so, das hat der DGB organisiert. Jeder Betrieb muß zwei Leute abstellen. Und dann geht das so: Der DGB fährt hin, macht die Kundgebung mit Freßpaket, Tagesgeld, und dann fährt er sofort wieder weg, denn die wollen die Sportschau nicht verpassen.«
»Deutschland, einig Vaterland« prangt in großer weißer Schrift auf blauem Grund an der Wand. Die NRW-Delegierten haben Tische direkt gegenüber dem Podium. Leider liegt dazwischen ein großer Gang, in dem ungefähr zwanzig Fernsehteams ihre Kameras aufgebaut haben, so daß wir oft nichts sehen können.
Bei der Feststellung der Beschlußfähigkeit wird bekanntgegeben, daß 1130 Delegierte anwesend sind. Ich stutze. Der Delegiertenschlüssel beträgt 1:10, d.h. für je zehn Mitglieder wird ein Delegierter gewählt. Das bedeutet. aber auch, daß ein Kreisverband, der 21 Mitglieder hat, drei Delegierte entsenden kann (eben für die angefangenen 20–30 auch einen). Bei der angeblichen Mitgliederzahl von 25 000 müßten dem-

nach mindestens 2500 Delegierte anwesend sein. Dazu kommen die Bundes- und Landesvorstandsmitglieder und die Europaabgeordneten, die qua Amt Delegierte sind. Wahrscheinlich ist also die Mitgliederzahl erheblich niedriger als offiziell angegeben.

Franz Schönhuber hält eine Rede, die zum großen Teil wieder aus den bekannten Versatzstücken besteht.

Natürlich beschwört er das »Schicksalsjahr 1990«: »Wir gehen 1990 in ein schweres Jahr, das unter Umständen für das weitere Schicksal unserer Partei entscheidend sein wird.«

Dann kommen massive Angriffe gegen den Vorsitzenden des Zentralrates der Juden.

»Wir werden uns zu wehren wissen... Auch gegen einen Herrn Galinski, der die Geschmacklosigkeit besaß, ausgerechnet in der »kommunistischen Prawda«, dem Neuen Deutschland, wieder einmal das braune Gespenst an die Wand zu malen.

Nicht die Neonazis sind die Gefahr drüben, sondern die Neostasis. Bereits bei seinem Gespräch mit Erich Honecker vor zwei Jahren hat Galinski Kumpanei mit dem stalinistischen Diktator betrieben. Jetzt hilft Galinski der SED dabei, von den wirklichen Problemen der DDR abzulenken, indem er die Legende von der »braunen Gefahr« an die Wand malt. Herr Galinski – ich bin alles andere als ein Antisemit, aber hören Sie auf, uns deutsche Patrioten zu verleumden. Sie sind schuld, wenn es den verachtenswerten Antisemitismus wieder geben sollte... Lassen Sie uns jetzt endlich zufrieden, wir können Ihr Geschwätz nicht mehr hören, wir lassen uns nicht länger demütigen!«

Auch die DDR spielt in seiner Rede eine wichtige Rolle.

»Unser tapferer Parteifreund Rade, der mehrfach in Leipzig war, wird auf der Pressekonferenz berichten, wie es dort zuging, daß wir nämlich in Leipzig eine nahezu neunzigprozentige Zustimmung erfahren haben...

Aber man kann gegen uns unternehmen, was man will. Wir haben drüben, vor allem bei der Jugend, den stärksten Zuspruch... Wir sind die Partei der deutschen Wiedervereinigung, dies nicht erst wie die Etablierten seit heute, sondern von Anfang an.«

Dann beginnt die Arbeit, d. h. die Verabschiedung des neuen Parteiprogramms. Das ganze ist wirklich ein Skandal. Erst in der zweiten Dezemberhälfte war der Programmentwurf bei uns in Köln angekommen. Beigelegt waren Formulare für Abänderungsanträge, die schriftlich bis zum 22. 12. eingesandt worden sein sollten. Jetzt stellt sich bei der Regelung des Verfahrens heraus, daß die schriftlichen Änderungsanträge überhaupt keine Rolle spielen und nur mündlich hier vor Ort gestellte Anträge abgestimmt werden. Viele Delegierte sind sauer und schimpfen über das unmögliche Verfahren.

Es geht hin und her. Zuerst wird abschnittweise abgestimmt, dann über ganze Kapitel. Das wird dann wieder geändert. Am Mittag des zweiten Tages wird beschlossen, daß es nur jeweils einen Redebeitrag zu jedem Abschnitt geben soll. Und zwar von demjenigen, der zufällig als erster an der Reihe ist. Zum Schluß dann wird kapitelweise abgestimmt, und nur wirkliche substantielle Fehler dürfen korrigiert werden.

Eine wirkliche Diskussion gibt es nicht, alles ist ein heilloses Durcheinander, in das Schönhuber ab und zu eingreift, wenn die Sache droht, aus dem Ruder zu laufen.

In einer Pause gibt die Sportlehrerin Heidrun mir eine neue Ausgabe eines Pressedienstes: »Politische Hintergrund-Information« (PHI).

Ich lese: »Wir glauben nicht an eine Verschwörungstheorie, wie wir oft gefragt werden, sondern wir wissen, daß es eine Verschwörung gibt. Es gibt eine Verschwörung von Menschen, welche die Errichtung einer Zentralregierung für die ganze Welt anstreben. Wir verwenden für diese Menschen in den PHI die Bezeichnung »Internationalisten«. Auch die Be-

Bundesparteitag der Republikaner in Rosenhein am 13. und 14. 1. 1990

zeichnung »Insider« wäre zutreffend. Rakowskij nennt sie einfach »Jene«. Unzutreffend oder zumindest ungenau wäre: »Juden«, weil nur ein Bruchteil der Juden oder Kharsaren sich an dieser Verschwörung beteiligt oder auch »Zionisten«, weil auch Nichtjuden und Nichtzionisten und Nichtkharsaren an dieser Verschwörung beteiligt sind... Um das Endziel einer Ein-Welt-Regierung unter Führung der Internationalisten zu erreichen, sind eine Reihe von Voraussetzungen erforderlich: 1) Vernichtung der einzelnen Völker durch Völkervermischung... 4) Es müssen auf der ganzen Erde viele Probleme geschaffen werden, von denen glaubhaft gemacht wird, daß diese nur noch durch eine Weltregierung gelöst werden können... Hunger..., Krankheiten..., Terrorismus und Kriminalität..., Umweltgefahren..., Staatsverschuldung..., Bürgerkriege..., Kriege...

Wir wissen noch nicht die Motive, aber wir wissen heute, daß der amerikanische Geheimdienst Bücher, Radiosendungen und Fernsehsendungen in großem Umfang finanziert hat, denen zufolge sich die Intelligenz der Nationalsozialisten mit U-Booten unter das ewige Eis am Südpol geflüchtet hat, von wo sie ab und zu mit UFOs starten und spazieren fliegen oder aber, daß wir einer Bedrohung durch LEBEWESEN ANDERER PLANETEN ausgesetzt sind. Die Tatsache, daß es zur Regierungszeit Hitlers in Deutschland funktionierende UFOs gegeben hat, deren Bauzeichnung vielleicht und deren Konstrukteure und Entwicklungsingenieure ganz gewiß teils von den Sowjets und teils von den US-Amerikanern entführt wurden, bleibt davon unberührt.«

Am Spätnachmittag soll es zu einem der Höhepunkte des Parteitages kommen, jedenfalls war das wohl so beabsichtigt: den Auftritt des DDR-Vertreters. Ein kleiner, fülliger Mann mit Schnäuzer und rundem, feisten Gesicht betritt das Podium. Es ist Hans-Rudolf Gutbrodt, den die BILD-Zeitung in ihrer Schlagzeile als »Schönubers DDR-Chef« und »Stasi-Agenten« bezeichnet hat. »Eine Boulevardzeitung hat mich dermaßen runtergemacht, daß es unglaublich ist.« Er stockt, legt eine längere Pause ein. »Ich stehe hier stellvertretend für Zehntausende in der DDR, die so denken wie wir und so fühlen und sich zu den Republikanern bekennen.« Die Delegierten applaudieren. Wir denken, jetzt beginnt er seine Rede und wird einen Bericht über die Aktivitäten der Republikaner in der DDR geben, über den Zuspruch, das Verteilen von Materialien, die lang erwartete Gründung von Kreisverbänden. Aber er ist mit seiner Rede überraschenderweise bereits am Ende. »Auch wir in der DDR wollen die Einheit, nicht nur heute, sondern für immer und jetzt sofort, denn wir wollen endlich leben. Ich grüße alle meine Freunde in der DDR.« Wieder gibt es Applaus. Gutdrodt steht immer noch am Podium, sagt aber

nichts mehr. Jemand vom Präsidium kommt und flüstert ihm etwas zu. Er nickt und fährt fort:
»Selbstverständlich habe ich nichts mit der Staatssicherheit zu tun.« Wieder stockt er, bleibt stumm am Rednerpult stehen. Es gibt mindestens eine Minute Pause, die Delegierten werden unruhig, bis der Tagespräsident sagt: »Darf ich davon ausgehen, daß damit das Grußwort beendet ist, dann kann ich mich ganz, ganz herzlich bedanken für das Grußwort, das besonders wichtig ist auch in Hinblick auf die Presseveröffentlichung der Bildzeitung in den letzten Tagen. Herzlichen Dank, und grüßen Sie unsere Freunde drüben. Wir werden sie nie aus dem Auge verlieren und alles tun, daß ihre Wünsche in Erfüllung gehen.« Alle um mich herum sind empört, wir haben alle wesentlich mehr erwartet.
Auch der Parteiführung ist wohl nicht ganz wohl bei der ganzen Sache. Der Bundespressesprecher Harald Neubauer kommt zum Mikrofon und gibt bekannt, daß Gutbrodt »vor ½ Stunde bei einem Anwalt eine eidesstattliche Erklärung abgegeben hat: Ich, Hans-Rudolf Gutbrodt, erkläre hiermit: Ich war zu keinem Zeitpunkt in der Vergangenheit noch bin ich zur Zeit offiziell oder inoffiziell Mitarbeiter oder Zuträger des Staatssicherheitsdienstes. Meine Damen und Herren, keiner von uns hier kann aufgrund eigener Erkenntnis sagen, was richtig oder was falsch ist... Sollte Herr Gutbrodt eine falsche eidesstattliche Versicherung in Kenntnis der Strafbarkeit abgegeben haben, dann wäre der Herr Gutbrodt selbstverständlich nicht der geeignete Repräsentant unserer Partei in Mitteldeutschland. Solange uns aber keine Beweise vorliegen, so lange lassen wir nicht einen Freund unserer Partei von einer gegnerischen Zeitung, und so muß man die Bild-Zeitung ja mittlerweile titulieren, öffentlich in den Schmutz ziehen.«
Nach dem Parteitag jedoch verschwindet Gutbrod sang- und klanglos in der Versenkung. Vierzehn Tage später be-

reits sagt mir in Leipzig Reinhard Rade, der offizielle DDR-Koordinator der Republikaner, daß man in München sehr froh sei, daß »so ein Typ wie Gutbrodt« noch kein Mitglied sei. Seine Beitrittserklärung läge noch im Panzerschrank beim Westberliner Kreisverband. Am nächsten Morgen wird hier im Saal ein Bericht über die »Aktivitäten der Republikaner in Leipzig (Mitteldeutschland)« verteilt. Nach seiner Rede stürzen sich alle Fernsehteams, alle Journalisten auf Gutbrodt und wollen ihn interviewen. Nach der kläglichen Vorstellung, die er in seinem Grußwort geboten hat, ist wohl auch Schönhuber klar, daß Gutbrodt diesen Interviews in keiner Weise gewachsen ist. Und so greift er nach kurzer Zeit ein und fordert dazu auf, die Interviews mit ihm zu beenden. Er beschimpft die Medien und erwähnt besonders die Vertreter der DDR-Presse. Alle applaudieren, und aus dem Saal ertönen Rufe »Stasi raus, Stasi raus«. Es gibt tumultartige Szenen, weil die Fernsehteams sich alle um Gutbrodt drängen und natürlich nicht mit den Interviews aufhören wollen. Wieder tritt Schönhuber ans Mikrofon:

»Wir lassen uns den Parteitag durch die Medien nicht kaputtmachen, weil ich sowieso weiß, was Sie berichten werden. Sie werden nicht hier von den inhaltlichen Dingen berichten, sondern Sie werden von marginalen Dingen an den Rändern berichten und deshalb erkläre ich jetzt hier folgendes. Nein, nein, wir schmeißen niemanden hinaus. Ich sage Ihnen aber hier klipp und klar, die Frage der Interviews ist ab jetzt beendet, die Lichter gehen aus, es gibt kein Interview mehr. Der Parteitag hat Vorrang... Ich möchte keine Gewalt anwenden, die Pressefreiheit lieben wir über alles, aber nicht den Pressemißbrauch. Die Interviews in diesem Raume sind hiermit beendet. Ich bitte sie, das als Hausherr zu akzeptieren, andererseits würden wir auch reagieren... Ich warne Sie jetzt zum drittenmal, die Interviews in diesem Raum sind hiermit beendet. Endgültig, sonst werden unsere Ordner eingreifen.«

Abends ist noch ein gemeinsames gemütliches Beisammensein in der Parteitagshalle angekündigt. Aber wir haben keine Lust und fahren zurück in unser Hotel, um dort in Ruhe zu sitzen.
Das Essen ist deftig bayerisch, Braten mit Knödeln, aber sehr gut. Und nach so einem anstrengenden Tag schmeckt das Bier auch gut. Willi Cronenberg ist in Sorge. Die alte Landesvorstandsmannschaft versucht, ihn anzuschießen.
Er ist ein Mensch, der oft guter Laune ist und mit Scherzen seine Umgebung aufheitert.
Der Oberleutnant der Reserve hat ein Hobby: alles, was mit Waffen und Militär zu tun hat.
Er ist einer der wenigen, die ab und zu auch ihre Familie zu irgendwelchen Versammlungen mitbringen. Er ist verheiratet und hat vier Kinder.
Da seine Frau nicht arbeitet und er das Geld für die ganze Familie verdienen muß, spielt der Verdienst für ihn eine wichtige Rolle. Vor einem halben Jahr, nach der Kommunalwahl, ist er auf den Zug aufgesprungen, wurde hauptamtlicher Angestellter der Fraktion. Daß er zunächst ein miserables Gehalt bekam (»wenn ich zum Sozialamt ginge, bekäme ich fürs Nichtstun 300 Mark mehr an Sozialhilfe, als ich hier verdiene«), betrachtet er als eine Investition in die Zukunft. Er macht sich große Hoffnungen auf den Einzug in den Landtag. Da möchte er gerne dabei sein. Entweder als Landtagsabgeordneter oder wenigstens als Angestellter der Landtagsfraktion. (Im Februar hat er den ersten Sprung geschafft, arbeitet im Wahlkampfbüro für den NRW-Wahlkampf.)

Sonntag, 14. Januar

Gestern ist es sehr spät geworden. Mit Willi Cronenberg und Rainer Vogel habe ich noch bis in die Nacht zusammengesessen und viel Bier getrunken.
Dementsprechend bin ich beim Frühstück noch ziemlich

müde. Auch den anderen geht es nicht viel besser, und so dauert es eine Zeitlang, bis auch die letzten Nachzügler geweckt und fertig sind. Mit einer halben Stunde Verspätung kommen wir in Rosenheim an. Es geht weiter mit der Arbeit am Parteiprogramm. Das Chaos ist perfekt. Immer wieder gibt es Anträge zum Verfahren, und es ist ganz klar, daß die Parteitags-regie und auch Schönhuber nicht an einer inhaltlichen Diskussion interessiert sind.

Zwei ältere Männer kümmern sich um die Technik. Der eine hat immer eine beige, militärisch aussehende Jacke an. Auch der andere sieht fast uniformiert aus mit seinem blaugrauen Hemd mit Schulterklappen. Mir fällt auf, daß die beiden unaufhörlich im Saal herumlaufen und alle Teilnehmer und alle Presseleute immer wieder ausgiebig fotografieren. Was soll das?

Zwischendurch gehe ich mit Rainer Vogel in der Bar ein Bier trinken. Rainer Vogel kommt an der Theke mit einem Fotografen ins Gespräch. Während des Gesprächs spricht der Fotograf plötzlich einen neben uns stehenden blonden jungen Mann an und fragt ihn, warum er ihn denn den ganzen Tag beobachte. Und warum er vorhin wissen wollte, woher er denn sei. »Weil ich das wissen wollte«, meint der Blonde. »Und warum«, will der Fotograf wissen. »Weil ich den Auftrag hatte.« »Von wem?« Aber damit will der blonde Typ nicht herausrücken. Ein paar Minuten später leugnet er, so etwas gesagt zu haben und behauptet, er habe aus rein persönlichem Interesse gefragt. Der Fotograf erzählt, daß er den ganzen Tag laufend fotografiert und gefilmt wird und sich total bespitzelt fühlt. »Dabei habe ich mich vorne eingetragen, und jeder kann wissen, wer ich bin und für wen ich arbeite.«

Offensichtlich arbeitet auf dem Parteitag ein gut organisierter Sicherheitsdienst. Werden hier Listen von allen Anwesenden erstellt? Warum werden alle fotografiert? Was geschieht mit den Fotos?

Im Abschnitt »Verteidigungspolitik« stellt der neue NRW-Landesvorsitzende Ekkehard Voigt den Antrag, ins Programm aufzunehmen: Die Republikaner fordern eine Berufsarmee und sechsmonatige Wehrpflicht mit Milizcharakter wie die Schweiz. Mir ist zunächst nicht klar, was das soll, bis Rainer Vogel mir den Sinn dieses Antrages erklärt. »Elitebildung. Der hat die Elitebildung im Volk im Kopf. Und eine militärische Elite kann man nur mit einer kleinen Berufsarmee schaffen.«

Die neue Bundessatzung wird ohne weitere Probleme verabschiedet. Im Vorfeld hatte es starke Kritik an der Vorlage des Bundesvorstands gegeben, die dessen Stellung ungeheuer stärkt. Danach soll sich parteischädigend verhalten, wer »ohne Genehmigung des Bundesvorstandes oder des zuständigen Landesvorstandes... ein staatliches Gericht anruft oder gegen ein anderes Parteimitglied... Strafanzeige oder Strafantrag stellt«. Der vorgeschlagene Paragraph 21 ist praktisch eine »Ermächtigungsklausel« für den Bundesvorstand: Danach kann der Bundesvorstand die Amtsenthebung ganzer Landesverbände oder Delegiertenversammlungen anordnen, insbesondere auch »im Falle der Mißachtung der Parteisolidarität bzw. bei schwerwiegenden Verstößen gegen die Pflicht der Zusammenarbeit der Parteigliederungen oder gegen die im Parteiprogramm niedergelegten politischen Bestrebungen der Partei«. Es gibt immer noch einigen Unmut gegen die vorgeschlagenen Satzungsänderungen. Wenn ein Parteimitglied bei einem ordentlichen Gericht z. B. gegen einen Parteiausschluß vorgeht, schafft es damit wiederum einen Grund für den Parteiausschluß! Damit es keine weiteren Diskussionen gibt, wird eine Satzungskommission gebildet, der alle diejenigen angehören, die Änderungsanträge zur Satzung eingereicht haben. Pauschal wird später über die von diesem Gremium erarbeitete neue Satzung abgestimmt, ohne daß sie vorher bekanntgegeben worden ist. Ich bin sehr erschöpft. Auch die anderen Delegierten sind müde, keiner kann sich mehr besonders konzentrieren. Keiner kann der Debatte so richtig folgen. Ständig dröhnen die Lautsprecher, der Geräuschpegel ist sowieso schon sehr hoch, und man kann sich nur unterhalten, wenn man sehr laut spricht. Dazu kommen der Dunst von Essen und Zigarettenrauch.

Pünktlich um vier Uhr nachmittags fährt unser Bus los. Die Rückfahrt ist zum Glück ruhiger, alle sind müde. Auch unser »Seemann« unternimmt keine Versuche mehr, im Bus Stimmung zu machen. Hinten im Bus gibt es eine lautstarke Diskussion über die Gewerkschaft. Als einige gegen die »rote Einheitsgewerkschaft« wettern, ergreift überraschenderweise einer der Delegierten Partei für die Gewerkschaft. Sicher hätten einige Gewerkschaften Unvereinbarkeitsbeschlüsse gefaßt. Es gäbe aber auch starke Kräfte in den Gewerkschaften, die dieses ablehnen würden. »Nur die Führung ist links, bei den Mitgliedern ist das nicht so.«

Der Polizist Walter Heller, der noch durch seine Angriffe gegen den Kölner Kreisverband von sich reden machen wird, mischt sich ein und argumentiert, daß die Polizeigewerkschaft zum Beispiel auf so einen Beschluß verzichtet hat, weil der zu viele Mitglieder betroffen hätte.

Auf jeden Fall besteht der andere Delegierte darauf, daß die Gewerkschaft zur Durchsetzung von Arbeitnehmerinteressen notwendig sei. Mit einer dicken Zigarre im Mund und seinem beigen Trachtenanzug steht er im Gang und lamentiert lautstark. Ein anderer meint: »Der DGB, die sind ja schlimmer als die Juden!«

Ich sitze in meinem Sessel und döse vor mich hin. Ich habe keine Lust, mich zu unterhalten. An einer Autobahnraststätte machen wir eine Pause. Alle stürmen ins Restaurant, denn wir haben nur eine halbe Stunde Zeit. In so einer großen Gruppe fühlen sich viele sehr stark, und sie benehmen sich auch so. Lautes Reden, Lachen, die Bedienung wird sehr pro-

vokativ behandelt. Ich bemerke, wie einige Gäste sehr reserviert reagieren, als sie durch unsere Anstecker und die Gespräche bemerken, was wir für eine Reisegruppe sind.
Zum Glück sitze ich mit einigen ruhigeren Leuten zusammen am Tisch. Manfred Rouhs erzählt, daß ihm die Geschäftsführer des RVG-Verlages, Franz Glasauer und Harald Neubauer, gestern abend einen Arbeitsvertrag angeboten haben. Er sollte Chefredakteur von »CREDO« werden, einem Monatsmagazin aus dem Republikaner-Verlag RVG. Aber er hat das nach einigem Überlegen abgelehnt, will lieber seine eigene Zeitung »Europa Vorn« machen. »Und außerdem ist so eine parteiabhängige Karriere immer ein Risiko. Man weiß ja nicht, was aus der Partei wird. Dann mache ich lieber meine eigene Sache. Außerdem bin ich jetzt gerade soweit, daß sich die Zeitung wohl langsam selber tragen wird.«
So schnell ändert sich das. Gestern noch sollte Manfred Rouhs aufgrund seiner NPD-Vergangenheit aus der Partei ausgeschlossen werden, und heute bekommt er so ein Angebot. Aber Manfred Rouhs ist ja ein langjähriger Parteigänger von Harald Neubauer, dem früheren Redakteur des NPD-Blattes »Deutsche Nationalzeitung«. »Ohne das Geld, das ich jetzt als Ratsmitglied und Bezirksvertreter verdiene, wäre das gar nicht machbar.« Und er zählt zusammen, wieviel er monatlich für seine Ämter aus der Stadtkasse bekommt: »Sechshundert Mark im Rat, tausend Mark als Fraktionsvorsitzender in der Bezirksvertretung Ehrenfeld und vier- bis fünfhundert an Sitzungsgeldern, wenn wir alles ausschöpfen. Das macht ungefähr zweitausend Mark monatlich.« Manfred Rouhs ist ein widersprüchlicher Mensch. Er wirkt etwas lebensfremd. Ich kann ihn mir richtig vorstellen, wie er in seinem kleinen Appartment vor einem Haufen Papieren, Zetteln und Büchern sitzt und am Computer seine Zeitschrift macht. Die dunklen Haare mit einem Scheitel sind meistens ordentlich geschnitten, er wirkt oft scheinbar geistesabwe-

send. Meistens trägt er eine Krawatte, über dem Hemd einen dunklen Pullover oder eine Strickjacke. Er ist der Typ, der als erstes zu Hause seine Schuhe aus- und die Pantoffeln anzieht, wirklich kein Mann, auf den Frauen fliegen. Er lebt äußerst genügsam. Wenn wir noch ein Bier trinken und noch etwas zu essen bestellen, hält er sich immer zurück. Trinkt oft nur ein Wasser, das ist genug. Den Hauptteil seines Geldes steckt er wohl in den Aufbau seiner Zeitung »Europa vorn«.
Manfred Rouhs ist ein durchaus kluger und politisch denkender Mensch. Außerdem ist er ein sehr guter Redner. So unsicher und verklemmt er oft im kleinen Kreis wirkt, am Rednerpult wächst er über sich hinaus. Locker steht er da, redet mit guten Betonungen, bewußt eingesetzten Pausen und sparsamer Gestik.
Den Rest der Fahrt sitze ich alleine in meinem Sessel, lasse die zwei Tage noch einmal in Gedanken passieren.
Gegen elf Uhr sind wir wieder in Köln. Als ich Rainer Vogel und Willi Cronenberg abgesetzt habe, atme ich auf, drehe das Fenster runter, genieße die frische Luft. Endlich sind diese Tage vorbei. Ich drehe das Radio voll auf. Ina Deter singt: Geht die Welt heute unter, geht sie ohne mich...
Ich genieße die frische Luft, atme voll durch und singe lauthals mit.

Montag, 15. Januar

Am liebsten würde ich heute abend den »Montagskreis« schwänzen. Aber heute ist der Buchautor Joachim Oertel als Referent angekündigt. Er wohnt in Westberlin und soll uns etwas über die Situation in der DDR erzählen. Das will ich mitbekommen.
Es sind nur relativ wenige da, als ich um kurz nach acht in den Keller komme. Zu fünft sitzen sie in der Ecke neben der Bar. Dann setzen wir uns aber doch um die Tischtennisplatte. Zunächst werde ich gebeten, einen kurzen Bericht vom Parteitag

zu geben. Ich gehe auch auf den DDR-Vertreter ein und sagte, wie enttäuscht alle Kölner Delegierten waren über diesen kurzen und schlechten Auftritt.
Dann ist Joachim Oertel an der Reihe. Er ist schon zu Beginn seines »Vortrags« ziemlich angetrunken. Stockend, teilweise ziemlich durcheinander, vielleicht auch nur vorsichtig, erzählt er unklare Stories über die verschiedenen Oppositionsgruppen in der DDR. Seiner Meinung nach sind die sowieso alles nur »Linke«, bzw. von Linken unterwandert. Gefragt, was er denn zu den in der DDR auftretenden rechten Gruppen aus der BRD halte, meint er, das würde doch nur der SEDzugut kommen, die damit ein Argument habe, in der Bevölkerung das Gespenst des Rechtsradikalismus zu verbreiten.
Während seiner Rede schüttet er eine Flasche Bier nach der anderen in sich hinein, und sein Reden wird immer wirrer und stockender. Fragen bringen nichts, denn er kann darauf nicht richtig antworten.
Als Oertel über die auch in der DDR herrschende massive Ausländerfeindlichkeit berichtet, schmückt er seinen Bericht direkt mit einem ausländerfeindlichen Witz aus. »Zum Beispiel wird in der DDR folgender Witz über Schwarze erzählt, aber der gilt für Juden genauso: Da hängt an einem schwarzen Brett folgender Anschlag: dreißig Neger gesucht: zehn als Diener und zwanzig für einen neuen Mantel.« Alle lachen, aber das Lachen wirkt doch etwas gequält.
Er blüht richtig auf, als er über die Behandlung der Ausländer in Westberlin und in der DDR durch rechtsradikale Skins berichtet.
Daniel, der achtzehnjährige Schüler, ist auch da. In letzter Zeit ist mir des öfteren aufgefallen, daß er sich sehr für NPD und DVU und auch die militanten rechtsextremen Gruppen wie die NSDAP–AO und FAP interessiert. Er hat wohl auch Kontakte zu diesen Gruppen, denn manchmal kommt er mit irgendwelchen Insiderinformationen. Vielleicht ist er

ein Beispiel für jemanden, der über die Republikaner in die harte rechtsradikale Szene abwandert. Er will besonders wissen, welche Rolle denn die NSDAP–AO in der DDR spielt. Ob es stimmt, weiß ich nicht, aber Oertel behauptet, es gäbe eine gut funktionierende Organisation in der DDR, die tausend Mitglieder hat. Aber ich bin mir nicht sicher, ob er die Frage überhaupt richtig verstanden hat. Max macht die Situation noch konfuser, indem er mit seiner komplizierten Art irgendwelche verschroben-gewundenen Argumentationen bringt, die keiner versteht. Immer wieder stockt die »Diskussion«, jeder sehnt das Ende herbei.
Später kommen Markus Beisicht und Gabriele Schlaeper.
Nach einer Weile ergreift Markus Beisicht das Wort und redet zur Lage in der DDR, die aus Kölner Republikaner-Sicht weiterhin sehr unklar und diffus ist: Für die Republikaner ist jetzt das Wichtigste: Flagge zeigen und vor allem die Zulassung zur Wahl in der DDR fordern. Er habe mit Rade, dem Beauftragten für die DDR gesprochen und die Stimmung dort sei wirklich toll.
Im Bundesvorstand habe man auch über das Problem gesprochen, was man machen soll, wenn die Republikaner nicht zur Wahl zugelassen werden. Schönhuber habe gesagt, wenn wir nicht zugelassen werden, dann sollten wir auffordern, die Wahl zu boykottieren. »Die Leute sollen die Stimmzettel durchstreichen und Republikaner draufschreiben.« Es folgen noch ein paar Versuche, doch noch zu einer Diskussion zu kommen, aber es ist wirklich nichts mehr drin. Alle sind froh, als der Abend vorbei ist.
Wir stehen noch ein wenig herum. Markus Beisicht erzählt, daß heute morgen die alte Mannschaft in der Landesgeschäftsstelle endgültig rausgejagt wurde. Es hat massive Gegenwehr gegeben, und es wurde sogar eine Stinkbombe geschmissen.

Mittwoch, 17. Januar

Aufgrund verschiedener schlechter Erfahrungen rufe ich gegen Mittag in der Fraktion an, frage, ob die Fraktionssitzung wie vereinbart um 18.00 Uhr stattfindet. Wieder gibt es Durcheinander. Markus Beisicht hat den Termin mehrere Male verschoben. Als ich kurz nach fünf komme, ist schlechte Stimmung. Markus Beisicht schimpft und kommandiert Rainer Vogel herum. Es gibt Probleme. Die DAFIG-Leute wollen selbständig zur Landtagswahl kandidieren. Es sei denn, sie bekommen einen sicheren Listenplatz auf der Republikaner-Liste. Dabei hatte Jochen Weier Mitglied der Republikaner werden wollen und hat auch schon seine Beitrittserklärung abgegeben. Aber sein Parteifreund Friedrich Ring hat ihn dann wohl doch zurückgepfiffen. In den nächsten Tagen soll ein »Koalitionsgespräch« sein.

In der Fraktionssitzung geht es wieder um die hohen Geldausgaben der Ratsmitglieder.

Alle Bestellungen sollen zukünftig über die Stadt getätigt werden, außerdem würden die Getränke in der Fraktion nicht mehr bezahlt, berichtet Willi Cronenberg.

Auch um die Sitzungsgelder geht der Streit mit der Ratsverwaltung, denn die hat in der Abrechnung einige Sitzungen gestrichen. Jochen Weier betont, daß sie bis zu 25 Sitzungen im Monat abrechnen können, und das sollte man auch ausnutzen. Und da sollte man doch auf jeden Fall auch Sitzungen von Arbeitskreisen erfinden. »Das machen doch alle«, meint er. Und Manfred Rouhs ergänzt: »Das ist der Revolutionszuschlag!« Markus Beisicht mahnt: »Jeder muß nur aufpassen, daß er dann nicht gleichzeitig mit der angeblichen Fraktionssitzung eine Ausschußsitzung hat.«

Morgen mittag läuft die Frist zur Einreichung der Anträge für die nächste Ratssitzung ab. Mal wieder haben sie verpaßt, die Anträge rechtzeitig vorzubereiten, jetzt geht das wieder auf die Schnelle.

In der Ratssitzung soll beantragt werden, das Roma/Sintilager am Schiffhof zu schließen. »Wir wollen keine Zigeuner in Köln haben«, meint Markus Beisicht. Das war ja schon im Kommunalwahlprogramm erklärtes Ziel der Republikaner. Die Verwaltung will für 3,7 Millionen DM den Schiffhof neu asphaltieren und sanitäre Einrichtungen bauen. »Das sind 18000 DM pro Kopf«, rechnet Willi Cronenberg aus. »Das ist eine Unverschämtheit. Nur weil die da überall hinmachen. Wenn die wie jeder Deutsche auf einem Campingplatz ihre Abwässer wegbringen würden, brauchte man das nicht zu bauen«, meint er zynisch.

Demnächst soll die Kampagne der Republikaner gegen die Zigeuner weitergehen. Sie wollen beantragen, die durch die Polizei aufgegriffenen Sintikinder nicht mehr ins Kinderheim Sülz zu bringen, denn dort würden die ja sofort wieder weglaufen. Statt dessen sollen sie in ein geschlossenes Heim in Euskirchen gebracht werden. »Das beantragen wir aber nicht heute, sondern im März, mitten im Wahlkampf. Das macht sich gut«, schlägt Rainer Vogel vor. Manfred Rouhs meint: »Vielleicht sollten wir lieber beantragen, dem Kinderheim Sülz eine Rolle Stacheldraht zu bezahlen!«

Mit Markus Beisicht und Gabriele Schlaeper, Rainer Vogel und Willi Cronenberg gehe ich noch in eine Altstadtkneipe.

Markus Beisicht hat Sorge, daß die DAFIG alleine kandidieren will. »Das ist für mich ungeheuer schlecht. Dann sagen alle innerverbandlichen Kritiker: Da kandidieren die Mitglieder der Republikaner-Fraktion gegen die Republikaner. Also das wäre wirklich schlimm.«

Markus Beisicht klagt: »Rainer Reusch hat mich 600 Mark im Monat gekostet. Soviel hätte ich im Aufsichtsrat Sportstätten bekommen. Das wäre nämlich mit der CDU durchgegangen.« So ist Jochen Weier der einzige der Republikaner-Fraktion, der im Aufsichtsrat einer kommunalen Gesellschaft in Köln sitzt.

Leipzig den Rechten

Montag, 22. Januar

Zum drittenmal bin ich in Leipzig. Die Atmosphäre hat sich wieder stark verändert – die rechtsradikalen Gruppen bekommen immer mehr Raum. Schon als ich um kurz vor fünf auf den Platz komme, stehen im vorderen Teil, direkt vor den Kameras von ZDF und den anderen Fernsehstationen einige Gruppen mit meist jungen Leuten. Ich sehe NPD- und DVU-Transparente. Viele der jungen Männer sind offensichtlich aus der BRD. Treffpunkt der Rechten ist das Richard-Wagner-Denkmal, hier finden sich Republikaner, NPD, DVU und die Skinheads. Auch einige junge Mädchen sind darunter. Die Republikaner verteilen Flugblätter. Verteilen ist nicht der richtige Ausdruck. Die Flugblätter werden den jungen Männern regelrecht aus der Hand gerissen. Aber das ist nicht nur bei Republikaner-Flugblättern der Fall. Die Menschen hier sind ungeheuer begierig auf jegliche Information und reißen sich um jedes Flugblatt, jede Zeitung. Auch Plakate mit Schönhuber werden verteilt. Ein paar Meter weiter heftige Diskussionen über ein eventuelles Verbot der Republikaner. »Wir müssen die zulassen, aber nicht wählen. Die müssen eine große Abfuhr bekommen«, meint einer. Ein älterer Mann erregt sich: »Wir haben vierzig Jahre gegen die Nazis gekämpft, und jetzt dürfen wir nicht einfach zulassen, daß die so auftreten!« Gerade die jungen Leute halten dagegen, daß man nicht eine Partei verbieten lassen dürfe. »Außerdem«, meint einer, »die sind für Wiedervereinigung. Das ist doch gut.«

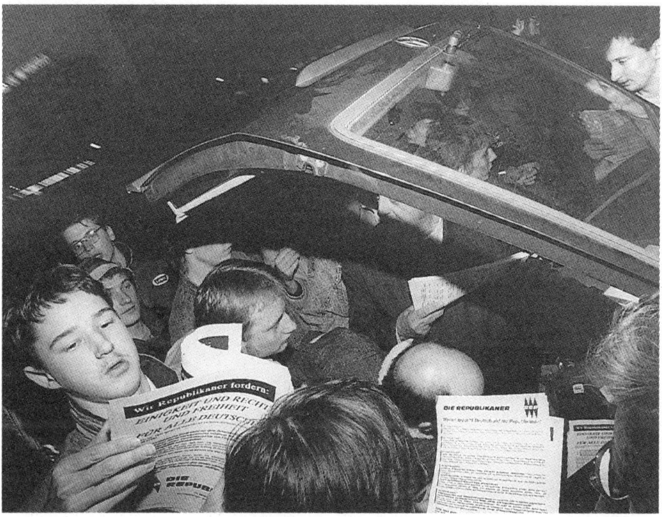

Flugblattverteilung in Leipzig

Der Bürgersteig hier ist übersät von zerrissenen Republikaner-Flugblättern. Eine halbe Stunde später verbrennen einige junge Leute die Flugblätter der Republikaner. Auf dem Altstadtring, dort, wo die Demonstration beginnt, steht eine größere Gruppe Menschen mit einem gewaltigen Transparent der DDR-SPD. Sie wollen den Demonstrationszug anführen. Auch dort, wie überall auf dem Platz, unzählige schwarz-rot-goldene Fahnen. »Deutschland, einig Vaterland!« Hammer, Zirkel und Ährenkranz sind verschwunden. Eine Gruppe von laut grölenden Skinheads schwenkt die alte deutsche Reichskriegsflagge und schreit »Rotfront verrecke! Kannakken raus!« »Gysi, Modrow an die Wand, Deutschland, einig Vaterland« ist auch sehr beliebt.
Die Skinhead-Truppe setzt sich vor die wartenden Leute mit dem SPD-Transparent und marschiert einfach los. Die anderen sind erst etwas verdutzt, marschieren dann auch mit ihrem SPD-Transparent hinterher.

Die Demonstration hat begonnen, angeführt von den Skins mit der Reichskriegsflagge. Anschließend verlassen sie die Demonstration und ziehen im Stechschritt durch die Innenstadt, »Heil Hitler« und »Ausländer raus« grölend.
Später erfahre ich, daß es auch eine Gegendemonstration gegeben hat, junge Leute, Studenten meist, die versuchen, sich dem Wiedervereinigungstaumel entgegenzustemmen. Als die Skins sie entdecken, beginnen sie, Jagd auf diese »Stasi-Kinder« zu machen. Die müssen in die Mensa fliehen.
Nur zufällig geht das Ganze ohne ernsteren Zwischenfall aus. Nur am Hotel Stadt Dresden gehen einige Scheiben zu Bruch, als die aufgeheizten Skins dort eine Mokkabar stürmen, in der sich vorwiegend Ausländer aufhalten.

Dienstag, 23. Janaur

Ich bin zum Wahlkampf-Organisationsleiter gewählt bzw. ernannt worden. Mit der Vergabe solcher Posten ist man schnell bei der Hand.
Heute ist die erste Sitzung des Schulausschusses. Jochen Weier will unbedingt mit mir dorthin gehen, bis ich als offizielles Mitglied verpflichtet bin. Mir ist das ganz recht, wenn er mich etwas einweist, mich den Vertretern der anderen Fraktionen vorstellt. Folge ist allerdings auch, daß er für seine etwa zehnminütige Teilnahme Sitzungsgeld kassiert. In dem großen Sitzungssaal steht ein riesiger länglicher Tisch, an den ungefähr vierzig Personen passen. Auf der einen Seite sitzt Herr Ruschmeier, der Beigeordnete mit den Vertretern seiner Verwaltung und Schulaufsicht. Ihnen gegenüber die Parlamentarier. Frau Ley und Herr Hellmich von der CDU begrüßen mich herzlich und bieten mir beide Kooperation und Hilfe an. Ich lerne auch Frau R. kennen. Sie ist sachkundige Bürgerin der CDU. Willi Cronenberg hatte gesagt: »Die Frau ist eine sehr enge Sympathisantin der Republikaner.« An der Seite sind zwei Stuhlreihen aufgebaut. Hier sit-

zen die Zuhörer, die den öffentlichen Teil der Sitzung erleben wollen.

Der Platz des Republikaner-Vertreters ist ganz rechts am Ende des Tisches. Neben mir sitzen die »Vertreter der Religionsgemeinschaften« mit beratender Stimme. Als rede- und stimmberechtigter »sachkundiger Bürger«, der von der Verwaltung einem Ratsmitglied in diesen Ausschüssen gleichgestellt ist, muß ich noch »verpflichtet« werden. Alle stehen auf, und der Vorsitzende, der SPD-Ratsherr Trappe, verpflichtet mich in meinem öffentlichen Amt auf die Verfassung, das Grundgesetz, die Gesetze der BRD und das Wohl der Bürger der Stadt Köln. Die Verpflichtung kann ich guten Gewissens eingehen, denn ich bin überzeugt, daß meine Arbeit dem Wohl der Bürger dieser Stadt dient. Dann beginnt die normale Ausschußarbeit, zu der ich aber nicht besonders viel beitragen kann. Vieles läuft so schnell und fast routiniert ab, daß ich manchmal gar nicht mitbekomme, worüber eigentlich im Moment abgestimmt wird. Ich habe mir allerdings fest vorgenommen, auf keinen Fall das »Zünglein an der Waage« zu spielen. Im Prinzip halte ich mich an die Richtlinie, die mir Jochen Weier gegeben hat:

»Normalerweise immer mit der CDU stimmen.« Er erzählt mir auch, daß der CDU-Ratsherr Hellmich ihm ab und zu ein Handzeichen gibt, wie er abstimmen soll. »Er stützt dann die Hand am Tischrand so mit gestreckten Fingern auf, daß der Daumen nach unten zeigt: das heißt: Nein, ablehnen.«

Aber die abzustimmenden Punkte sind heute nicht so wichtig, daß eine solche Zusammenarbeit notwendig wäre.

Mittwoch, 24. Januar

In den Zeitungen Schlagzeilen: »Geheimbericht: ›Republikaner sind verfassungsfeindlich‹.«

In der Fraktion hält sich die Sorge über die Beobachtung durch den Verfassungschutz in Grenzen. Alle sind der Meinung, das sei eine Meldung, die nur aus Wahlkampfgründen jetzt in die Zeitungen kommt. Mehr Sorge macht die Kreismitgliederversammlung. Markus Beisicht tobt mal wieder herum: »Warum sind die Einladungen noch nicht weggeschickt worden?« Alle Anwesenden müssen Einladungen falten und in die Briefumschläge stecken. Als Markus Beisicht hört, daß ich 14 Tage in Westberlin bin, beauftragt er mich, mit der Fraktion der Republikaner im Abgeordnetenhaus über eine Kooperation zwischen Köln und Westberlin zu verhandeln.

Kurz vor Beginn der Fraktionssitzung verschwindet Markus Beisicht wieder in seinem Büro, weil ein Republikaner aus einem anderen Kreisverband kommt, nacheinander werden verschiedene Leute hereingerufen. Irgend etwas ist los, sie wirken alle ziemlich aufgeregt.

In der Fraktionssitzung lüftet Markus Beisicht das Geheimnis. Er habe gerade Informationen bekommen, daß der ehemalige Landesvorstand verschiedene Kölner durch eine Detektei hat bespitzeln lassen. Später finde ich die eidesstattliche Erklärung von Theo H., in der es u. a. heißt:

»Hiermit erkläre ich folgendes an Eides statt:

Im Rahmen meiner Tätigkeit in der Düsseldorfer Landesgeschäftsstelle der Partei DIE REPUBLIKANER ist mir zur Kenntnis gekommen durch dort geführte Unterredungen, daß auf Vorschlag von Vorstandsmitglied Herrn H. S. einige mißliebige Parteifreunde einer Überprüfung durch die Kölner Detektei W. unterzogen wurden. Folgende Personen wurden genannt: C., V., R., B., J., G., S., und P.

Dies geschah im Rahmen von Ausschlußverfahren, die gegen einige Mitglieder des Kölner Kreisverbandes anhängig waren. Abwickler dieses Überprüfungsvorganges waren offensichtlich die Vorstandsmitglieder S. und S., die den persönlichen Kontakt mit der Detektei knüpften...

Gegenstand verbaler Auseinandersetzungen war, wie dieses

Detektei-Honorar im Finanzwesen des Verbandes zu verbuchen sei; es herrschte bei S., D., S., S. und K. Einigkeit darüber, daß dieser Posten unmöglich als solcher »auftauchen« dürfte, sondern kaschiert werden mußte. Herr S. schlug vor, die Summe als »Personenschutz« zu deklarieren.«

Was die Detektei alles herausgefunden hat, wird nicht vollständig bekannt. Als Rainer Vogel Markus Beisicht fragt, was denn gegen ihn vorliege, meint der überheblich und drohend: »Da reden wir auch noch drüber!«
Dann geht es um die Vorbereitung der Ratssitzung. Wieder stehen die bekannten Feindbilder im Mittelpunkt des Denkens und der Anträge.
Die Grünen stellen den Antrag, alle von der Polizei gesammelten Daten der Roma/Sinti zu vernichten. »Was, Romas/Sinti vernichten? Ach so, nur die Daten. Da stimmen wir natürlich dagegen«, witzelt einer herum. Statt dessen stellen die Republikaner den Antrag, den Lagerplatz total aufzulösen.

Freitag, 26. Januar
Die Kreismitgliederversammlung findet wieder auf dem Boot am Rhein statt. Diesmal sitze ich mit am Vorstandstisch, zwischen Markus Beisicht und Rainer Vogel.
Markus Beisicht ist ziemlich nervös, immer wieder blättert er in seinen Papieren, fragt hektisch nach irgendwelchen Leuten. Zur angesetzten Uhrzeit sind noch nicht sehr viele Mitglieder erschienen. Fast hysterisch fragt er Rainer Vogel immer wieder, warum denn dieser und jener nicht da sei. »Das gibt einen Riesenkrach, wenn heute nicht genug Leute kommen.«
Fast einstimmig wird entschieden, daß es zukünftig nur noch einen Kreisverband in Köln geben und dieser in acht Stadtbezirke aufgeteilt wird.
In seiner Rede spürt man, daß auch Markus Beisicht nun die Kritik an seiner Person zur Kenntnis genommen hat.

»Ich habe viele Klagen gehört, in der Kreispartei würde zu wenig laufen. Beisicht macht meistens Landespolitik, und hier in Köln würde zu wenig laufen. Da ist vieles dran. Ab dieser Versammlung heißt es nur noch – Wahlkampf in Köln!
Ich habe gesagt, hier in der Kreispartei muß jetzt ein anderer Wind wehen, und es ist Wahlkampf. Mit der heutigen Versammlung haben wir den Wahlkampf eröffnet. Es wird jetzt nächste Woche eine Einladung herausgehen, wir werden uns ab übernächsten Mittwoch jede Woche treffen, und dann machen wir Wahlkämpferbesprechung, wie im Kommunalwahlkampf und wie im Europawahlkampf. Der Theo Schomers und der Rainer Vogel machen dann die ›Domspitzen‹ neu. Wir werden also nach wie vor ab Februar jeden Monat eine Zeitung haben mit einer Auflage von 20000 Stück.«
Es ist unglaublich, wie er einfach alle möglichen Dinge aus dem Nichts heraus erfindet. Rainer Vogel neben mir schüttelt ein paarmal mit dem Kopf. Über diese Mittwochstreffen hatte niemand vorher geredet, und von einer Auflage von 20000 Stück war auch nie die Rede gewesen.

Sonntag, 28. Januar

Landtagswahl im Saarland. Als ich um kurz vor sechs komme, sind erst wenige Leute da. Wir sitzen im großen Raum um den Tisch herum. Es gibt Bier. Auf einem Tisch in der Ecke steht der Fernseher. Kurz nach 18 Uhr die erste Trendmeldung. Sie sagt einen Sieg der SPD und starke Verluste der CDU voraus. Die Republikaner liegen bei 3 Prozent.
Gedrückte Stimmung. Eigentlich wollten wir ja den Sieg an der Saar feiern. Wie hatte Schönhuber auf dem Landesparteitag gesagt: »Das Wunder an der Spree muß sich wiederholen als Wunder an der Saar.«
Nach den Interviews von Schönhuber fühlt sich Markus Beisicht verpflichtet, eine Rede zu halten.

»Liebe Freunde, wir sind heute eigentlich zusammengekommen, um große Siege zu feiern, aber immerhin, auf Anhieb 3 Prozent... Ich hatte von Anfang an ein mulmiges Gefühl bei dieser Wahl... Jetzt kann man ja mal ein paar Interna sagen, die Saarländer sind ein völlig maroder Verband. Die haben selber überhaupt keinen Wahlkampf gemacht, der Wahlkampf wurde mit auswärtigen Mitgliedern gemacht. Aus Rheinland-Pfalz und Baden-Württemberg sind Trupps reingefahren, haben da ein bißchen verteilt, miserabel plakatiert. Der Landesvorsitzende von Rheinland-Pfalz hat mich angerufen, der ist durchs halbe Saarland gefahren und hat kaum ein Republikaner-Plakat gesehen, es wär schlimm gewesen... Das muß man alles wissen. Es war heute kein grandioser Sieg, aber auch nicht der Untergang. Man hat mal schöne Tage und mal weniger schöne Tage, es war ein weniger schöner Tag. Dafür wird der 13. Mai in Nordrhein-Westfalen ein viel schönerer Tag, weil wir dann im Landtag sind. Aber wir brauchen wirklich das Engagement von jedem, und ich kann nur sagen, Feuer frei, an die Arbeit!«
In der Diskussion hat Rainer Vogel als erster das Wort. Der Unterschied ist gravierend. Während Markus Beisicht Allgemeinplätze von sich gibt, wichtigtuerisch Interna erzählt, die gar keine sind, gibt Rainer Vogel eine politische Einschätzung. Da merkt man bei ihm immer wieder seine lange politische Erfahrung und Schulung. Zunächst verblüfft er alle mit seinem einleitenden Satz: »Ich finde das Wahlergebnis hervorragend.« Er macht eine kleine Pause und erläutert dann: »Die Republikaner haben einen Nasenstüber gebraucht. Also mit diesen Bauchwahlen: alles wählt ohne Propaganda wie in Berlin, egal was die Republikaner aufstellen: Schweine, Hühner, Gänse oder so, sie werden gewählt, das ist nicht günstig für eine Partei. Und die Partei braucht den Nasenstüber in diesem Jahr, weil in diesem Jahr das Entscheidungsjahr für die Bundestagswahl ist, und da ist der Landtagswahlkampf in NRW nur vorgeschaltet.«

Als Republikaner in der DDR

Montag, 29. Januar

Gestern abend kam die Meldung: die Wahlen in der DDR sind auf den 18. März vorgezogen. Ich bin gespannt, wie die Republikaner darauf reagieren. Was ist mit den Gründungen der Kreisverbände, die seit längerem immer wieder für »demnächst« angekündigt werden?

»Der Markus Beisicht hat doch einen Knall«, kommentiert jemand in der Fraktionsgeschäftsstelle das Verhalten von Markus Beisicht. »Jetzt läuft der rum und sucht die drei Leute, die am Freitag gegen ihn gestimmt haben. Einen hat er schon. Jetzt will er den am liebsten aus der Partei rausschmeißen. Nur weil der gegen ihn gestimmt hat. Ich habe ihn gewarnt, der soll nicht wieder neue Fronten aufbauen. Der macht immer wieder die gleichen Fehler.«

Mittwoch, 31. Januar

Die Fraktionssitzung beginnt mit einem Appell von Markus Beisicht. Er kritisiert, daß die meisten Ratsmitglieder nicht genug arbeiten. Fast alle würden nur die Diäten kassieren, aber nichts tun. Es gäbe so gut wie keine Anträge, auch aus der Arbeit in den Ausschüssen kämen keine Ergebnisse. »Wir müssen in die Presse kommen. Immer wieder müssen die Bürger über unsere Initiativen, Anfragen und Anträge lesen.«

Willi Cronenberg verliest einen Brief der CDU an alle Fraktionen. Die CDU schlägt vor, daß alle Ratsmitglieder auf ihre

Sitzungsgelder verzichten, um mit dem Geld einigen DDR-Bürgern einen Besuch des Kölner Karnevals zu ermöglichen. Es gibt eine heftige Diskussion. Moralisch könne man ja jetzt nicht einfach »Nein« sagen und dann sein Sitzungsgeld einstecken. Jochen Weier plädiert vehement dafür, sich der Initiative anzuschließen. »Das Geld können wir doch direkt wieder woanders reinholen«, meint er mit Hinweis auf eine zusätzliche »Sitzung«, die nur auf dem Papier steht, aber zusätzliches Sitzungsgeld bringt. Die anderen sind skeptischer. »Was haben wir davon?«, fragt Willi Cronenberg. »Kein Mensch redet von den Republikanern, und die CDU kann damit Propaganda für sich machen.«

Jürgen Heydrich warnt, »Wenn wir nur einfach ›Nein‹ sagen, heißt es morgen groß in der Presse: ›Republikaner gegen Volksbrauchtum‹ oder so ähnlich.«

Dann kommt der Vorschlag, man soll das Geld zwar spenden, aber für einen anderen Zweck. »Für die Befreiungsbewegung in Mitteldeutschland.« – »Für alle Oppositionsgruppen« – »Die sind doch alle links. Und da sollen wir spenden? Nein!«

Schließlich einigen sich alle darauf, daß die 300 DM an den neugegründeten Kreisverband der Republikaner in Leipzig gehen sollen. Ich soll am nächsten Montag als offiziell Beauftragter das Geld übergeben.

Willi Cronenberg gibt mir die 300 DM für den Leipziger Kreisverband. Er lästert über Jochen Weier. »Der ist mit weitem Abstand am meisten hinter dem Geld her. Dabei kriegt der schon soviel.« Neben seiner normalen Aufwandsentschädigung von 600 DM bekommt Jochen Weier 1000 Mark für den GEW-Aufsichtsrat. Da er sich auf alle Anwesenheitslisten schreibt, auch wenn er dort nie eine Sekunde gewesen ist, schöpft er auch dort ca. 600 Mark ab. Dazu kommt aber dann noch der dickste Batzen: 3000 Mark monatlich für den Sitz im Landschaftsverband Rheinland.

Macht zusammen über fünftausend Mark monatlich, rechnet mir Willi Cronenberg vor. Aber da ist Willi Cronenberg die Fantasie durchgegangen, denn vom Landwirtschaftsverband Rheinland bekommt Jochen Weier gerade knapp 2000 Mark im Jahr.

Montag, 5. Februar

Wieder in Leipzig.

Zunächst laufe ich alleine in der Stadt herum. Am Wagner-Denkmal sammeln sich wieder die jungen Typen. Der »DDR-Koordinator« Reinhard Rade ist nirgendwo zu sehen. In der Seitenstraße steht ein dicker Mercedes mit Rendsburger Kennzeichen. Republikaner-Materialien werden verteilt. Viele Jugendliche, manche vielleicht erst dreizehn, vierzehn Jahre alt, sind besonders scharf auf Streichhölzer und Kugelschreiber mit REP-Aufdruck. Die Flugblätter stammen aus den Restbeständen des Europawahlkampfes, manche betreffen sogar lokale Hamburger oder Schleswig-Holsteiner Probleme. »Egal, Hauptsache, wir verteilen etwas«, meint der große dicke Hüne, der die Aktion leitet. Ich spreche ihn an, gebe mich als Kölner Republikaner zu erkennen. Ja, sie seien schon ein paar Mal hier gewesen. Die Flugblätter haben sie in verschiedenen Koffern untergebracht. Oben auf den Koffern stehen zwei Kartons mit Bananen und Apfelsinen zur Tarnung. »Das sieht so aus, als machen wir einen Verwandtenbesuch«, erklärt man mir.

Da ich zur Zeit vierzehn Tage in Berlin bin, um mir dort für die nächsten Jahre eine Wohnung zu suchen, treffe ich die Kölner Republikaner erst wieder in Leipzig. Sie sind nur zu zweit gekommen: Heiner Roosen und Fred. Dann kommt auch Reinhard Rade mit einigen jungen Männern. Während wir mit Rade reden, kommen ein paar Typen und geben ihm ausgefüllte Beitrittserklärungen. Der Platz um das Denkmal herum füllt sich. Fast ausnahmslos stehen dort junge Männer,

Der Autor und der Republikaner-Beauftragte Reinhard Rade in Leipzig

teilweise mit fast kahlgeschorenem Kopf, die Skins. Auf den Jacken sehe ich Aufkleber »Ich bin stolz, ein Deutscher zu sein.«
Reinhard Rade erzählt uns die neueste Meldung: Soeben hat die Volkskammer die Republikaner in der DDR verboten. Was nun? Er gibt die Losung aus: »Jetzt erst recht. Wir müssen heute gerade präsent sein. Wir haben ein großes Transparent und Plakattafeln dabei. Die Leute müssen sehen, daß die Republikaner heute hier sind. Trotz Verbotes.«
Wir gehen zu den Hamburgern, vereinbaren, auf jeden Fall

zusammenzubleiben, denn Rade meint, man erwarte heute Angriffe der Linken.

Er nimmt uns etwas beiseite und fragt: »Sagt mal, seid ihr irgendwie bewaffnet?« Wir verneinen erstaunt, und er erläutert uns: »Wir werden jetzt hier alle Funktionäre mit Tränengas ausrüsten. Letztens haben sie einen in seiner Wohnung überfallen und zusammengeschlagen.« Und er erzählt von der Gründung des Kreisverbandes.

»Die Linken haben uns ja letzte Woche überfallen, ihr habt das vielleicht in der taz gelesen. Ich sitz neben Glasauer (stellvertretender Landesvorsitzender der Republikaner in Bayern, M. S.) die Gründung des Kreisverbandes ist beendet, geselliger Teil, plötzlich fliegt neben mir so ein Stein auf den Tisch, der gleich zusammenbricht. Der Tisch hat gleich alle Viere von sich gestreckt.«

– »Wieviel waren das?«

– »Das waren am Anfang über hundert, es sind sehr viele abgehauen, am Schluß der harte Kern waren dreißig, die haben aber immer wieder angegriffen. Dann haben wir Gegenangriffe gestartet, dann sind die wiedergekommen mit Steinen. Und einen haben wir bös erwischt. Also einen haben wir schwer erwischt, der wird nicht mehr so schnell gesund. Den haben die zwar weggeschleppt, aber der konnte nicht mehr laufen.«

Und dann erzählt er breit grinsend »Der hat von mir die ganze Tränengassprühdose ins Gesicht gekriegt, wie er lag, und dann hat ein anderer mit'm Baumstamm immer draufgehauen.« Er lacht, blickt uns beifallheischend an und freut sich darüber, wie sie es den Linken gezeigt haben.

Heiner Roosen bestätigt: »Ja, wir müssen auch was machen.«

»Das Dumme ist nur, das Tränengas kann man in der Demo fast nicht einsetzen. Einmal, weil's hier verboten ist...« Heiner Roosen unterbricht ihn und erzählt von den Elektroschockpistolen, die wir in Köln anschaffen wollen.

Rade gibt uns Tips für die Demonstration: »In der Demo ist am besten, einfach mit dem Knie in den Unterleib treten, das ist gut.« Und dann verrät er sein »Patentrezept«: »Ganz, ganz wichtig: oben schreien wir: »Keine Gewalt« und unten mit den Füßen voll reintreten. So haben wir uns abgesprochen. Oben plärren: »Keine Gewalt« und irgendwie so weggestoßen und unten halt reingetreten. Da haben wir die besten Erfahrungen mit gemacht.«

Alle Umherstehenden lachen bestätigend. Heiner meint: »Da muß man nur die richtigen Schuhe haben. Fred ist schon in Kampfausrüstung« und zeigt auf die dicken schwarzen Stiefel, die Fred meistens trägt.

Wir gehen zum Hotel Stadt Leipzig. Hier trifft man sich vor und nach der Demonstration. Hier haben sie die Wagen mit Material stehen. Mit uns ziehen etwa dreißig bis vierzig junge Leute zu den Wagen. Die Leinentaschen mit dem Aufdruck »Die Republikaner« werden prallgefüllt mit Zeitungen und Flugblättern verteilt. Das große Transparent wird ausgerollt. Auf dem weißen Leinentuch steht »SED = PDS = SPD – Wählt REP«. Außerdem haben sie etwa zehn Plakate mitgebracht, die auf Holztafeln geklebt sind. Darauf steht der intelligente Spruch »Sozialismus ist Beschißmus – Republikaner« – »Auf jeden Fall zusammenbleiben, hinter dem Transparent« wird als Losung ausgegeben. Mit den Münchenern und einer kleineren Gruppe aus Leipzig steigen wir auf der Hinterseite des Opernhauses auf das niedrige Dach des Seitenflügels und stellen uns mit dem Transparent auf. Heiner trägt stolz das Transparent. Ich stelle mich mit Fred an den Rand der Straße, wir wollen die Reaktion der Demonstranten mitbekommen. Um uns herum werden Republikaner-Flugblätter verteilt. Ich nehme auch einen kleineren Stapel und reiche die Flugblätter an die Herumstehenden. Die Atmosphäre hat sich verändert. Die Leute reißen einem nicht mehr die Flugblätter aus der Hand, teilweise nehmen sie sie recht zögerlich, lesen kurz »Republikaner« und sagen »Nein, danke«. Ich gehe mit Fred ein paar hundert Meter zum Karl-Marx-Platz, wo die Kundgebung bereits angefangen hat. Gerade berichtet ein Redner von der Stürmung des Stasi-Gebäudes zur Kundgebung. Besonders starken Beifall bekommt er, als er beschreibt, welche Luxusgüter und Lebensmittel man dort in der Zentrale gefunden habe.

Wir gehen wieder zurück zum Seitenflügel. Heiner Roosen steht immer noch mit Rade und einigen anderen auf dem Dach. Sie stimmen einen Sprechchor an: »Russen raus, Amis nein, wir wollen freie Deutsche sein!« Ich muß erst ein paar Mal hinhören, zunächst verstehe ich »Russen raus, Amis rein«. Neben mir scheint es einigen Leuten ähnlich zu gehen. Zwischendurch stimmt einer eine andere Parole an: »Kanacken raus – Deutschland den Deutschen!« Er wird aber schnell von den anderen gebremst, die erkennen, daß eine solche offen ausländerfeindliche Parole nicht ins Bild der ordentlichen und demokratischen Republikaner paßt.

Einige Skins haben sich neben das Republikaner-Transparent aufs Dach gestellt und schwenken ihre schwarz-weiß-rote Fahne. Der Demonstrationszug setzt sich langsam in Bewegung. Aber diesmal ist der Zuspruch nicht nur zustimmend. Es gibt Pfiffe und Proteste aus der Demonstration. »Nazis raus«, höre ich und »Ihr seid das letzte«, eine Parole, die nacheinander zunächst an Stasi, dann an SED und nun an Republikaner gerichtet ist.

Immer mehr Menschen bleiben stehen. Ich höre Rufe »Wir holen Euch da runter!«, und eine Gruppe von Demonstranten läuft die Treppe zum Dach rauf. Aber da haben die Transparentträger schon die Lage erkannt und laufen weg. Fred und ich schlendern langsam in die Richtung, in der die Münchener Republikaner verschwunden sind, verfolgt von einer größeren Gruppe aus der Demonstration. In einer Neben-

»Theo« beim Verteilen von Flugblättern in der DDR

straße entdecken wir sie schließlich. Man diskutiert lauthals. Mitten aus dem Gewühl ragt noch ein Plakat, das auf eine Holztafel geklebt ist, bis jemand schreit: »Nehmt dem doch mal das Plakat ab«. Das Plakat verschwindet, ich höre Splittern und Krachen, als man es zerstört.
Hinter dem Stasigebäude löst sich die Demonstration langsam auf. Wir gehen zurück zum Hotel »Stadt Leipzig«, wo wir mit den anderen verabredet sind. Ein großer schlanker, schwarzhaariger Mann sucht auffallend unsere Nähe. Er hat einen Arm in Gips und stellt sich vor als der Kreisvorsitzende von Pegau, einer kleinen Stadt mit 40 000 Einwohnern in der Nähe von Leipzig. Er wirkt ziemlich schmuddelig und prahlt mit seinen Erfolgen in Pegau.
Reinhard Rade stellt uns den Kreisvorsitzenden von Leipzig, Herald Liebheim, vor. Er ist erst 21 Jahre alt, von Beruf Maschinenschlosser. Ein junger, sympathischer Mensch mit

einem kurzen Bart und offenem Blick. Wir sitzen mit mehreren Republikanern aus Leipzig zusammen, darunter auch der Stellvertreter Herald Liebheims, ebenfalls Anfang zwanzig, gerade aus der Armee entlassen, und ein junges Mädchen, die uns als Schatzmeisterin vorgestellt wird.

Sie erzählen uns von der Gründungsversammlung und dem anschließenden Überfall. Keiner weiß, was jetzt nach dem Verbot passieren wird. Von München ist die Devise gekommen: nicht verstecken, sondern offen auftreten. Aber alle haben Angst, daß sie berufliche Schwierigkeiten bekommen, nicht mehr soviel Zulauf haben wie bisher.

Die genaue Mitgliederzahl kennen sie nicht, denn es gibt praktisch keine Organisation. Die Beitrittserklärungen geben sie mit nach München. Sie schätzen, daß es ungefähr hundert Republikaner in Leipzig gibt, aber eine Menge mehr Sympathisanten. Wir reden über die Möglichkeiten einer Patenschaft zwischen Köln und Leipzig. Dann übergeben wir die gespendeten Sitzungsgelder der Fraktion: 300 DM. Sie freuen sich darüber und bitten uns, bei unserem nächsten Besuch weiteres Material mitzubringen. »Flugblätter bekommen wir von München«, sagen sie, »aber wir brauchen Büromaterial. Briefpapier, und Bücher und Kassetten von Schönhuber. Alle Materialien, die man bei uns nicht bekommt.«

Der Kreisvorsitzende von Pegau hat sich zu uns gesetzt und drängt sich ständig in das Gespräch. Er ist sehr aufdringlich. Als er die drei Hundertmarkscheine sieht, die wir den Leipzigern übergeben, fragt er mich sofort, ob wir ihnen nicht auch Geld geben könnten. Ich verweise auf die sich anbahnende feste Kooperation zwischen Leipzig und Köln. Ein paar Minuten später verdrängt er mich nochmals und will von uns einen Wagen haben. Natürlich angeblich nur für die Parteiarbeit, aber wie er das sagt, glaube ich ihm kein Wort. Ich fühle mich in meinem Mißtrauen sehr bestätigt, als er mich eine halbe Stunde später zur Seite nimmt und noch einmal sehr aufdringlich auf mich einredet. »Ich will ja hierbleiben«, fängt er seine Rede an. »Aber man weiß ja nie, vielleicht gehe ich ja doch rüber in den Westen. Könnt ihr dann nicht etwas für mich tun und dafür eintreten, daß ich eine feste Stelle bei den Republikanern bekomme?«

Jemand bringt die Nachricht, daß einige Skinheads mit REP-Ansteckern die Scheiben vom Hotel Stadt Leipzig eingeschlagen haben.

Einige Tage später erfahre ich, daß die Polizei drei Bundesdeutsche festgenommen hat. Unter ihnen einer der militantesten bundesdeutschen Rechtsradikalen, Siegfried Borchardt, genannt »SS-Siggi«. 1983/84 war er Leiter des Fußballfanclubs Borussenfront und 1985 NRW-Spitzenkandidat der FAP. Mit Michael Kühnen zählt er zum Führungskreis der »Aktionsfront Nationaler Sozialisten/Nationale Aktivisten und kandidiert bei den Europawahlen 1989 erneut für die FAP, deren stellvertretender Bundesvorsitzender er laut Verfassungsschutzbericht seit Dezember 1988 ist.

Bei meinen Recherchen stoße ich immer wieder auch in der DDR auf Zusammenhänge zwischen solchen Clubs und Skinheads und den Republikanern. So wurde am 3. Januar 1990 im Prenzlauer Berg/DDR in einem Hinterzimmer der »Feierabendklause« die sogenannte »Berliner Anonyme Einheitsfront« (BAE) gegründet. Neben drei jungen Leuten aus der BRD nahmen an der Gründungsveranstaltung ca. 35 Skinheads aus der DDR teil. Als »politisches Programm« verkündet der Vorsitzende, man sei für ein vereinigtes Deutschland und vor allem gegen alle linken Alternativgruppen. Insgesamt vertrete man die Politik der Republikaner und wolle diese auch unterstützen.

Leipzig

Donnerstag: 8. Februar

Mittags habe ich mich mit dem Fraktionsvorsitzenden der Republikaner im Berliner Abgeordnetenhaus, Frank Degen, verabredet. Die Republikaner-Fraktion hat ihre Räume im Rathaus Schöneberg. Frank Degen ist groß und schlank und trägt einen Bart. Sein dunkelblondes Haar steht widerspenstig vom Kopf ab. Er ist leger gekleidet, trägt einen Pullover, darunter ein offenes Hemd. Ich setze mich in den großen Sessel der Sitzgarnitur, die vor dem mächtigen Schreibtisch steht. Er erzählt mir über die Fraktionsarbeit, beschreibt die Zusammenarbeit der Abgeordneten. »Ich sage immer, die sollen ihre Arbeit machen, wie sie wollen, aber im Plenum bestimme ich. Da habe ich als Fraktionsvorsitzender das Sagen.« Ich frage ihn, wie die Zusammenarbeit mit den anderen Fraktionen ist. »Mit der CDU gibt es eine sehr gute Zusammenarbeit«, meint er. »Da gibt es Absprachen, aber auch schon mehr als Absprachen. Hinter verschlossener Tür läuft da einiges mehr.«

Frank Degen ist sauer über den Parteivorsitzenden Franz Schönhuber. In diesen Tagen trifft sich hier die gesamte Fraktion der »Eurorechten« im Europaparlament mit ihrem Fraktionsvorsitzenden Le Pen aus Frankreich, Chef der »Front National«, den französischen Republikanern. »Ich habe durchgesetzt, daß der Parlamentspräsident des Berliner Senats einen offiziellen Empfang für die Gäste aus dem Europaparlament gibt. Le Pen hat mir gesagt, so sind die in der ganzen Zeit ihres Bestehens noch nie empfangen worden. Und was macht Schönhuber? Der hält es nicht für nötig, an so einem Termin teilzunehmen, sondern fliegt in die Schweiz zu irgendeinem Fernsehinterview.« Er hält überhaupt nicht viel von Schönhuber. »Der läßt die Zügel total schleifen. Seit der in Niedersachsen mit dem Margraf so eine Niederlage erlebt hat, setzt der nichts mehr durch, er wartet nur noch ab, wer sich von alleine durchsetzt. Das ist doch kein Parteivorsitzender!«

Frank Degen redet als Betroffener, denn am Wochenende ist der Westberliner Landesparteitag, und es steht auch hier eine Entscheidung zwischen zwei »Linien« bevor. Dann sprechen wir über die Unterstützung der Republikaner in der DDR. »Da machen wir natürlich sehr, sehr viel. Wir unterstützen die organisatorisch, mit Material und helfen bei der Gründung der Kreisverbände. Morgen abend wird hier im Rathaus Schöneberg die Gründung des ersten Landesverbandes in der DDR stattfinden. Wir gründen den Landesverband Brandenburg.« Er lädt mich ein, an der Veranstaltung teilzunehmen, was ich gerne annehme.

Wir sprechen wieder über Berlinpolitik. Er erklärt mir: »Hier in Berlin gehen außer den Grünen alle, auch die SPD, davon aus, daß wir noch in diesem Jahr die Wiedervereinigung haben.« Und dann erzählt er vom Regionalausschuß, in dem

Politiker aus beiden Teilen Berlins zusammensitzen und Probleme der Stadt gemeinsam angehen und die Perspektive einer einheitlichen Stadt Berlin planen. »Und jetzt sind die Republikaner in der DDR verboten, aber hier im Regionalausschuß sitzt selbstverständlich ein Vertreter der Republikaner. Der sitzt dann auch drüben im Roten Rathaus und redet mit der DDR-Führung.«

Dann kommt Degen wieder auf seine eigene Person zu sprechen und beklagt sich, daß Schönhuber ihn nicht gebührend beachte. »Ich bin der ranghöchste Politiker der Republikaner in der Bundesrepublik. Aber in Rosenheim auf dem Parteitag mußte ich ganz in der Ecke sitzen. Das ist doch nicht richtig. Und meine Rede konnte ich nur unter dem Punkt ›Verschiedenes‹ anbringen.« »Aber Schönhuber begreift das nicht«, klagt er. »Ich fahre mit einer Delegation des Abgeordnetenhauses nach Paris, London, Washington, Moskau und rede dort mit Politikern, an die Schönhuber gar nicht rankommt. Aber meinen Sie, der fragt mich mal danach?«

Im Moment scheint er überall die Opposition gegen Schönhuber zu organisieren. Das einzige, was man tun könne, meint er, man muß miteinander reden, sich zusammenschließen. Er sei ja, als ehemaliger Bundesgrenzschutzmann, von der GSG 9, öfter in Siegburg, und von da sei es ja nur ein Katzensprung nach Köln. Das habe er auch mit Markus Beisicht besprochen.

Wir reden noch über die geplante Kooperation der Kölner und Berliner Fraktion und vereinbaren gegenseitige Besuche.

Zum Schluß zeigt er mir ein mehrseitiges Schreiben, in dem verschiedene Berliner Republikaner angegriffen werden. Wie bei den »Schlammschlachten« in NRW geht es da um Vorwürfe wegen NPD- und DVU-Vergangenheit, FAP-Mitgliedschaft, Veruntreuungen usw. Es scheint wirklich überall dasselbe zu sein.

Freitag, 9. Februar

Wie verabredet, bin ich abends um neunzehn Uhr im Schöneberger Rathaus zur Gründungsversammlung des ersten Landesverbandes der Republikaner in der DDR, in Brandenburg.

Frank Degen schimpft mal wieder über Schönhuber. »Der hat zu der Versammlung für sieben Uhr eingeladen. Und was ist? Er ist nicht da. Der sitzt noch in seinem Hotel und muß noch eine Suppe essen. Und dann hat er eben anrufen lassen und gefragt, wieviel Leute denn da seien. Und wollte davon abhängig machen, ob er überhaupt kommt. Obwohl er als Redner in der Einladung angekündigt ist.« Der große Versammlungsraum ist bereits sehr voll, als wir dort eintreffen. Auf einem Tisch stehen Getränke bereit, Bier und Saft und zwei Platten mit Broten, die aber schon leergegessen sind. In langer Reihe stehen die Tische in U-Form. Fast hundert meist sehr junge Männer sitzen auf den Stühlen. An der Kopfseite sind noch mehrere Stuhlreihen zusätzlich aufgebaut. Die jungen Männer tragen meistens Jeans, die typischen verwaschenen DDR-Jeansjacken. Ein paar haben glattrasierte Köpfe. Nur einige wenige ältere Männer sind anwesend. Das war mir bereits in Leipzig aufgefallen, daß die Mehrheit der Mitglieder auffallend jung ist. Die »alten Kameraden«, die in der BRD bei den Republikanern ein gutes Drittel der Mitglieder ausmachen, fehlen hier (noch?) fast vollständig. In der Ecke sehe ich die Leipziger »Parteifreunde« sitzen und begrüße sie. Sie rücken zusammen, und ich setze mich zu ihnen.

Obwohl auf der Einladung stand: »Es wird bis zum Punkt 5 der Tagesordnung die Möglichkeit gegeben, der Partei beizutreten, um stimmberechtigt an der Gründung des Landesverbandes teilzunehmen«, und mehrere Male darauf hingewiesen und gedrängt wird, sind es zum Schluß nicht mehr als 28 stimmberechtigte Mitglieder. Die anderen sind entweder Sympathisanten, Ost-Mitglieder aus Berlin oder anderen Gebieten der DDR. Dann endlich geht die Türe auf, Schönhuber kommt herein, vor und hinter ihm drängen einige junge Männer in den Saal, wohl seine Leibwache. Alle klatschen Beifall. Schönhuber hält eine Grundsatzrede, in der er alle bekannten Programmpunkte erwähnt. Ich habe den Eindruck, es ist seine Standardrede, denn sie ist in keiner Weise speziell auf die DDR zugeschnitten.

Danach wird die Satzung einstimmig verabschiedet, und der Landesverband Brandenburg ist gegründet. Ich glaube, den meisten ist dieser historische Augenblick nicht bewußt, der mit der Verabschiedung der Satzung gerade geschehen ist: die Gründung des ersten Landesverbandes der Republikaner in der DDR.

Der siebenundvierzigjährige Kraftfahrer Peter Gillian aus Potsdam wird zum Landesvorsitzenden gewählt.

Als es um die Beisitzer geht, plädiert Schönhuber dafür, eine Frau zu wählen. Aber die einzige, die sich bereiterklärt zu kandidieren, ist erst siebzehn Jahre alt und daher nicht wählbar. Die anderen zwei oder drei anwesenden Frauen aber lehnen ab oder sind nicht Mitglied. Wiederum fällt mir auf, daß außer der Gruppe aus Potsdam, aus der auch der Landesvorsitzende kommt, auch alle Funktionäre sehr jung sind.

Ein Mitarbeiter der Westberliner Abgeordnetenfraktion stellt den Entwurf für das Wahlprogramm für die Wahlen zur Volkskammer vor, das man zusammen mit einigen DDR-Bürgern erarbeitet habe.

»Liebe Parteifreunde, ich darf Ihnen kurz das Wahlprogramm zu den Volkskammerwahlen, wie wir es uns gedacht hatten, erläutern. Wir waren ja der festen Meinung, daß man drüben demokratisch genug wäre, uns die Chancen wie allen anderen Parteien einzuräumen, so daß wir am 28. März auch zu den Wahlen antreten konnten. Wir haben uns dabei auch recht gute Chancen ausgerechnet, auch mit einer Fraktion in der künftigen Volkskammer vertreten zu sein.« Er verweist wiederholt darauf, daß die Westberliner nur die redaktionelle Arbeit übernommen hätten. »Die Ideen stammen uneingeschränkt aus Mitteldeutschland, und insofern möchte ich Euch dieses Programm empfehlen zur Verabschiedung als mitteldeutsches Programm, auch wenn wir höchstwahrscheinlich nicht zu den Wahlen antreten können. Wir können aber bekunden, daß alle Lügen, die über uns verbreitet werden, wir wären neonazistisch, neofaschistisch, unbegründet sind. Dieses Programm weist uns als eine einwandfreie demokratische Partei der demokratischen Rechten in Deutschland aus, und wir können mit diesem Programm an die Öffentlichkeit gehen und haben nichts zu verbergen.«

Nachdem auch Schönhuber für die Annahme des Programms plädiert, gibt es einige Wortmeldungen. Ein etwa vierzigjähriger Mann stellt sich als Kraftfahrer vor. »Ich habe acht Jahre für meine Überzeugung im Gefängnis gesessen«, fügt er hinzu. Er will die Grenzfrage näher erläutert haben.

»Herr Schönhuber hat ja in seinem Parteiprogramm drüben diese Wiedervereinigung Deutschlands in den Grenzen von 1937, das wird ja den DDR-Bürgern dauernd vorgehalten... Ich denke, da sollten wir doch im Programm erstmal sagen: wir wollen erstmal das vereinigte Deutschland. Wenn die anderen Völker sich uns anschließen, sind wir gerne bereit, die aufzunehmen. Aber erstes Ziel muß doch die Wiedervereinigung sein.«

»Wir fordern nicht etwas, was revanchistisch ist«, erwidert Schönhuber. »Unsere Formel heißt: Nach dem Potsdamer Abkommen, nach dem alliierten Abkommen, laut Karlsruhe, heißt es im Text und für uns: das deutsche Reich besteht weiter innerhalb der Grenzen von 1937. Bis zum Abschluß eines Friedensvertrages. Wir wären schlechte Anwälte unseres Volkes, wenn wir vor einem Friedensvertrag bereits bestimmte Rechtspositionen preisgeben würden. Denn dann hast du ja

nichts mehr zu verhandeln. ... Aber der entscheidende Satz heißt: Bis zum Abschluß eines Friedensvertrages. Sollte uns der Friedensvertrag diese Grenzen nicht geben, so haben wir das zu akzeptieren. Das ist das Entscheidende. Es ist eine Rechtsposition, die in der ganzen Welt anerkannt ist. Kein Mensch denkt an eine Vertreibung, das ist so idiotisch wie gerade was. Aber, ich sag nochmal: bis zum Abschluß eines Friedensvertrages... Da werden wir mit Optimalforderungen reingehen, um dann vielleicht Minimalgeschichten zu kriegen. Wenn man das den Menschen so sagt, dann verstehen die das...« (Daß diese Äußerungen Schönhubers nicht völlig abwegig waren, zeigten die plötzlichen Forderungen Helmut Kohls Anfang März 1990 gegenüber der polnischen Regierung, von denen vorher nie die Rede war.) »Das, was die SPD hier macht, mit der verbindlichen Anerkennung der Grenzen, das ist rechtswidrig, das steht denen nicht zu, auch wenn sie sich damit den Beifall vielleicht der Polen einhandeln. Aber wir sind ja rechtsfixierte Menschen.«
Und er begründet nochmal, warum es besser ist, die Grenzfrage im Programm nicht so explizit anzusprechen.
»Ich meine, im Moment geht's ja nicht darum, so etwas in die Tat umzusetzen. Man sagt hier, die wollen ein Großdeutsches Reich. Wer Geschichte kennt, weiß, die Grenzen von 1937 sind die Grenzen der Weimarer Republik. Das Großdeutsche Reich begann nach 1937. Mit dem Anschluß Österreichs, mit Sudetenland, aber 1937 ist Weimar. Also unsere deutschen Journalisten sind so blöd inzwischen geworden, daß sie ihre eigene Geschichte nicht mehr kennen. Und deshalb sagen wir, liebe Parteifreunde, wir sollten die Grenzfrage hier in der Tat nicht anführen. Aber ihr werdet ja permanent jetzt gefragt werden, daß wir dann auch eine Argumentation haben, wie wir Republikaner zu dieser Frage stehen. Und da sollten wir mit einer Zunge sprechen, nicht mit fünfzig Zungen, sondern mit einer.«

In der Ecke meldet sich einer der wenigen älteren Männer, er ist vielleicht sechzig Jahre. Er ist noch nicht zufrieden.
»Der Russe hat den Polen Gebiete weggenommen und hat dafür die deutschen Gebiete eingetauscht. Jetzt müssen wir doch den Zustand wiederherstellen. Das heißt aber doch, der Russe soll die alten Gebiete an Polen wieder zurückgeben, und dann kann man erst verhandeln. Alle anderen Argumentationen sind doch Verdrehungen der Verhältnisse. Der Russe hat den Polen Gebiet weggenommen, als Ersatz deutsche Gebiete gegeben, wo er gar nicht berechtigt war, und die soll er erstmal zurückgeben.«
Schönhuber steht auf. »Was Sie sagen, ist historisch richtig«, antwortet er. Und dann läßt er die Katze aus dem Sack. Es ist das erste Mal, daß er hier, im kleineren Kreis, so deutlich den Unterschied zwischen dem, was die Republikaner meinen und dem, was sie aus taktischen Gründen sagen, offenbart:
»Was Sie sagen, ist historisch richtig, denn Königsberg war ja auch einmal deutsches Land. Nur im Moment würde ich – Nein« Er macht eine Pause, setzt neu an. »Uns geht es darum, bestimmte Programmpunkte durchzubringen. Und wenn wir allzuviel jetzt bereits fordern, dann gibt es einen gewaltigen Rückstau. Nicht jeder von uns ist in der Lage, dies immer historisch richtig zu erklären, darum sollten wir bestimmte Dinge nicht in den Vordergrund stellen, um unser Programm sozusagen auf der Schiene durchzubringen, wie es hier heute angeführt ist.«
Alle klatschen, und damit ist die Diskussion über das Programm beendet. Es wird einstimmig verabschiedet.
Danach meldet sich ein junger Mann, die schwarzen Haare sind etwas länger, er trägt einen kleinen Oberlippenbart. Ungelenk, mit deutlichem Berliner Akzent, will er noch etwas sagen.
»Ich bin Republikaner, dazu bekenne ich mich auch. Und ich habe mich von Anfang an, seitdem ich bewußter Repu-

blikaner bin, das war schon durch die Westmedien so, daß wir als Republikaner total verhaßt sind – dazu bekannt, und dazu muß sich jeder bekennen, der dazu steht als Republikaner.

Wir müssen doch wissen, was wir machen. Wir können doch heute nicht hier vor Franz Schönhuber stehen und sagen: Ja bitte, ihr Republikaner, gebt doch mal 'n bißchen Kohle und macht doch mal was für uns.«

Einer aus dem neugewählten Landesvorstand antwortet ihm.

»Auf eine Art kann ich ihn verstehen, aber auf eine Art versteh ich ihn wieder nicht. Man weiß von vornherein, was für 'n Risiko man eingeht in der DDR nach dem Verbot, wenn man Mitglied wird. Das weiß man von vornherein. Ich kann mich nicht da hinstellen und so halbe halbe und abwarten. Entweder ich geh in die Richtung mit den Schwierigkeiten, egal, wie sie auch kommen, oder ich gehe nicht mit und werde nicht Mitglied.«

Dann ergreift der Landesvorsitzende Peter Gillian das Wort:

»Es wird immer welche geben, die Republikaner sind und auch in die Partei eintreten, und es wird auch viele geben, die Republikaner nur wählen, wenn die Partei zur Wahl zugelassen ist. Es können nicht alles Mitglieder sein.«

Natürlich hat der Parteivorsitzende Schönhuber das Schlußwort.

»Meine lieben Berliner Parteifreunde! Ich verstehe, daß es unterschiedliche Meinungen gibt. Ich weiß, wovon ich rede, ich war auch ein Ausgegrenzter, ich war zwar einer der mächtigsten Männer im westdeutschen Medienkartell, wurde wegen eines Buches entlassen. Jeder muß wissen, was er tut. Ein berühmter Wiener Dramatiker, Humorist obendrein, hat gesagt, das Leben an sich ist lebensgefährlich...

Natürlich steht mir ein Parteifreund näher, und weil er genau-

so wie ich auch morgen zusammengeschlagen werden kann. Denn es ist ja nicht so, daß es allein bei euch drüben eine Schwierigkeit ist, Republikaner zu sein...
Da muß man sich mal einen Menschen vorstellen, der eine Familie hat und der eine Karriere hat, der zuckt natürlich innerlich zusammen. Es wird dann sich herausschälen, wer hat den inneren Nerv, das auf sich zu nehmen. Ich akzeptiere den, der ihn nicht hat, aber ich freue mich ganz besonders über den, der ihn hat. Einer solchen Partei anzugehören ist nicht so, als würde man einer etablierten Partei angehören. Sie müssen damit rechnen, stigmatisiert zu werden. Sie müssen damit rechnen, wie es auch bei uns der Fall ist, ausgegrenzt zu werden. Sie müssen damit rechnen, daß der Nachbar vielleicht sagt, an sich ist er ein ganz patenter Kerl, aber, wenn ich mit dem gesehen werde, dann. Das wird sich erst dann ändern, wenn wir durch Wahlerfolge Teilhaber an der parlamentarischen Macht werden. Dann wird das passieren wie nach Berlin, da kommen sie haufenweise daher... und dann kommt der nächste Mißerfolg, dann sind sie wieder alle weg. Das sind die Wandervögel der Politikgeschichte. Ist menschlich, wir müssen aber damit rechnen, daß es auch hier so sein wird. Wir müssen auch damit rechnen, Freunde, daß möglicherweise auch mal ein Stasiagent unter uns sitzt. Also ich glaube, das brauch ich Euch nicht zu sagen, wie das gemacht wird. Es sind manchmal jene, die am lautesten schreien, die Republikaner am meisten loben und anschließend einen Bericht an die Zentrale machen. Auch das sollten wir aushalten. Ich auf alle Fälle gehe weg mit dem Gefühl, daß meine These stimmt. Wie ich unlängst gesagt habe, eigentlich sind unsere Chancen dort am größten, wo die Menschen den Erzfeind der Menschheit kennengelernt haben, nämlich den Kommunismus, deshalb glaube ich, daß unsere Chancen in der DDR größer sind als im Wohlstand in der Bundesrepublik. Wissen Sie, die Deutschen in der Bundesrepublik sind

praktisch schon unpolitisch geworden. Ihr Leben vollzieht sich so in dem Bereich Arbeit, Urlaub, Leute, Parties...
Wir sind zwar eine nationale Partei, das ist unser Oberbegriff, aber wir sind vor allen Dingen eine sozial verpflichtete Partei. Deshalb habe ich in Rosenheim hart kämpfen müssen. In unser Parteiprogramm wurde von mir hineingeschrieben, wir sind die Partei der Arbeiter, Bauern und des Mittelstandes. Wir dürfen nie vergessen, daß wir eine Arbeiter- und Bauernpartei sind, aber nicht in dem Sinne, wie es die DDR macht, wo es keine echten gibt, sondern wir sind die Partei jener Leute, die eher auf der Schattenseite des menschlichen Lebens sind...
Das sollten wir nie vergessen, das war immer in der Partei ein großes Problem, das ich zu bewältigen hatte, und ich tue mich relativ leicht, ich komme aus dieser Handwerksgruppe, bin ein Metzgersohn, heiße Franz, das ist in Bayern Schicksal. Und eigentlich können wir nicht besser schließen, und ich hoffe, ich begehe keinen Formfehler, aber weil mir das auch hier ein Anliegen ist, ich würde Sie bitten, unsere Versammlung damit zu beschließen, das wirkliche Lied der Deutschen zu singen, die 3. Strophe unserer Nationalhymne.«
Alle erheben sich und singen die dritte Strophe des Deutschlandliedes. Es ist schon ein merkwürdiges Gefühl, die Gründung eines DDR-Landesverbandes mit DDR-Bürgern zu erleben und dann die Nationalhymne der BRD zu singen.

Montag, 12. Februar

Ich telefoniere mit Rainer Vogel. Seine »Katastrophenmeldung«: Nachdem Ute Rottler ihr Ratsmandat zurückgegeben hat und der DAFIG-Mann Manfred Zeise ausgetreten ist, sind alle drei DAFIG-Leute aus der Fraktion ausgeschieden. Sie haben sich zur Fraktion »Die Bürger« zusammengeschlossen. Rainer Vogel sagt, entsprechend sei die Stimmung in der Fraktion im Moment sehr gedrückt.

Freitag, 16. Februar

Ein Telefonat mit Reinhard Rade aus München. Er berichtet, daß die Aktivitäten auch nach dem Verbot der Republikaner in der DDR ungebrochen weitergehen. »Wir kriegen weiterhin wahnsinnige Mengen von Zuschriften, seit wir verboten sind, mehr als vorher. Letzte Woche waren wir noch in Dresden, und diese Woche werden wir wohl statt in Leipzig in Chemnitz verteilen, weil da die Demonstration mittlerweile größer ist als die in Leipzig«, meint er. Mit vereinnahmender Selbstverständlichkeit benutzt er für Karl-Marx-Stadt wieder den alten Namen Chemnitz.

»In Leipzig bröckelt die Demonstration langsam ab, da wird fast nur noch Wahlkampf gemacht. Aber der Kreisverband in Leipzig macht brav weiter, die sind am Montag da und verteilen«, sagt er, die würde ich am normalen Treffpunkt finden.

Ich beschließe, am Montag noch einmal nach Leipzig zu fahren.

Montag, 19. Februar

Heute ist ein schöner warmer Frühlingstag. Die Sonne scheint, und überall in der Innenstadt von Leipzig sitzen die Menschen draußen und sonnen sich.

Gegen fünf Uhr das übliche Bild. Die Geschäfte schließen, und die Menschen eilen nach Hause. Der Karl-Marx-Platz füllt sich. Alle paar Meter bekommt man irgend ein Flugblatt in die Hand gedrückt. Die DSU verteilt eine Zeitung mit der Überschrift »Freiheit statt Sozialismus« und kündigt den Auftritt von Helmut Kohl am 14. März in Leipzig an. Ein »Arbeitskreis Europa der Vaterländer e. V.« verteilt seine politische Plattform, die in wesentlichen Punkten an die Programmatik der Republikaner erinnert. Unter Hinweis auf das »Heimatrecht der Deutschen« geht es gegen Ausländer und Asylanten, und man stellt die Forderung auf: »Unberechtigter NS-Vorwurf ist strafbar«. Am Rande des Platzes steht ein großer LKW aus Hamburg, um den sich die Menschen drängen. Eine ältere Ausgabe vom SPIEGEL wird kostenlos verteilt. Vor mir steht plötzlich ein Mann mit einem strahlendweißen Overall, der mir eine Broschüre in die Hand drückt: »Da haben wir die WIRTSCHAFT«, steht darauf. Es ist eine Einführung in die Marktwirtschaft, herausgegeben von der »Informedia-Stiftung«, einer »Gemeinnützigen Stiftung für Gesellschaftswissenschaften und Publizistik« aus Köln, die dem Bundesverband der Deutschen Industrie gehört. Im Park treffe ich die Leipziger Republikaner. Die Leipziger sind sauer. Weil Reinhard Rade nicht da ist, ist auch kein Material da, wird heute auf der Demonstration von den Republikanern nichts zu sehen sein. Es ist hier wie wohl überall in der DDR: die Republikaner leben nur durch die massive Unterstützung aus der BRD. Wenn diese Hilfe und vor allem die Materiallieferungen ausbleiben, gibt es keine politische Arbeit mehr.

Herald Liebheim und Claudia schimpfen über Rade. »Der kommt hier immer angeflogen, mit seinem Material, aber der benutzt uns nur als Handlanger zum Materialverteilen, damit er in die Medien kommt.« Ich gehe zum Kundgebungsplatz. Es sind erheblich weniger Demonstranten als vor einigen Wochen versammelt.

Da keine Flugblätter da sind, wollen die Leipziger Republikaner heute nicht an der Demonstration teilnehmen. Wir gehen durch die Altstadt und suchen einen Platz in einem Lokal. Aber alle sind absolut überfüllt.

Als wir über den Rathausplatz gehen, hören wir plötzlich aus der Seitenstraße Gesang. »Die Internationale erkämpft das Menschenrecht!« Eine Gruppe von vielleicht zweihundert jungen Leuten, Studenten wohl meistens, zieht durch die engen Gassen. Auf den Transparenten die Forderung nach Beibehaltung der DDR. Nach fast einer Stunde Herumlaufen geben wir auf und fahren mit der Straßenbahn in die Vorstadt.

Theo Schomers (r) mit dem Kreisvorsitzenden der Leibziger Republikaner

Dort finden wir im Hinterzimmer einer Kneipe Platz. Ich sitze mit Herald, dem Kreisvorsitzenden, zusammen. Er ist Werkzeugschlosser in einem großen Werk.

Er erzählt, daß er vor allem durch die Diskussion über die Wiedervereinigung zu den Republikanern gekommen ist.

»Wir haben immer über Vereinigung usw. geredet. Die anderen, mit denen wir uns immer unterhalten haben, sagten, (ihr spinnt, Ihr seid verrückt, wie stellt Ihr Euch das vor. Und wie das hier dann mit den Demos losging, haben wir gesagt, wir treten bei den Republikanern ein.

Die Republikaner sind ja im Prinzip die Partei, die schon immer für die Vereinigung eingetreten ist, schon seit Jahren.

Und ich fand gut, daß das Problem mit den Ausländern angeschnitten wird, wobei natürlich keine Ausländerfeindlichkeit da mitschwingt, es ist eine nationale Partei, aber ohne Natio-

nalismus, ohne daß es ins Faschistische geht. An einem Montag habe ich dann den Republikaner Reinhard Rade aus Bayern hier kennengelernt.
Na ja, und dann habe ich mit zwei Freunden, als die von der Armee entlassen waren, direkt die Aufnahmeanträge ausgefüllt.«
Jetzt wollen sie zunächst ein Wahlprogramm für Leipzig erarbeiten.
»Wir wollen auf jeden Fall eine Volkspartei und wirklich volksverbunden sein. Nicht wie andere Parteien, die hier nur mit Spitzenkandidaten operieren. Volksverbundenheit, das heißt, man muß auch für das Volk eintreten und dann auch verwirklichen, daß der Deutsche in Deutschland Vorrang genießen soll. Was jetzt die SPD schon wieder erzählt von erhöhter Solidarität und Unterstützung der Dritten Welt. Das ist ja alles ganz gut und schön, aber bloß, wir stecken hier so tief im Dreck mit unserer Wirtschaft, da kann man doch nicht an Solidarität denken.
Das ist in Westdeutschland natürlich noch verschärfter mit den Asylanten, die sehen ja nur den goldenen Westen. Aber auch bei uns gibt es viele Ausländer. Vietnamesen, Afrikaner, Algerier, Türken, aber in Leipzig vorwiegend Vietnamesen und Afrikaner, das sind Leute, die zum Teil studieren, zum Teil werden sie hier ausgebildet als Facharbeiter. Das ist ja genau das Problem, die Leute studieren hier, und dafür, daß die hier studieren dürfen, da kriegt der Staat je Person und je Tag soundsoviel Dollars...«
Der stellvertretende Kreisvorsitzende, einundzwanzig Jahre alt, Elektromonteur, mischt sich ins Gespräch ein: »Wir wollen ja gar nicht irgendwie was Großes, wir wollen ja auch niemanden unterdrücken, wir wollen das wie in der Schweiz machen, daß die hier eine Ausbildung kriegen können, aber dann wieder zurück in ihr Land gehen. Das nützt ihnen dann ja mehr und dem Land. Man muß sich

mal vorstellen, wie schwer das ist, als Deutscher zu versuchen, in der Türkei sein Recht zu bekommen oder was weiß ich, eine Aufenthaltsgenehmigung und alles, das ist ja schon sehr schwer. Mir gefällt am Programm der Republikaner außerdem, daß die Familie und Kinder wieder im Mittelpunkt stehen sollen.«

Claudia, die achtzehnjährige Schatzmeisterin, setzt sich zu uns. Sie ist noch in der Lehre als Krankenschwester und erzählt von massiven Schwierigkeiten mit ihrem Chef. Seit der weiß, daß sie bei den Republikanern ist, würde der sie ständig beschimpfen. »Bei mir sind ja fast nur Rote.«

Ich frage sie, wie sie denn als junges Mädchen zur Partei gekommen ist. »Ich habe mich in der Schule immer schon für Geschichte interessiert. Aber daß die immer nur negativ über Hitler geredet haben, das habe ich nicht geglaubt. Und dann habe ich vor zwei Jahren einen aus Stuttgart kennengelernt, der war schon bei den Republikanern. Der hat mir viel erzählt, was ich auch richtig fand. In der Schule haben die immer nur Schlechtes über die Nazis erzählt, und das habe ich schon nicht geglaubt. Letzte Woche war ich in Dresden bei einem Vortrag von David Irving. Bei dem offiziellen Vortrag hat der noch ganz allgemein geredet, auch über Verbrechen der Nazis. Aber danach gab es eine interne Versammlung, und da hat der gesagt, daß es wissenschaftliche Beweise gibt, daß es die Konzentrationslager gar nicht gegeben hat.

Der aus Stuttgart hat mir über die Republikaner in Westdeutschland erzählt. Mich hat das sehr fasziniert. Und der hat mir auch das Buch von Schönhuber geschickt: »Ich war dabei«. Die Geschichte von Schönhuber ging mir sehr zu Herzen. Die habe ich mir intensiv durchgelesen, weil wir es ganz anders gelernt haben in der Schule. Da waren die SS-Leute alles die Bösen, wurden schlechtgemacht. Seitdem ich das Buch gelesen habe, bin ich total von den Republikanern

überzeugt, und ich stehe auch zu dieser Partei. Und als dann die Münchner kamen, bin ich direkt eingetreten.«
Ihre Mutter darf nicht wissen, daß sie bei den Republikanern ist, erzählt sie weiter.
»Die war früher bei der LDPD und ist dort ausgetreten und ist seitdem parteilos, aber von der Überzeugung her ist sie rot geblieben. Meine ganzen Freunde, mit denen ich z. B. vor drei Jahren zusammen war, habe ich alle verloren durch meine Einstellung. Die lassen sich zu sehr von unserem Staat überreden. Man kann die Leute nicht überzeugen, die sind so erzogen worden, und man kann sie nicht überzeugen, weil sie Angst haben.« Sie erzählt, daß noch viele jetzt nach dem Verbot Angst haben, weiter mitzumachen. Dann reden wir über den Wahlkampf.
»Jetzt kommen natürlich alle hierher und machen Wahlkampf, SPD, Willy Brandt kommt hierhin – der Schweinehund, der kann bleiben, wo er ist. Nur Schönhuber darf nicht kommen. Das verstehe ich einfach nicht. Und die Leute sind so dumm. Falls es zu einer Wiedervereinigung kommen sollte, müssen sie die Reps ja auch akzeptieren, warum die uns jetzt verbieten, frage ich mich. Ich meine, sie sind ja auch bei Euch unbeliebt. Bei uns sind wir auch unbeliebt, weil jeder, dem Du sagst, ich bin Republikaner, der sagt: Du bist ein Nazi.« Willy Brandt ist auch für die anderen DDR-Republikaner ein rotes Tuch. Der Kreisvorsitzende aus Leipzig schreibt mir 14 Tage später einen Brief und bittet mich, ihm ein paar Bücher mitzubringen. Sein erster Wunsch: »Das Skandalbuch über Willy Brandt« und »Verbrecher und andere Deutsche« von Joachim Siegerist.
Sie reden darüber, daß sie viele junge Anhänger haben, »meistens Skinheads oder so was, die da bei uns eintreten wollen. Eigentlich wollten wir ja sowas vermeiden.«
»Ich soll wahrscheinlich jetzt gekündigt werden«, berichtet der stellvertretende Kreisvorsitzende. »Fristlose Kündigung,

wie mein Parteifreund, der ist ja schon fristlos entlassen worden. Die Arbeitskollegen sagen einfach, ich sei ein Faschist. Ich bin braunes Gelumpe, was überhaupt nicht stimmt. Die sagen ganz einfach, Schönhuber ist ein Faschist, und dann seid Ihr auch alle Faschisten.«

Am nächsten Tag finde ich ein Interview mit einem Leipziger Republikaner in der DDR-Zeitung »Junge Welt«.

»Frage: Was streben denn die Republikaner an?

Werte, die nichts Schlechtes an sich haben, die nur vernachlässigt und etwas anrüchig geworden sind. Es sind ja die Werte von 1939 bis 1945. Also Moral, Ordnung, Arbeit und Geldverdienen.

Frage: Parteichef Schönhuber sprach von einer Kriminalisierung der Republikaner durch die Presse. Wie siehst Du das?

Sobald irgendwelche Skins rumlaufen, heißt es gleich, die Reps. Die Skins sind aber keine Reps.

Frage: Sollte man sich nicht strikt von Faschos und Skins trennen?

Nein. Zum einen sind es unsere Wähler. Und zum anderen haben wir die gleichen Ideale. Nur sind wir eben rechts. Sie sind rechtsradikal.

Frage: Lehnst Du die Nazis ab?

Die Leute damals haben auf Befehl gehandelt. Es war Kriegsrecht... Ich würde von mir nicht behaupten, ich bin Nazi. Ich bin Republikaner, und darauf bin ich stolz. Mein Vater ist Ungar. Ich bin kein reiner Arier. Trotzdem bekenne ich mich zur deutschen Sache...

Frage: »Deutschland den Deutschen« ist auch ein Spruch der Faschos.

Nein. »Deutschland den Deutschen« ist nicht unbedingt eine faschistische Parole. Es ist einfach eine Parole der Deutschen an sich. Wobei wir natürlich auch Lebensraum für uns fordern...

Frage: Welches Bild hast Du als Rep von einem einheitlichen Deutschland?
Mindestens in den Grenzen von 1937. Wir hatten zu dieser Zeit auch Kolonien. Namibia zum Beispiel. Es könnte eine Art Bundesland werden unter deutscher Vorherrschaft, wirtschaftlich und politisch.«

Nach meinem Eindruck unterscheidet sich die Situation für die Republikaner von den Bedingungen in der Bundesrepublik. Die Mitglieder rekrutieren sich zum einen aus sozialen Randgruppen wie Arbeitslose, Vorbestrafte, Menschen, die »außerhalb der sozialistischen Gesellschaft« stehen. Sie sind hier erstmals erwünscht und anerkannt. Zum anderen ist die Naivität unter jüngeren Leuten in der DDR noch größer als in der BRD, und die Parolen der Republikaner werden so widerstandslos aufgenommen wie viele andere Segnungen aus dem Westen.

Über die Ansatzpunkte für ihre Propaganda in der BRD hinaus profitieren die Republikaner von der zurückgebliebenen politischen Kultur in der DDR. Zumal die erhofften materiellen Verbesserungen scheinbar nur durch die Wiedervereinigung zu erreichen sind. Für viele sind die Republikaner besonders attraktiv, da sie die extremste Gegenkraft zur verhaßten SED bzw. PDS darstellen.

Die politischen Erfolgschancen der Republikaner scheinen in der näheren Zukunft in der DDR sogar größer zu sein als in der BRD.

Da waren's nur noch drei

Dienstag, 20. Februar

Am nächsten Morgen bin ich wieder in Köln. Auf dem Anrufbeantworter finde ich einen Anruf eines jungen Parteimitgliedes, mit dem ich einige Male gesprochen habe. Er verabschiedet sich, da er morgen nach Südafrika fliegt. Er hat dort zusammen mit Gerd, dem ehemaligen Fremdenlegionär, bei einer privaten Söldnerarmee angeheuert.

Mittags gehe ich zur Fraktion, melde mich nach vierzehn Tagen Abwesenheit wieder zurück.

Nur Fred und Rainer Vogel sind da, Willi Cronenberg arbeitet seit letzter Woche im Wahlkampfbüro in Bonn. Rainer Vogel zeigt mir den Brief der drei ausgetretenen Fraktionsmitglieder. Dort heißt es u. a.

»Angesichts

1. des desolaten Erscheinungsbildes der REPUBLIKANER in der Öffentlichkeit,
2. der drohenden Feststellung der Verfassungsfeindlichkeit der Partei DIE REPUBLIKANER,
3. des Verbotes der Partei DIE REPUBLIKANER in der DDR,
4. des schlechten Erscheinungsbildes der Fraktion DIE REPUBLIKANER im Rat der Stadt Köln,
5. der schädlichen Auswirkungen auf die Arbeit und das Erscheinungsbild der Partei DIE BÜRGER,
6. der tödlichen Folgen für die frisch gegründete Schwesterpartei DIE BÜRGER in der DDR,

7. des eigenen Selbstverständnisses, das mit neokonservativem Gedankengut nichts zu tun hat, sowie
8. des entschlossenen Willens der Mitglieder der Partei DIE BÜRGER, eine eigenständige Partei zu bilden und eine politisch große zu werden,
beschließt der Parteirat, daß die Parteivorstandsmitglieder Ring und Weier umgehend die Fraktion DIE REPUBLIKANER zu verlassen haben...«

In der gesamten Kölner Presse hat der Austritt natürlich Schlagzeilen gemacht. »Reps im Rat – da waren's nur noch 3«, schreibt der Express, »Fraktion fällt auseinander«, »Betrug am Wähler« heißt es bei den anderen. Jetzt drohen weitere Folgen. Oberbürgermeister Burger kündigte an, daß jetzt geprüft würde, ob die beiden Mini-Fraktionen überhaupt noch die Fraktionsaufwendungen von 2300 DM pro Mitglied bekommen. Man überlegt, die Mindestfraktionsgröße auf fünf Mitglieder festzusetzen.

Markus Beisicht ist zur Zeit nicht in Köln, er macht zehn Tage Skiurlaub in den Alpen. Die ersten Stellungnahmen von Manfred Rouhs zeigen die Argumentationsrichtung.

Der Express schreibt: »Die Reps haben für ihre abtrünnigen Fraktionskollegen kein gutes Wort mehr übrig. Das seien doch ›Leute mit neonazistischem Gedankengut‹, meint Rep Manfred Rouhs. Weier und Ring hätten sich bei den Republikanern eingeschlichen und die Partei über ihre politische Herkunft und Ziele getäuscht... Die Republikaner wollen jetzt versuchen, die ›Bürger‹ verbieten zu lassen, weil die ›im Verdacht stehen, eine Nachfolgeabteilung der NSDAP zu sein.‹ Und das nicht ohne Hintergedanken. Denn dann würden die Reps die drei Ratssitze wieder zurückbekommen.« Soweit der Express.

Mit Rainer Vogel gehe ich in der Rathauskantine essen. »Das ist natürlich ein großer Schock. Ständig rufen Mitglieder an und wollen wissen, was los ist.«

Besonders empört sind sie, daß die DAFIG-Leute noch am Vorabend mit ihnen zusammen Sekt getrunken hatten. Und dann kam am nächsten Tag der Brief mit der Kündigung. Die Stimmung in der Partei und Fraktion, erzählen sie, ist sehr gedrückt. »Das war ein lang vorbereiteter Coup«, meint Rainer Vogel. »Die hatten das schon lange vor und haben nur darauf gewartet, daß Ute Rottler ihr Mandat zurückgibt.«
Rainer Vogel meint, »Das geht nicht von Ring und Weier aus. Da steckt wahrscheinlich ein Verfassungsschutzmann dahinter, der den Auftrag hat, die Republikaner in Köln kaputtzumachen.«
Wieder in der Fraktion zurück, lese ich das Rundschreiben an alle Mitglieder, das alle verbliebenen Ratsmitglieder und die sachkundigen Bürger unterschrieben haben. Ohne daß mich jemand gefragt hätte, steht da auch meine Unterschrift drunter. Dort heißt es: »Diese drei Ratsherren mißbrauchten den Republikaner-Zug als Trittbrettfahrer und wollen den Förderer und Freund wohnungssuchender Sinti und Roma, Dezernent Ruschmeier, mit der SPD zusammen zum Oberstadtdirektor wählen.
Diese ehemaligen DAFIG-Mitglieder offenbaren durch ihr Verhalten überdeutlich, daß sie nicht begriffen haben, um was im Entscheidungsjahr 1990 politisch gerungen werden muß. Dubiose Gruppen sind politisch verloren. Sie nutzen einzig und alleine den politischen Gegnern.«
Rainer Vogel zeigt mir eine Ausgabe der Zeitschrift »Pro Deutschland«, die Bertram Oertel herausgibt, ein Blatt, das vor Deutschtümelei und Ausländerfeindlichkeit nur so trieft. Bertram Oertel ist neben Ring, Weier und Zeise einer der Parteivorsitzenden der BÜRGER und, so Rainer Vogel, der Mann im Hintergrund.
Ich setze mich in den Versammlungsraum und arbeite meine Unterlagen für den Schulausschuß durch. Ein WDR-Fernsehteam hat sich angekündigt und macht ein Interview mit

Michael (Theo) Schomers im Schulausschuß der Stadt Köln

Rainer Vogel. Auf die Frage, ob denn Markus Beisichts Führungsqualitäten ausreichen, antwortet Rainer Vogel sehr ausweichend und vorsichtig. In den letzten Sitzungen sei die Fraktionsarbeit hart kritisiert worden. Die drei Herren von der DAFIG hätten den Erfolg der Republikaner kaputtgemacht. Es sei Markus Beisichts Verdienst, meint er, in einer wichtigen Zeit gute Parteiarbeit gemacht zu haben. Aber Partei- und Fraktionsarbeit sei nicht dasselbe, und Begeisterung reiche eben nicht immer aus.
Im Schulausschuß stimmen wir heute über einen Schulneubau von 51 Millionen DM ab. Einstimmig heben wir alle die Hände. Ein irgendwie erhebendes Gefühl, über so viel Geld mitentscheiden zu können.

Von Bürgerschutz und Wotans Wölfen

Mittwoch, 21. Februar

Meine Recherchen über Jochen Weier, Friedrich Ring und Bertram Oertel geben einen interessanten Einblick in deren politische Biografie.

1982 wurde in Köln der »Deutsche Bürgerschutz« gegründet. In einer Einladung vom 18.6.82 beschreibt der Vorsitzende Friedrich Ring die Ziele: »Angesichts... der Verminderung der Sicherheit des Bürgers durch das sprunghafte Anwachsen der Kriminalität und angesichts der bedrohlichen Überfremdung durch den unkontrollierten Zustrom der Ausländer hat sich der Verein »Deutscher Bürgerschutz« (DBS) den Schutz der Interessen und der Identität der Deutschen in der Bundesrepublik Deutschland zur Aufgabe gestellt.« Sie wenden sich gegen die »millionenfache Überschwemmung und Überfremdung durch Völkerschaften aus völlig fremden Kultur- und Lebenskreisen, wie Asiaten, Afrikaner, Araber und Turkvölker.« Bekanntgeworden ist die enge Zusammenarbeit zwischen DBS und der CDU. Friedrich Ring und der stellvertretende Vorsitzende Dr. Werner Straube waren damals gleichzeitig Mitglied in DBS und CDU. Als das in Köln in der Presse berichtet wird, erklärte die CDU, Ring und Straube hätten sich vom DBS zurückgezogen.

Im November 1983 wird bekannt, daß insgesamt sechs CDU-Mitglieder der DBS angehören.

Jochen Weier und Friedrich Ring sind auch »Vorsitzende« der »Kultgemeinschaft für germanische Volksreligion – Wotans

Wölfe«, wo sie unter den Namen Mannus und Högni firmieren.

Auch dort steht der Gedanke der Einzigartigkeit der »germanischen« Kultur und Religion, die sich am »klarsten in der nordischen, germanischen Seele« offenbart, im Mittelpunkt. »Es ist höchste Zeit, daß Europa nach einer Zeit der Verfremdung wieder zu sich selbst zurückfindet. Insbesondere für uns Deutsche ist es höchste Zeit, daß wir uns rückbesinnen auf die Tugenden und die Sicht der Dinge dieser Welt«, heißt es in der Schrift »Die Erneuerung des Geistes«.

Da mit den germanischen Bräuchen und Kultgesellschaften nicht gut Politik zu machen ist, gründen Ring und Weier am 17.9.1988 dann ihre bisherige Partei, die »Deutsche Autofahrer Interessengemeinschaft« DAFIG. Vordergründig versuchen sie, aus dem populistischen Namen »Autofahrer« Kapital zu schlagen. Nur in zwei Punkten verraten sie ihre politische Gesinnung: »Die DAFIG ist derzeit die einzige politische Kraft auf deutschem Boden, die sich nicht scheut, aus grundsätzlichen Erwägungen heraus, ohne Wenn und Aber für die Angehörigen unseres Volkes alles zu fordern«, heißt es in einem Anschreiben an Interessenten, und in einem »Aufruf« fordern sie: »Wir wollen nicht die Sozialhilfezahler für die Asylanten der ganzen Welt sein.« Die angegebene Kontonummer der DAFIG ist übrigens die gleiche wie beim Deutschen Bürgerschutz und bei »Wotans Wölfen«.

Jetzt war es also wieder einmal soweit: Nach dem Bruch mit den Republikanern (der möglicherweise viel Instinkt für deren Zerfallsprozeß zeigt) wird eine neue Partei gegründet: DIE BÜRGER. Vorsitzender ist Friedrich Ring, seine Stellvertreter sind Ratsherr Jochen Weier, der Rats-Nachrücker Manfred Zeise und Bertram Oertel. Als Zielvorstellung ihrer »national-liberalen Partei« formulieren sie unter der Überschrift »Eine Partei für Deutschland« u. a: »Aufnahme des

Wotans Wölfe: Jochen Weier (oben) und Friedrich Ring

Kampfes gegen nationalen Niedergang und sozialen Abstieg... Wohlergehen eines ganzen Volkes unter dem vereinten Dach nationaler Kultur und Sprache!«

Bertram Oertel war bisher Vorsitzender der »Bürgerinitiative für Deutschland«. In der Zeitschrift »Pro Deutschland« liest man z. B. über Polen:

»Nach dem Zweiten Weltkrieg kam es zum größten Verbrechen der Menschheitsgeschichte an unschuldigen Zivilisten durch Rote Armee, Polen und Tschechen, indem 12 Millionen deutsche Frauen, Kinder und Greise auf unmenschliche Weise z. T. bestialisch ermordet, vergewaltigt und aus ihrer tausendjährigen deutschen Heimat unter Aufgabe allen Hab und Gutes vertrieben wurden...

Dieses Verbrechen ist bis heute weder gesühnt noch als Verbrechen verurteilt worden. Dank deutschen Fleißes und deutscher Vergeßlichkeit haben wir dieses Unrecht gegen uns aus dem offiziellen Bewußtsein verdrängt. Deshalb ist es möglich, daß die »Räuber« unserer deutschen Ostgebiete nicht nur nicht verurteilt wurden, sondern großzügige Hilfen (Kredite, Hilfssendungen usw.) erhalten, ohne auch nur einen Funken von Dankbarkeit zu zeigen... Früher ging in Deutschland das geflügelte Wort von der »polnischen Wirtschaft« um, wenn irgendwo krasse Unordnung und Mißwirtschaft auftrat. Also liegt die Ursache der heutigen polnischen Misere tief in der polnischen Mentalität begründet.«

Der Charakter aller im Zusammenhang mit den beiden »DAFIG«-Leuten auftauchenden Organisationen und Vereine ist eindeutig und hat sich auch im Laufe der Jahre nicht verändert. Die Ankündigung, bei der neu gegründeten Partei »Die Bürger« handele es sich um eine »national-liberale Partei«, ist der erneute Versuch, unter einem populistischen Deckmäntelchen Wählerstimmen zu fangen.

Um vierzehn Uhr bin ich bereits in den Fraktionsgeschäftsräumen. Rainer Vogel verkündet mir den »politischen Er-

folg« von Herrn Ewald, dem Bezirksvertreter der Republikaner in Chorweiler. Er hat eine »große Koalition« von CDU, FDP, Republikanern und erstaunlicherweise auch der Grünen zusammengebracht. Gemeinsam haben sie die Errichtung eines Übergangsheimes für Roma / Sinti abgelehnt.
Dann zeigt mir Rainer Vogel ein Telefax, das Dieter und Gerd aus Südafrika geschickt haben. »Viele Grüße aus Pretoria. Sind bei einer netten Familie«. »Nette Familie ist natürlich eine Tarnbezeichnung für ihre Arbeitsstelle«, erklärt mir Rainer Vogel.
Auch Markus Beisicht ist heute zum ersten Mal nach seinem Skiurlaub wieder in Köln. Bevor er die Fraktionssitzung eröffnet, zeigt er uns einen Brief von Schönhuber. »Hier, ich zeig Euch mal was über den innerparteilichen Zustand der Partei, sehr interessant. Natürlich darf absolut nicht drüber geredet werden, aber trotzdem will ich Euch was zeigen.« Er gibt uns den Brief von Schönhuber an den Bundesvorstand. Schönhuber bezieht sich auf einen Artikel in einer Münchner Zeitung, in dem der Republikaner-Verlag RVG scharf angegriffen wird. In »CREDO« (»Das Politische Magazin für Deutsche«), einer der Zeitschriften dieses Parteiverlages, sei eine Anzeige erschienen, in der der RVG-Verlag für Hitlerfilme werbe. Schönhuber hat Angst um das Erscheinungsbild der Partei.
Er, Schönhuber, habe Franz Glasauer und Harald Neubauer, die beiden Geschäftsführer des Verlages, immer geschützt, aber das sei zuviel. (s. Anhang)
In der Anzeige in »CREDO« werden Kopien von alten Wochenschauen angeboten, mit Themen wie z. B.: Hitler in Finnland, Kämpfe an der Ostfront, Heldengedenktag in Berlin, 10. Jahrestag der Machtübernahme, Partisanenkampf in Jugoslawien, Sieg im Westen, Deutsches Afrika-Korps, SS-Verbände beim Angriff usw. Dagegen weist Markus Beisicht darauf hin, daß ein Hauptanteil des Verlages Schönhuber

selbst gehört: »Das sind die Sachen, mit denen die wirklich viel Geld verdienen.« (Gesellschafter des RVG-Verlages sind: F. Glasauer, R. Gigold, H. Dorn, Fladung und H. Neubauer. Franz Schönhuber tritt offiziell nicht in Erscheinung.)
Harald Neubauer hat in einem Brief zu den Vorwürfen Stellung genommen.
»Die von der ultralinken Münchner AZ« aufgestellte Behauptung, in der RVG-Zeitschrift »Credo« wäre NS-Material angeboten worden, ist eine infame Lüge. Tatsache ist, daß in »Credo« die Anzeige eines Fremdverlages erschien, in dem zeitgeschichtliche Filme angeboten werden, die in jedem Kaufhaus, Buch- und Versandhandel zu finden sind, so im Neckermann-Katalog. Es sind selbstverständlich keine NS-Produkte, sondern zeitgenössische Darstellungen der Kriegszeit, dazu gedacht, eine kritische Auseinandersetzung mit der Vergangenheit zu ermöglichen.« Als Markus Beisicht diese Passage vorliest, lachen alle, denn jedem ist klar, wie hier gelogen wird. Neubauers Behauptung, der Vorwurf beziehe sich auf die »Anzeige eines Fremdverlages«, ist nun wiederum ebenfalls glatt gelogen. Alle in CREDO 1/90 erschienenen Anzeigen stammen vom RVG-Verlag bzw. vom »REP-Versand«, der unter dem gleichen Postfach anzuschreiben ist. »Schönhuber hat eilig für Dienstag eine Bundesvorstandssitzung einberufen, nicht nur das Präsidium, sondern Bundesvorstand. Ich muß Dienstag deswegen extra nach Regensburg.« Markus Beisicht lehnt sich zurück, spricht mehr vor sich hin. »Die haben doch 'ne Macke weg.« Manfred Rouhs ist besorgt: »Wenn das wirklich zur Sache geht, wenn Schönhuber versucht, eine Landtagskandidatur von Glasauer und Neubauer zu verhindern, dann wird's viel Ärger in der Partei geben.
Markus Beisicht meckert vor sich hin: »Was soll der Brief, was soll die Bundesvorstandssitzung. Völlig überflüssig!«
Markus Beisicht schlägt drei Anfragen für die nächste Ratssit-

zung vor. Sie zielen auf die Hausbesetzer und auf die Roma/Sinti. Mit der ersten Anfrage wird nach Zahl und Ort der besetzten Häuser gefragt. Sie soll Grundlage für einen späteren Antrag auf Auflösung dieser Häuser sein. Jemand meint: »Außerdem ist es ja ganz gut, wenn wir einen genauen Lageplan haben.«

In den beiden anderen Anfragen geht es um den erklärten Hauptfeind und Zielscheibe vieler Anfragen und Anträge, die Roma/Sinti. Der krasse Gegensatz zwischen der Größe dieser Gruppe und dem Stellenwert, den diese in der Politik der Republikaner einnehmen, zeigt, wie sehr sie als Sündenbock und reine Symbolgröße für Agitation herhalten.

Markus Beisicht liest vor:

»Betrifft Landfahrerlager Schiffhof. Der Kölner Lokalpresse ist zu entnehmen, daß das Landfahrerlager überbelegt ist. Außerdem heißt es, daß die hygienischen Zustände auf dem Gelände Schiffhof untragbar seien. Die Gesundheit der dort Campierenden wie der deutschen Anwohner wäre in Gefahr.

Die Fraktion der Republikaner bittet daher die Verwaltung um die Beantwortung folgender Fragen: 1. Besteht wegen der untragbaren hygienischen Verhältnisse eine Seuchengefahr? 2. Wieviel Landfahrer halten sich zur Zeit im Landfahrerlager Schiffhof auf? 3. Wieviel Landfahrer leben dort illegal, d. h. ohne gültige Aufenthaltsberechtigung? 4. Denkt die Verwaltung an eine Abschiebung der sich illegal in Köln aufhaltenden Landfahrer?«

Es wird über mögliche ergänzende Fragen diskutiert. Rainer Vogel schlägt vor, die Formulierung aufzunehmen: »Warum werden bestehende Rechtsvorschriften nicht angewandt?« Markus Beisicht meint »Uns kann keiner was, wir sind nur besorgt, daß den armen Zigeunern hier eine Seuche droht...«

Birgit Golombek will nachfragen, wo es in Köln noch solche

Landfahrerlager gibt, »ich fände es wirklich interessant zu wissen, wo sich in Köln überall Zigeuner aufhalten.«
Aber der »Kampf gegen die Zigeuner« ist noch nicht zu Ende. Auch beim nächsten Antrag stehen sie im Mittelpunkt.
»So, wir kommen jetzt zu der Tierschutzanfrage«, meint Markus Beisicht. »Wir wollen ja auch was für unsere Tierschützer-Freunde tun. Also: Aus Tierschutzkreisen in Köln sind in den letzten Wochen Befürchtungen aufgekommen, daß es im Landfahrerlager Schiffhof zu Fällen von Tierquälerei, insbesondere an Hunden und Katzen, gekommen ist. Wenn diese Beschwerden im Kern richtig sind, dann müßte von seiten der Verwaltung unverzüglich gehandelt werden. Es wäre für das Ansehen Kölns sehr schädlich, wenn dort zugelassen würde, daß Haustiere, als schmerzempfindende Lebewesen, im Landfahrerlager gequält bzw. entgegen dem Tierschutzgesetz behandelt werden. »Behandelt werden« ist noch nicht der richtige Ausdruck, na ja, mal sehen. Die Fraktion Die Republikaner bittet daher die Verwaltung um Beantwortung folgender Fragen:
1. Sind der Verwaltung Fälle von Tierquälerei bzw. gravierender Verstöße gegen das Tierschutzgesetz im Landfahrerlager Schiffhof bekannt? Wenn dies der Fall ist, was gedenkt die Verwaltung zum Schutz der Haustiere im Lager Schiffhof zu tun?«
»Wenn man so unsere Anträge sieht«, meint einer aus der Runde, »könnte man meinen, daß Landfahrer völlig unmögliche Leute sind. Da ist direkt Seuchengefahr, die quälen nicht nur Katzen...« alle lachen, denn genau das sollen die Anträge ja auch suggerieren. »Ich habe nochmal mit der Frau von der Tierschutzorganisation geredet«, meint Markus Beisicht. »Ich habe wirklich gehofft, daß die Tierschützer uns wirklich mal Fälle nennen. Ich habe mir das hier nämlich aus den Fingern gesaugt, weil die gesagt hat, da wäre was dran. Ich bin da auch skeptisch, ob da wirklich was dran ist.« »Aber die Frau

kann nichts sagen?«, fragt Birgit Golombek. »Nein, die hat mir versprochen...« »Sag mal, essen die Zigeuner eigentlich sowas?«, wird sie unterbrochen. »Ja, die hätten wohl Katzen verspeist, was weiß ich.«

Markus Beisicht meint zum Abschluß: »Die Tierschützer sagen ja schon lange, wir sollten was machen für die. Aber das muß vernünftig formuliert werden. Wenn da nun Tiere gequält werden, ob von Deutschen oder von Landfahrern, das muß aufgeklärt werden, da muß dann was gemacht werden. Ich bin mal sehr gespannt, wie die Verwaltung sich da verhält. Die können ja einfach antworten: Solche Fälle sind nicht bekannt, und dann ist der Fall erledigt. Im Ausländerarbeitskreis wurde gesagt, die würden die Tierchen unheimlich quälen, würden die Katzen verspeisen und was weiß ich nicht alles.« Birgit Golombek wirft ein: »Was heißt das denn: quälen. Da müssen wir auch mit Fragen rechnen, und dann müssen wir wissen, wie die gequält werden.« »Weiß ich nicht«, erwidert Markus Beisicht, »die werden eingesperrt, haben keinen Auslauf, irgend sowas. Ist ja auch egal.«

Dann geht es wieder um das Thema, das alle am meisten bewegt, die DAFIG-Leute. Markus Beisicht berichtet, daß von den beiden ehemaligen Fraktionsmitgliedern mittlerweile doch Gesprächsangebote vorliegen, getrieben durch die Androhung des Oberstadtdirektors, die Mindestfraktionsstärke auf fünf Mitglieder heraufzusetzen. »Von Jochen Weier liegt ein direktes Gesprächsangebot vor und von Friedrich Ring über Gussmann.«

Da ist wieder der Name Gussmann. Wer ist Gussmann?

CDU und REP an einem Tisch – Volksbund Deutscher Ring

Immer, wenn es bisher um die Zusammenarbeit mit der CDU ging, tauchte an irgendeiner Stelle der Name Gussmann auf.

In meinen Recherchen stoße ich auf sehr interessante Zusammenhänge.

1963 wird in Köln der »Volksbund Deutscher Ring« (VDR) gegründet, u. a. von Günther Gussmann, Berufbezeichnung: Betriebsinspektor.

In seiner Satzung hat sich der »Volksbund Deutscher Ring« zur Aufgabe gestellt, »jeder fahrlässigen und böswilligen Verfälschung und Verzerrung des deutschen Geschichtsbildes entgegenzuwirken ... das Recht des deutschen Volkes als unveräußerliches Gut ... zu suchen ... eigenständiges, deutsches Kulturschaffen zu fördern und es vor Überfremdung und Auszehrung zu bewahren.«

In den nächsten Jahren wird der VDR zum Sammelbecken verschiedenster rechter Organisationen.

Günther Gussmann wird Geschäftsführer, später Vorsitzender des VdR.

Aber auch in anderen Zusammenhängen taucht der Name Gussmann wiederholt auf.

Am 7.1.1978 hält die NPD ein »Lesertreffen« der Zeitung »MUT« ab. Vor den ca. 200 Teilnehmern sprechen Ingo Halberstadt (NPD), Rainer Vogel (Nationales Centrum Köln) und Günther Gussmann (VDR). Die Kontakte zur NPD wie auch zu anderen rechtsradikalen Organisationen scheinen sehr gut zu sein, denn als der VDR im Juli 1978 eine »Bismarck-Gedenkfeier« abhält, sprechen der JN-Bundesvorsitzende und der »Propagandaleiter«, der Kölner DVU-Vorsitzende Hans Rustemeyer. Die Wiking-Jugend ist mit einem Fanfarenzug vertreten.

Der Charakter der Organisation geht aus Äußerungen in ihrem Mitteilungsblatt hervor:

»Die seit Jahren anhaltende ungehemmte Einwanderung unqualifizierter Farbiger ist zur unerträglichen Belastung geworden« (6/86)

– ... worauf sich die rote Journaille im Regionalfernsehen... über die »NPD-Krawallmacher« erboste.« (8/86)

– »Veranstalter war übrigens die rote Nisthöhle Evangelische Studentengemeinde« (11/86)

– In einem Bericht über eine Busfahrt heißt es: ...das Grab Karl Dönitz', des Großadmirals, dessen tapfere Seeleute 1945 im zusammenbrechenden Reich Millionen ostdeutscher Landsleute und verwundeter Soldaten den Klauen der Roten Armee entrissen.« (3/87)

Die Veranstaltungshinweise spiegeln das Adressatenspektrum des VDR wider. Da wird hingewiesen auf Veranstaltungen der Burschenschaft Germania, des Republikaners Prof. Emil Schlee, der Landsmannschaft Schlesien, des RFS, der DVU (David Irving: Reisebericht aus Südafrika), des Filmklub 49 (Roonstraße »Wochenschauen 1939–45) der Gemeinschaft für germanische Brauchtumsforschung unter dem heutigen Ratsmitglied Fritz Ring und vieler anderer, die alle im rechten Spektrum angesiedelt sind.

Im Oktober 1987 wird die Gründung der rechten Abspaltung der Wiking-Jugend, des »Sturmvogels«, unter Rudi Wittig und Reiner Schmitz mitgeteilt.

Auffallend ist, daß bei den Nachrichten über linke Gruppen alle Verantwortlichen stets mit voller Adresse aufgeführt sind.

Neben den Verbindungen zu allen rechtsradikalen Gruppen gibt es nun aber auch hervorragende Beziehungen zur Kölner CDU.

Am 15. Februar 1984 referiert beim VDR zum Thema: »Köln 1984 – ein Lagebericht« Adolf Hellmich, CDU-Ratsmitglied.

Und Adolf Hellmich, mittlerweile stellvertretender Fraktionsvorsitzender der CDU im Rat der Stadt Köln, ist nicht nur als Referent dort aufgetreten.

Bei der Jahreshauptversammlung des VDR am 9. Mai 1987 sitzt dort als Teilnehmer Adolf Hellmich u. a. mit folgenden Personen zusammen:

Günther Gussmann (VDR-Vorsitzender), Gabriele Schlaeper und Markus Beisicht (s. Anhang – Unterschrift Hellmich, Nr. 6; Beisicht, Nr. 81; Schlaeper, Nr. 78).

Diese Verbindungen also meint Markus Beisicht, wenn er des öfteren von der »Gussmann-Schiene« oder der »Gussmann-Hellmich-Schiene« sprach. Daher wurde mir im Schulausschuß Adolf Hellmich wärmstens als »sehr kooperationswillig« ans Herz gelegt.

Protokoll der Hauptversammlung des Volksbundes Deutscher Ring e.V. am 9. Mai 1987 in Köln.

66

Der Vorsitzende Günter Gussmann stellt fest, daß zur Hauptversammlung ordnungsgemäß eingeladen wurde und daß die Hauptversammlung beschlußfähig ist. - Kein Widerspruch.

Als Wahlleiter wird Markus Beisicht einstimmig, als Protokollführer wird Helmut Pauli einstimmig gewählt. - Beide nehmen die Wahl an.

Winfried Saenger trägt den Kassenbericht für die Kalenderjahre 1984, 1985 und 1986, Günter Gussmann den Geschäftsbericht des Vorstandes für die Zeit vom 1.1.1984 bis 31.12.1986 vor.

Winfried Saenger liest den Kassenprüfungsbericht vom 7. März 1987 vor, der besagt:

- Die Kasse wurde für die Zeit vom 1.1.1984 bis 31.12.1986 geprüft.
- Einnahmen und Ausgaben waren ordnungsgemäß verbucht.
- Die Belege waren vollzählig, die Buchführung war übersichtlich und gab zu keinen Beanstandungen Anlaß.
- Die Kassenprüfer Hans Robert Schneider und Alfred Kraus empfehlen der Hauptversammlung die Entlastung der Kasse.

Die Hauptversammlung beschließt einstimmig bei vier Enthaltungen die Entlastung des Vorstandes und der Kasse.

Nachstehend aufgeführten Mitglieder werden einstimmig bei vier Enthaltungen zum Vorstand des Vereins wiedergewählt:

Vorsitzender:	Günter Gussmann, kfm. Angestellter Auf dem Stumpelrott 20, 5000 Köln 50
Geschäftsführer:	Gerhard Gustmann, Postrat i.R. Römerstr. 28, 5000 Köln 50
Beisitzer: (1)	Louis Eyckmans, kfm. Angestellter Nagelschmiedstr. 13, 5024 Pulheim 3 (Stommeln)
(2)	Winfried Saenger, Dipl. Kfm. Saarblick 24, 5510 Saarburg
(3)	Peter Wegener, Buchhändler Argelanderstr. 46, 5300 Bonn 1

Die Herren Günter Gussmann, Gerhard Gustmann, Louis Eyckmans und Winfried Saenger nehmen die Wahl an.

Herr Peter Wegener ist beruflich verhindert, an der Hauptversammlung teilzunehmen.
Es liegt eine Erklärung vor, daß er im Fall der Wiederwahl das Amt annimmt.

Köln, den 6. Juni 1987

Gussmann
Eyckmans

Pauli

Anlagen

Amtsgericht Köln
Vereinsregister
Nr.: 24 VR 4037

Anwesenheitsliste

VDR Hauptversammlung
9. Mai 1987 in Köln

67

.1	Gussmann, Günter	.2	Gußmann Helga
.3	Gussmann, Sonnhild	4	Pauli Helmut
.5	Gussmann, Rüdiger	6	[illegible]
7	Irmgard Hellmich	8	Werner Kültz
.9	Erika Kulitz	10	Oskar Fuhrmann
11	Maria Hübner	88 + 12	Stork P. Josef + Frau Ursula
13	Günter Heilen	89 + 14	Hans Robert u. Johanna Schneider
.5	Maria Stübing	16	Korts Annemarie
17	Alfred Kreeftig	18	Lothar Prox
19	Anneliese Prox	20	Sandra Boden
21	Willi Boden	22	Käthe Baumgartz
23	Wilhelm Borchers	24	Jutta Pennings
25	Ute Koch	26	[illegible] Christ
67	Axel Redding	68	Ingrid Redding
9	Erna Jansen	70	Herbert Sylvester
71	Rainer Möller	72	Christel Apfelstedt
73	Ulrike Webers-Möller	74	Else Hüls
75	Dorothea Tarvettis	76	Fr. Dürlem
77	Siegfried Tanski	78	Gabriele Schloeper
79	Ulrich Heidemann	80	Hans Eckbach Fr.
81	Marthe Beisicht	82	Anita Zickert
83	Louis Gyckmann	84	Horst Zickert
85	Gerhard Gustmann	86	Günter Gustmann
87	Winfried Saenger	88	(siehe Nr. 12)
89	(siehe Nr. 14)	90	(siehe Nr. 59)

Wotans Wölfe – die machen wir fertig

Markus Beisicht will mit Jochen Weier reden und ihn vor allem zum Verzicht auf den Sitz im Landschaftsverband Rheinland bewegen. Das ist ihm so wichtig, seit er gehört hat, daß es da eine monatliche Aufwandsentschädigung von 3000 Mark geben soll.

Manfred Rouhs wirft die Frage auf, was er denn in dieser Verhandlung anbieten will. »Wenn man verhandelt, muß man irgendwas anbieten.«

Markus Beisicht meint: »Das Beste wäre, wenn der Oberbürgermeister die Fünferregelung einführen würde, dann wären die morgen hier.«

Es herrscht große Ratlosigkeit. Sabiene Münch ist es, die den Vorschlag macht: »Kann man denen nicht sagen, wir hätten ganz konkretes Material über »Wotans Wölfe«, aber wir würden darauf verzichten, das zu verwenden...«

Markus Beisicht steigt sofort darauf ein: »Ich muß nur zum »Express« gehen, da nehmen wir zum Beispiel den Mark Scharfenberg mit, der berichtet dann mal, was sich auf den Högnifeiern so abgespielt hat.«

Markus Beisicht schlägt vor: »Direkt nach Karneval müssen wir mal alle Mitglieder durchsehen und sehen, wer da Kontakt gehabt hat, wer da was weiß.«

Dann beschreibt Markus Beisicht seine Vorstellung über das Vorgehen: »Der Weier ist ein sehr bürgerlicher Mensch. Gewöhnlich würde ich jetzt sagen: Der muß vernichtet werden! Wir würden uns z. B. mal vor das Finanzamt stellen und...

oder unsere Mitgliedschaft in einem Rundschreiben mit der Telefonnummer von Weier versorgen und dann mal bitten, ein klares Wort zu sagen an Weier als Mitglied.
Das wäre normalerweise eigentlich nach dem Verrat angebracht gewesen.«
Manfred Rouhs gibt das Motto eines solchen Rundbriefes bekannt: »Wir wissen auch nicht, warum die Herren ausgetreten sind, fragen Sie sie selber.«
Alle lachen bei dem Gedanken. Markus Beisicht ergänzt noch: »Und das mal zweitausend Leute!« Wieder lachen alle.
Markus Beisicht fährt fort: »Man müßte zum Express gehen, denen damit drohen.
Wir könnten sie wirklich vollständig ruinieren, wenn das über den Ring rauskommt, daß der da im Gewand als Hohepriester bei seinen germanischen Kulthandlungen steht. Wenn wir da wirklich vernünftige Protokolle und Aussagen haben.«
Nun ist klar, wie man die beiden »Verräter« bekämpfen wird.
Markus Beisicht faßt zusammen: »Das würde ich doch jetzt mal in Auftrag geben, daß wir da mal einiges an Material sammeln.«
Dann überlegen sie, wer Unterlagen, am besten Fotos, haben könnte. Die Marschroute ist auf jeden Fall klar: Es wird Material über die beiden gesammelt, entweder als bessere Grundlage für Verhandlungen, oder um damit in die Öffentlichkeit zu gehen und sie zu »vernichten«, wie Markus Beisicht das gesagt hat.
Abends um acht Uhr ist in den Fraktionsräumen »Wahlkämpferbesprechung«. Am letzten Mittwoch, als Markus Beisicht noch im Skiurlaub war, hat es starke Kritik an ihm gegeben. Die versucht er jetzt aufzugreifen und zu unterlaufen, indem er eine lange Grundsatzrede hält.

Markus Beisicht redet fünfzig Minuten. Er erklärt, daß keiner die Entwicklung habe voraussehen können. Vor einem Jahr habe sich die DAFIG bei den Koalitionsverhandlungen verpflichtet, 500 Unterschriften zu sammeln. Das sei der Hauptgrund für die Koalition gewesen. Alleine hätten die Republikaner das nicht geschafft. Er sei vor zwei Wochen von Köln weggefahren, nach der Feier, bei der Manfred Zeise als Nachrücker seinen Einstieg in die Fraktion als neues Ratsmitglied gefeiert habe. Zweimal hätten ihm die DAFIG-Leute ihr Ehrenwort gegeben, alles für die Republikaner zu tun, und das hätten sie gebrochen. Am Abend, als man auf die gute Zusammenarbeit angestoßen hatte, sei der Brief mit der Kündigung bereits unterwegs gewesen.
Dann geht er auf die Kritik am Vorstand ein. Ja sicher, die Kritik sei berechtigt. Da seien eben solche Leute gewählt worden wie der ehemalige Bezirksvertreter in Chorweiler, den habe er seit sechs Monaten nicht gesehen. Und dann erzählt er, welche der Anwesenden aufgrund ihres großen Engagements eigentlich in den Vorstand gehörten. Er bemüht sich um jeden, erwähnt jeden Anwesenden mindestens einmal namentlich.
Rainer Vogel und ich verteilen den Entwurf der neuen »Domspitzen«, die in den nächsten Tagen gedruckt vorliegen werden. Es ist eine Veranstaltung, die einzig darauf gerichtet ist, jedes einzelne Mitglied zu beruhigen und einzubinden und die Kritik an Markus Beisicht aufzufangen. Das macht er unglaublich geschickt. Dementsprechend gibt es nach seiner Rede auch keine Diskussion. Alle sind anscheinend zufrieden.
Gegen zehn Uhr ist die Versammlung beendet.
Einige stehen noch im Vorraum und reden, als Markus Beisicht Rainer Vogel und mich in sein Büro hereinruft. Er schließt die Tür hinter uns. »Habt Ihr gesehen? Der X. hat total versteinert dagesessen.« »Aber meine Rede war doch gut, nicht wahr?«, will er von uns wissen. »Ich habe doch jeden, der da war, mindestens einmal erwähnt?«

Er redet wieder über X. »Ich habe ja schon gesagt, ich halte den für einen Verfassungsschutzagenten. Der ist gekommen, als angekündigt worden war, wir würden beobachtet. Und dann hat der für alles kandidiert, was es nur gab. Für mich hat der den Auftrag Köln kaputt zu machen. Die gehen davon aus: ist Köln kaputt, ist NRW kaputt.« Die Perspektive für Markus Beisicht: »Der muß rausgeschmissen werden!«
Wir gehen noch ein Bier trinken. Morgen ist Karneval.

Nachwort

Sieben Monate war ich Mitglied der Republikaner. Sieben Monate habe ich Höhen und Tiefen im Alltag der Partei erlebt, Republikaner in verschiedenen Regionen der BRD und in der DDR kennengelernt.
Was sind das für Menschen, die Mitglieder der Republikaner werden?
Die Republikaner sind das große Sammelbecken der Rechten in unserem Land geworden. Und entsprechend finden sich auch sehr unterschiedliche Gruppen von Mitgliedern. Da sind zum einen diejenigen, die eine klare politische Strategie haben und für die die Republikaner nur der momentan erfolgversprechendste Weg ist, die Politik der deutschen Rechten umzusetzen. Sie benutzen die Partei als Instrument für ihre deutschnationale, z. T. rechtsradikale Politik. Genauso sammeln sich die »Glücksritter«, die der Erfolg der Partei im letzten Jahr angezogen hat und die hoffen, hier eine schnellere Karriere machen zu können als in anderen Parteien. Daneben aber finden sich viele, die sich sozial ungerecht behandelt fühlen, die hier Gleichgesinnte finden und mit anderen gemeinsam aktiv werden wollen. Man findet eine Sicherheit schaffende gemeinsame Weltanschauung, Erklärungsmodelle und Feindbilder.
So entsteht durch das Parteileben ein Sog, der es auch Außenstehenden als erstrebenswert erscheinen läßt, sich dieser Gemeinschaft anzuschließen.
Das Gemeinschaftsgefühl ist aber gebrochen. Mich hat im-

mer wieder erstaunt, daß so gut wie keine persönlichen Beziehungen zwischen den Parteimitgliedern bestehen. Sicher, man geht nach den Versammlungen noch ein Bier trinken, das ist aber auch alles.

Am schwierigsten war für mich in der langen Zeit der Zwang zur Verstellung, der mich allerdings nicht vor der Erfahrung bewahrt hat, daß bei mir Feindbilder zerbrochen sind. Es hat sich eine innere Bereitschaft entwickelt, mich auch mit anderen politischen Positionen auseinanderzusetzen, die Menschen, die sie vertreten, ernstzunehmen.

Erschrocken hat mich immer wieder von neuem die starke Affinität zur Gewalt, nicht zuletzt in der Sprache.

Die Republikaner sind für mich nach diesen sieben Monaten eine Lügenpartei. Mag Parteichef Schönhuber das Parteiprogramm auch noch so »legalistisch« verbessern, mag sich die Partei auch noch so den Anschein einer »neuen Rechten«, einer intellektuellen, von allen neonazistischen Tendenzen gesäuberten Partei geben wollen. Meine Erfahrungen, mein Alltag in der Partei, den ich kennengelernt habe, zeigen anderes:

– Es existiert keine demokratische Meinungsbildung von unten. Genauso wie der Parteivorsitzende Schönhuber nach Belieben Parteimitglieder, ja ganze Landesvorstände ausschließt oder Ausschlüsse rückgängig macht, ist dies auf Kreisverbandsebene Realität.

– Die immer wieder offen vertretene Elitetheorie hat m. E. gefährliche politische Implikationen. Aus der grundlegenden Feststellung der Ungleichheit der Menschen werden ungleiche demokratische Rechte abgeleitet. Das führt zum Ausschluß der Mehrheit (z. B. der Parteimitglieder) vom demokratischen Willensbildungsprozeß und in der weiteren Konsequenz, auch völkerrechtlich, zu Ausländerfeindlichkeit, Rassismus und Apartheid.

– Der Traum von einem großen, starken Deutschland, dem

»Reich der Mitte« führt zu Revanchismus, wie er sich in internen Diskussionen, auch in Äußerungen von Schönhuber, immer wieder zeigt.

– Nach außen hin versucht die Partei, sich »sauber« zu halten. Mitglieder mit beweisbarer neonazistischer Vergangenheit (NPD, DVU, FAP etc.) werden »aus der ersten Reihe« genommen. Eine wirkliche Trennung von diesen Leuten aber wird nicht vorgenommen. Aufgrund ihrer politischen Erfahrungen werden diese Mitglieder besonders im hauptamtlichen Funktionärsapparat eingesetzt.

In den sieben Monaten meiner Parteimitgliedschaft hat sich zu einigen Menschen eine persönliche Nähe entwickelt. Wir haben zusammen Politik gemacht, gearbeitet, diskutiert, gelacht und gefeiert. Sicherlich, ich habe meine »Parteifreunde« getäuscht, habe vorgegeben, ein anderer zu sein.

Wir haben doch eine Nähe entwickelt, die zwischen Linken und Rechten normalerweise nicht möglich ist, weil »man mit Feinden nicht diskutiert«.

Vielleicht gibt es aber doch die Möglichkeit, nun miteinander ins Gespräch zu kommen.

Köln, den 12. März 1990 Michael (Theo) Schomers

Anhang

E I D E S S T A T T L I C H E   E R K L Ä R U N G

Hiermit erkläre ich, Mark Schafenberg, wohnhaft in Köln, in Kenntnis einer falschen eidesstattlichen Versicherung, an Eides statt:

Ich war nie Mitglied des Sturmvogel oder einer ähnlichen rechtsextremen Organisation.

Köln, den 3.November 1989

STURMVOGEL Köln de. 15.01.1988
Horst Köln
Horstführer
Mark Scharfenberg
Gottesweg 83
5000 Köln 51 (Zollstock) Tel 0221/360 15 70

Liebe Kameradinnen und Kameraden !
Nach unserem erfolgreichen Winterlager möchte ich euch über Karneval zu einer Wanderung durch die Lüneburger Heide einladen.
Wir treffen uns in Hanstedt südöstlich von Buchholz. Zu erreichen über die Autobahn 7 von Norden Abfahrt Thieshope über Brakel nach Hanstedt. Von Süden Abfahrt Garlsdorf über Niendorf nach Hanstedt. Skizze anbei.
Von Hanstedt werden wir durch den Naturschutzpark Wilseder Berg wandern. Der Wilseder Berg ist mit 169 m ü.N.N. die höchste Erhebung der Lüneburger Heide. Übernachten werden wir in Schafställen, die es dort in großer zahl gibt oder ggf. in der Kothe.

Hier die näheren Einzelheiten:

Dauer der Fahrt: Von Samstag den 13.02. bis Montag den 15.02.1988.

Treffpunkt: Wir treffen uns am 13.02. um 12.00 Uhr in Hanstedt vor der Kirche.

Rückkehr: 15.02. etwa um 16.00 Uhr in Hanstedt.

Leitung: Mark Scharfenberg

Mitzunehmen: Für Gruppen wenn möglich Kothe, Hordentopf und Beil.
Im sauber gepackten Affen o.Ä.
Selbstverpflegung für 3 Tage, Taschenlampe, Kerzen, Essgeschirr, Essbesteck, Kompass, Schlafsack, Poncho, Liederbuch, Gitarre, Wäsche, Socken und Hemd zum Wechseln, Waschzeug, Handtuch, Pullover, ggf. Schal und Handschuhe.

Anmeldung: Bis spätestens 01.02.1988 an Mark Scharfenberg Adresse s.o.
Bitte vermerkt auf der Anmeldung ob ihr Kothe oder Hordentopf mitbringt.

Wer kann einen Wimpelspeer mitbringen !?

Bei Unklarheiten wendet euch bitte an mich.

So verbleibe ich mit kameradschaflichem Gruss

M. Scharfenberg
Mark Scharfenberg

DIE REPUBLIKANER

- Der Bundesvorsitzende -

Europabüro
Franz Schönhuber, MdEP
Fraunhoferstr. 23
8000 München 5
Telefon 089/2021711
Telefax 089/2010204

An den
Bayerischen Landesvorstand
und den Bundesvorstand

München, den 19.02.1990

Liebe Parteifreunde,

nach einem harmonisch, ja begeisternd verlaufenen niedersächsischen Parteitag in Braunschweig traf es mich schockartig, als ich auf dem Frankfurter Flughafen beiliegende Titelseite der auflagenstarken und weitverbreiteten Münchner Abendzeitung sah.

Da nunmehr die ganze Angelegenheit zu unser aller Bedauern öffentlich gemacht worden ist, muß ich Ihnen zur Kenntnis bringen, was ich Herrn Neubauer in Straßburg vor einigen Tagen persönlich gesagt habe:

1. Ich laße mich nicht weiter persönlich beschädigen und meinen Ruf ruinieren.

2. Meine Schmerzgrenze ist nicht nur erreicht; sie ist überschritten. Dabei ist es jetzt nicht schon beinahe belanglos, ob dieses katastrophale Fehlverhalten aus Dummheit, Fahrlässigkeit oder gar - was ich nicht glauben möchte - aus Absicht resultiert.

Sie müssen wissen: Ich habe von vorneherein vor diesem CREDO gewarnt, war skeptisch hinsichtlich der Zusammensetzung des Mitarbeiterstabes. Die Herausgeberschaft habe ich abgelehnt, Hinweise auf meine Person untersagt.

Meiner Meinung nach wäre es besser gewesen, dem neuen Chefredakteur unserer Zeitung hilfreich zur Seite zu stehen, statt ein eigenes Süppchen zu kochen und die Kräfte zu zersplittern. Es muß Schluß sein mit Postengier und Eifersüchteleien. Es sollte niemand mehr Verantwortung übernehmen als er tragen kann.

Liebe Parteifreunde: Ich habe gewiß kein Loyalitätsdefizit gegenüber dem oder den Verantwortlichen von CREDO. Ich habe mich stets voll vor die Herren Neubauer und Glasauer gestellt, meistens zu Lasten meiner Person. Ich verleugne gewiß nicht die Verdienste, die sich beide Parteifreunde um die Partei erworben haben, aber dieser Vorgang muß rückhaltlos aufgeklärt werden.

Mein Vorschlag: Da die Kommunalwahlen in Bayern von allergrößter Bedeutung sind und wir jetzt keine Unruhe ertragen können, sollte man den ganzen Komplex unmittelbar nach dem 18. März behandeln. Warnen möchte ich aber bereits jetzt davor, übereilt Landtags- und Bundestagskandidaten aufzustellen. Warum?

1. Die Partei muß eine Art Kosten-/Nutzenrechnung hinsichtlich der Kandidaten vornehmen und

2. Sollten sich manche Parteifreunde, die für die Landtags- oder Bundestagswahlen kandidieren wollen, noch einmal fragen, ob sie damit der Partei einen Dienst erweisen?

Ich hoffe, Sie alle in Cham zu sehen. Der Aschermittwoch muß ein Erfolg werden. Mobilisieren Sie alle Kräfte!

In alter Verbundenheit
Ihr

F. Schönhuber

Franz Schönhuber

Deutschlands völkerrechtliche Lage

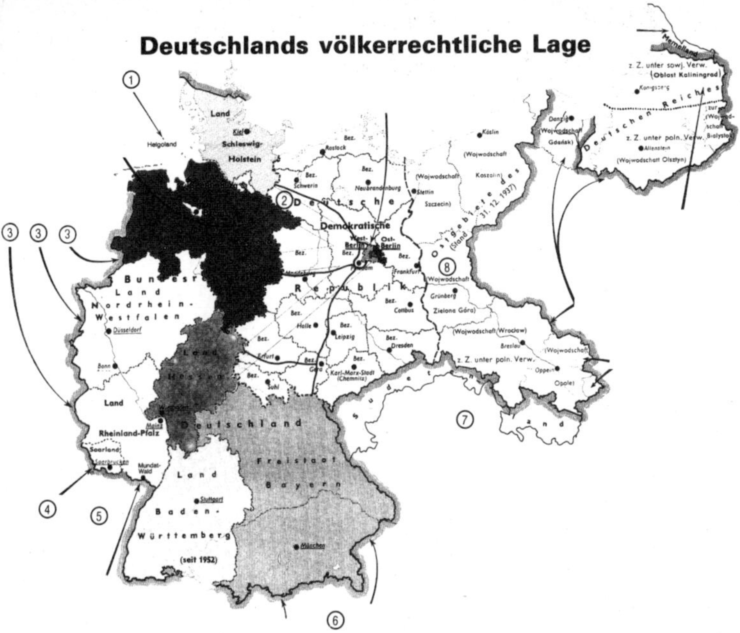

Die Deutsche Frage bleibt bis zu einem Friedensvertrag offen!

① Helgoland ist seit 1.3.1952 wieder deutscher Gebietshoheit unterstellt.

② Die deutsch-deutsche Grenze bleibt trotz Grenzprotokoll vom 29.11.1978 rechtlich offen. Der Elbe-Grenzbereich ist ungeregelt.

③ 1949 an der Westgrenze vorgenommene Änderungen konnten zum Teil durch Verträge in den Jahren 1956–1960 mit den Beneluxstaaten wieder rückgängig gemacht werden.

④ Nach Saarabstimmung am 23.10.1955 wird das Saarland durch deutsch-französische Verträge vom 27.10.1956 wieder deutsches Bundesland.

⑤ Das Mundat-Waldgebiet wird durch deutsch-französische Verständigung am 18.2.1986 wieder deutsch.

⑥ Laut österreichischem Staatsvertrag vom 15.5.1955 besteht zwischen Deutschland und Österreich Anschlußverbot. Diese völkerrechtswidrige Regelung galt schon nach dem Ersten Weltkrieg.

⑦ Eine Gesamtdeutsche Regierung wird zu prüfen haben, welche völkerrechtliche Bedeutung der Prager Vertrag vom 11.12.1973 bezüglich des Münchner Abkommens vom 29.9.1938 hat.

⑧ Die Vier-Mächte-Verantwortung für Deutschland als Ganzes bleibt bis zum Friedensvertrag bestehen. Sie umfaßt alle Statusfragen Deutschlands. Daher ist die Deutsche Frage absolut offen. Das gilt für die Memelland-Problematik, für die deutschen Ostgebiete insgesamt und auch für Berlin. Die Friedensvertragsvorbehalte bezüglich aller Grenzen Deutschlands können durch einseitige Verzichtserklärungen der Bundesrepublik Deutschland oder ihrer Politiker nicht berührt werden.

Deutschlandkarte im Republikaner-Parteiprogramm 1990

GÜNTER WALLRAFF
GANZ UNTEN.

Mit einer Dokumentation der Folgen
KiWi 176
Erweiterte Neuauflage

Bücher können etwas bewegen – dafür liefert *Ganz unten* ein einzigartiges Beispiel. Günter Wallraffs Erfahrungsberichte als Türke Ali wurde mit einer deutschsprachigen Auflage von inzwischen über 3 Millionen und Übersetzungen in mehr als 30 Ländern nicht nur weltweit einer der sensationellsten Bucherfolge, sondern entwickelte auch eine »durchschlagende politische Wirkung«.

Süddeutsche Zeitung

Dieser Band dokumentiert die gesellschaftspsychologischen, menschlichen und politischen Folgen von *Ganz unten.*

KiWi-Paperbackreihe bei Kiepenheuer&Witsch

Günter Wallraff
Zeugen der Anklage

Die ›Bild‹-beschreibung wird fortgesetzt
KiWi 17

Der Aufmacher, Günter Wallraffs Bestseller über seine Erlebnisse als Springer-Redakteur, war erst der Anfang. Jetzt enthüllt »der Mann, der bei BILD Hans Esser war«, die Struktur und journalistische Praxis eines Meinungskonzerns, dem weder Gesetz noch Moral Grenzen setzen. Wallraff entdeckte Protokolle über illegale Recherchiermethoden und unglaubliche Redaktionsbesprechungen. Er berichtet über die Opfer der BILD-Zeitung und läßt Zeugen zu Wort kommen, die über jahrelange Erfahrungen in diesem Blatt verfügen.

Günter Wallraff
Der Aufmacher

Der Mann, der bei BILD Hans Esser war
KiWi 2

Günter Wallraff, der sich die Aufgabe gestellt hat, dunkle nicht öffentliche Bereiche unserer Gesellschaft öffentlich und durchschaubar zu machen, ist ein Autor, der bei der Wahrheitssuche und Realitätsforschung seine ganze Existenz ins Spiel bringt, um ganz nah an die Dinge heranzukommen. Von einem solchen schon legendär gewordenen Alleingang handelt sein Buch *Der Aufmacher. Der Mann, der bei BILD Hans Esser war.*

KiWi Paperbackreihe bei Kiepenheuer&Witsch